芙蓉镇志

LOCAL RECORDS OF FURONG

湖南省永顺县芙蓉镇志编纂委员会　编

图书在版编目（CIP）数据

芙蓉镇志 / 湖南省永顺县芙蓉镇志编纂委员会编 .-- 北京：方志出版社，2019.11

（中国名镇志丛书）

ISBN 978-7-5144-4007-2

Ⅰ. ①芙… Ⅱ. ①湖… Ⅲ. ①乡镇—地方志—永顺县 Ⅳ. ① K296.45

中国版本图书馆 CIP 数据核字（2019）第 256337 号

· 中国名镇志丛书 ·

芙蓉镇志

编　　者：湖南省永顺县芙蓉镇志编纂委员会
责任编辑：陈　菁

出 版 者：方志出版社
地址　北京市朝阳区潘家园东里 9 号（国家方志馆 4 层）
邮编　100021
网址　http://www.fzph.org
发　　行：方志出版社图书经销中心
电话　（010）67110500
经　　销：各地新华书店
排　　版：北京纺印图文设计制作有限公司
印　　刷：北京中科印刷有限公司

开　　本：787 × 1092　　1/16
印　　张：20
字　　数：381 千字
版　　次：2019 年 11 月第 1 版　　2019 年 11 月第 1 次印刷

ISBN 978-7-5144-4007-2　　定价：159.00 元

序一

习近平总书记指出："不忘历史才能开辟未来，善于继承才能善于创新……只有坚持从历史走向未来，从延续民族文化血脉中开拓前进，我们才能做好今天的事业。"中国优秀传统文化是在漫长的历史长河中历经无数次涤荡和沉淀而形成的思想精髓，蕴藏着无穷的宝藏和无尽的力量。发掘和继承优秀传统文化，是延续中华文明"根"与"魂"的必由之路。与时俱进，推动传统文化不断开拓创新，是中华文明常葆勃勃生机的重要保证。

"国有史，邑有志。"编修地方志是中国特有的文化现象，是中华民族的优秀文化传统。数千年来，连绵不断的志书编修为保护中华民族根脉，传承中华文明发挥了不可替代的作用。中国现存古志有8000余种，占现存古籍的十分之一。中华人民共和国成立以来，编修完成数万种省、市、县三级综合性行政区域志、部门志、行业志、专志等，编纂数万种地方综合年鉴、行业年鉴和专门年鉴等，整理出版数千种历代方志及相关研究成果，发表相当数量的方志理论与年鉴理论研究成果。这既是对我国国情、地情持续开展的大规模普遍调查，也是对各地自然与社会发展状况进行的综合研究，其成果构成了一座丰富的文化资源宝藏，为各级领导科学决策提供了重要参考，为推动经济社会发展和文化建设发挥了重要作用。

当前，中国特色社会主义进入新时代，全国地方志事业也进入新时代。如今的地方志事业围绕党和国家利益、经济社会发展，以人民为中心开拓创新，志、鉴、馆、史"四驾马车"并驾齐驱，志、鉴、馆、网、库、用、会、刊、研、史"十业并举"，加快实现在全国范围内全面推进地方志从一项工作向一项事业转型升级。在党中央、国务院的亲切关怀和各级地方志工作者的共同努力下，一批紧密结合社会发展需求、具有独特创造性的工作逐步开展，涵盖中国名镇志、中国名村志、中国名山志、中国名水志、中国名街志等"名志"系列文化工程是其中代表。作为首个"名志"系列文化工程的中国名镇志文化工程，启动于2015年，至今已是第三个年头。中国名镇志丛书在记述主体上，选择中国历史文化名镇、经济强镇、特色镇等在全国具有影响力和代表性的乡镇，旨在全面展示中国名镇的文化精髓；在内容题材选择上，重在突出不同名镇的“名”和“特”，力求集中体现不同名镇最精彩的部分，增强可读性；在志书编纂程序设置方面，志书申报、篇目设计、专家审读、专家组验收等流程环环相扣，紧密结合，力争把每一部志书都打造成精品佳志。

习近平总书记指出：“历史和现实都表明，一个抛弃了或者背叛了自己历史文化的民族，不仅不可能发展起来，而且很可能上演一场历史悲剧。”2018 年是改革开放 40 周年，40 年来中华大地发生了翻天覆地的变化，乡镇发生了极为深刻的改变，从粗茶淡饭到有机食品，从粗布衣裙到精美时装，从土屋平房到高楼大厦，人民生活水平大大提高，城乡差距不断缩小。然而，在感受辉煌成就的同时，我们也应该看到，许多精巧的古建、精湛的工艺、亲切的乡音、独特的乡俗也在快节奏的发展中与我们渐行渐远，曾经的家乡正逐渐变为记忆中的故园。

党的十九大报告提出乡村振兴战略，此后党中央、国务院又推出一系列重大举措。实施乡村振兴战略，必须全面加强乡村文化建设，培养乡村文化自信，培植文化之“根”，铸牢文化之“魂”。没有乡村文化的高度自信，没有乡村文化的繁荣发展，就难以实现乡村振兴的伟大使命。振兴乡村文化，既要塑形，更要铸魂，必须遵循乡村发展的客观规律，在发展中把文化的精髓保留下来，把乡土味道、乡村风貌的“魂”传承下去。在保留优秀乡村文化内核的基础上，用现代表现方式，把反映时代精神、先进理念的内容通过群众喜闻乐见的文化产品表达出来，才能够让乡土文化具有更强大的生命力。用创新性的模式书写乡镇志，传承和抢救乡土历史文化，激发爱国爱乡情怀，为探索中国特色新型城镇化发展经验、发展模式、发展道路提供历史智慧和现实借鉴，正是实施中国名镇志文化工程的目的和意义所在。

“月是故乡明”。中国人素有“家国情怀”，家乡的山水是最为美丽的，家乡的风俗是充满温暖的，一声亲切的乡音，一口熟悉的家乡菜，都能拨动游子的心弦，让其魂牵梦萦。中国名镇志丛书是一套全面梳理中国名镇历史人文，挖掘文化特色，突出“名”和“特”的镇志。它能让人民群众深刻感受到本土本乡自然的优美、历史的醇厚、人物的杰出、艺文的风雅等，有助于培养人民群众对家乡文化的自信，激发起人民群众浓烈的爱乡爱国情怀，助力国家新型城镇化建设和乡村振兴战略的实施。

是为序。

中国社会科学院院长
中国地方志指导小组组长　谢伏瞻

序二

连绵不断地编修地方志是我国特有的文化传统，为传承中华文明作出了巨大的贡献。在党中央、国务院的高度重视和支持下，这一古老的文化传统焕发勃勃生机，展现新的活力，成为保存、继承、发扬光大中华优秀传统文化的重要依托，培育和践行社会主义核心价值观的重要媒介，社会主义先进文化建设的重要组成部分，发展中国特色社会主义，增强道路自信、制度自信、理论自信的重要载体，在实现“两个一百年”奋斗目标和中华民族伟大复兴中国梦进程中具有不可替代的地位和作用。

事物总是在不断发展中前进。经过改革开放以来 30 余年的发展，中国特色地方志事业与传统的编修地方志已不可同日而语，形成了志（志书）、鉴（年鉴）、库（地情数据库）、馆（方志馆）、网（地情网站）、刊（期刊）、会（学会）、研（理论研究）、用（开发利用）等多业并举的新格局。截至 2015 年 10 月底，全国编纂完成首轮、二轮省、市、县志书 8000 多种，编修部门志、行业志、专业志、乡镇村志 27000 多种，编纂地方综合年鉴 2300 多种，累计整理旧志 2500 多种，还编纂出版了大量的地情书，字数以百亿计，形成以反映国情、地情为主要内容，全面系统、持续不断、卷帙浩繁的社会科学成果群。另外，还开通了 27 个省级网站、230 个市级网站、816 个县级网站；建成国家方志馆 1 个、省级方志馆 16 个、市级方志馆 86 个、县级方志馆近 300 个。这些成果，成为国家极为重要的文化资源，是国家文化软实力和公共文化服务体系的重要组成部分。

最近几年，地方志工作的触角在不断延伸，部门志、行业志、专业志、特色志、乡镇村志编纂方兴未艾，成为当前地方志事业发展新的增长点和亮点。特别是乡镇志，兴起了编纂热潮，从自发的民间行为逐渐过渡为政府组织的文化行为，有的省份以政府令形式将其纳入地方志编修范畴，像河南省还以省政府办公厅名义要求全省普修乡镇志。乡镇志并不是一个新生事物，据现有资料可考，宋代常棠所撰《澉水志》是现存最早的一部乡镇志。与省、市、县三级志书相比，乡镇志虽属小志，但意义却不小，特别是在当前国家全力推进新型城镇化建设的背景下，乡镇志的作用更显重要。

启动中国名镇志文化工程，是适应当前新型城镇化建设形势发展需要、地方志事业发展形势需要的重要举措，也是充分发挥地方志存史、资政、育人功能的重要手段。作为最基层行政组织的志书，镇志是最接近中国社会发展变迁的国情、地情记录文本，具有重要的历史文献价值。而作为充分反映本区域自然、政治、经济、文化和社会的历史与现状的资料性文献，镇志又能全面展示发展脉络，摸索发展经验，为探索中国乡镇未来发展方向提供借鉴和参考。当然，对于祖祖辈辈生于斯长于斯的中国人来说，故乡就是一个魂牵梦萦的地方，故乡的情怀终生难忘。留得住乡愁，记得住乡思，充分展示名镇文化魅力，激发爱乡、爱国情怀，正是中国名镇志文化工程题中应有之义。

是为序。

中国社会科学院原院长
中国地方志指导小组原组长　王伟光

序三

“国有史，邑有志”，中国自古就有注重编史修志的传统。按照我国目前地方志行政法规，国家各级地方志机构的法定职责是编纂省、市、县三级志书，并不包括县以下的乡镇志和村志。这种规定，一方面可能因为全国有数百万自然村落和数万乡镇，全部实行官修很难实现；另一方面可能因为我国历史上就有“皇权止于县”的说法，县以下的民间社会历来是一个以自治为主的领域。然而，改革开放几十年来，我国社会正在发生巨变，这种巨变在基层社会的乡镇、村落、家庭领域更为深刻。作为“乡之首，城之尾”的镇，逐渐被日益崛起的大都市淹没了光彩，村落在快速的城镇化过程中每天都在大量消失，农村家庭的小型化、空巢化趋势非常突出。在这种情况下，我一直在思考，如何留得住历史文化记忆和乡愁，如何把修志的工作向基层社会延伸？

中国人的“家国情怀”，是从“诚意、正心、修身”开始，到实现“齐家、治国、平天下”。所以从国家一统志，省、市、县三级志，到乡镇志、村志、家谱，也是一个完整的系统。

正是在这种背景下，我们决定启动中国名镇志文化工程。乡镇是无数中国人生命的底色和成长的摇篮。如何在城镇化进程中，留得住乡愁，记得住乡音，忘不了乡思，事关城镇化进程的人文关怀和文化保护，事关文化血脉的传承。同时，科学记录城镇化进程，反映城镇化成就，也为今后探索城镇化发展规律、积累经验提供了基本素材。作为全面系统记述一定行政区域的自然、政治、经济、文化和社会的资料性文献，志书是以上功能最好的载体。

我国目前有 4 万多个乡镇，全部修乡镇志还不具备条件。中国名镇志丛书选择的是传统文化名镇、历史军事重镇、革命历史名镇、民族特色名镇、特色经济名镇、旅游景观名镇等类型的乡镇，应该是最具代表性的，在中国乡镇文化传承和社会发展中具有标杆意义。

编纂中国名镇志丛书是对乡土历史文化的保护。随着城镇化进程加快，有不少乡镇被撤并，有些还是在历史上有重要意义的历史文化名镇、特色镇等。如不及时对其历史进行整理、记录，这些重要的历史资料将散佚殆尽。因此，中国名镇志丛书的编纂是对宝贵历史资料的抢救。

编纂中国名镇志丛书是对乡土意识的传承。什么东西有魅力？故乡的山水，乡音乡情的记忆，乡土的气息和家乡菜的味道，不管走到哪里，总是触动心弦。中国名镇志丛书记录的是家乡的山山水水，家乡的历史文化，家乡的风土人情，留住的是乡愁。这些最能激发远方游子和本地民众的爱乡情怀、爱国情怀。

编纂中国名镇志丛书是一种学术探索。镇志的编纂，实质也是一次深入的社会调查研究。“麻雀虽小五脏俱全”，相比省、市、县，乡镇第一手资料的获得需要付出更大的努力。我们也希望在志书编纂上有所创新，使中国名镇志丛书成为一套图文并茂、雅俗共赏的新型志书。

中国社会科学院原副院长
中国地方志指导小组原常务副组长

中国名镇志丛书编纂委员会

中国名镇志丛书编纂委员会办公室

湖南省永顺县芙蓉镇志编纂委员会

主　　任　彭　涛

副 主 任　张艳阳　王祝明

委　　员　蒲忠胜　覃　熙　张世武　周代红　肖葆春
　　　　　王经淼　谢深洪　欧阳雨　张长青　肖义岁
　　　　　朱大洲　彭春霞　王　权　符　刚　张入化

特约审稿　隆清华　李雄野　黎楚云　田　丰

湖南省永顺县芙蓉镇志编辑人员

主　　编　蒲忠胜　覃　熙

副 主 编　杨崇贵　周万全

编　　辑　张永红　张入化　彭治顺　杨文胜

古镇小雪（2015 年） 杨崇贵 提供

中国名镇志丛书凡例

一、以马克思列宁主义、毛泽东思想、邓小平理论、“三个代表”重要思想、科学发展观、习近平新时代中国特色社会主义思想为指导，坚持辩证唯物主义和历史唯物主义的立场、观点和方法，存真求实，全面、客观、系统记述中国名镇城镇化进程和改革开放成果，传承和抢救乡土历史文化，激发爱国爱乡情怀，留住乡愁，为探索中国特色新型城镇化建设、服务乡村振兴战略提供历史智慧和现实借鉴。

二、为全面反映入志事物发展脉络，各志上限追溯至事物发端，下限一般断至各镇志启动编修年份，个别重大事项可延至搁笔。详今明古，着重反映时代特色和地方特点，重点体现各镇的“名”与“特”。

三、记述地域范围以下限年份的行政辖区为主。为体现名镇在更大区域内的意义，可以从更开阔的区域视野记述与该镇相关的内容。

四、统一采用纲目体，设类目、分目、条目三个层次。横排门类，纵述史实，述而不论。

五、综合运用述、记、志、传、图、表、录等各种体裁，以志体为主。体裁运用适当创新，篇目设置不求面面俱到，一般意义上的乡镇级内容略去不载。

六、除引用文字和附录文献资料外，统一使用规范的现代语体文记述，行文力求朴实、严谨、简洁、流畅、优美，具有较强可读性。

七、人物部类遵循“生不立传”原则，人物传主按生年排序，只选录对本镇发展有重大影响的人物，不面面俱到。

八、各项数据一般采用国家统计部门数据。数据缺乏的，采用主管部门或主办单位正式提供的数据。

九、数字用法、标点符号、计量单位分别执行国家标准《出版物上数字用法》（GB/T 15835—2011）、《标点符号用法》（GB/T 15834—2011）、《国际单位制及其应用》（GB 3100—1993）和《有关量、单位、符号的一般原则》（GB 3101—1993）。历史上使用的计量单位，如斗、石、里、尺、磅、华氏度等，在引文时可照录。考虑到社会使用习惯，全书中亩不统一换算。

十、中华民国成立前的纪年，使用朝代年号纪年，括注公元年份；中华民国成立后的纪年，均使用公元纪年。志中所称“解放前（后）”，以该镇解放日为界；“新中国成立前（后）”，以中华人民共和国成立日 1949 年 10 月 1 日为界；“改革开放前（后）”，以 1978 年 12 月中共十一届三中全会召开为界。本志“× × 年代”，凡未加世纪者，均指 20 世纪。

十一、为节省篇幅，避免重复，本志采用条目互见法。参见条目的表示形式为：参见本志“× × 类目 · × × 分目 · × × 条目”。

十二、对旧志、古籍中的繁体字、冷僻字一般用简化字或通用字替换，易引起误解的则保留。

十三、记述各个历史时期的党派、机构、职务、地名等，均以当时的名称为准。对频繁使用的名称，首次用全称并括注简称，其后用简称。

十四、各镇志需要单独说明的事项，均在各自编纂始末中记述。

芙蓉镇在中国的位置

乌鲁木齐
新疆维吾尔自治区
西藏自治区
拉萨
青海省
西宁
甘肃省
兰州
宁夏回族自治区
银川
内蒙古自治区
呼和浩特
黑龙江省
哈尔滨
吉林省
长春
辽宁省
沈阳
北京
北京市
天津市
天津
河北省
石家庄
山西省
太原
山东省
济南
陕西省
西安
河南省
郑州
江苏省
南京
安徽省
合肥
上海市
上海
浙江省
杭州
湖北省
武汉
四川省
成都
重庆市
重庆
永顺
芙蓉镇
湖南省
长沙
江西省
南昌
福建省
福州
贵州省
贵阳
云南省
昆明
广西壮族自治区
南宁
广东省
广州
香港
澳门
台湾省
台北
台湾岛
钓鱼岛
赤尾屿
东沙群岛
海南省
海口
海南岛
西沙群岛
永兴岛
中沙群岛
黄岩岛
南沙群岛
曾母暗沙
黄河
长江
渤海
黄海
东海
南海
图例
北京 首都
天津 省级行政中心
未定 国界
省、自治区、直辖市界
特别行政区界
名镇所在县
名镇
1∶32 000 000
审图号：GS（2019）5631 号

芙蓉镇在湖南省的位置

芙蓉镇
永顺
龙山
湘西土家族苗族自治州
保靖
花垣
古丈
吉首
泸溪
凤凰
麻阳
凤滩水库
张家界市
桑植
武陵源区
张家界
永定区
慈利
常德市
石门
澧县
津市
临澧
安乡
常德
鼎城区
桃源
汉寿
岳阳市
华容
君山区
南县
云溪区
临湘
岳阳
洞庭湖
大通湖
沅江
汨罗
平江
湘阴
益阳市
资阳区
桃江
益阳
安化
柘溪水库
长沙市
望城区
宁乡
长沙
浏阳
怀化市
沅陵
五强溪水库
辰溪
溆浦
怀化
芷江
新晃
中方
洪江
会同
靖州
通道
娄底市
新化
冷水江
涟源
娄底
湘潭市
韶山
湘乡
湘潭
雨湖区
株洲市
株洲
渌口区
醴陵
攸县
茶陵
炎陵
双峰
邵阳市
新邵
邵东
邵阳
隆回
洞口
武冈
绥宁
城步
新宁
衡阳市
南岳区
衡山
衡东
衡阳
祁东
衡南
常宁
耒阳
安仁
永州市
祁阳
东安
永州
零陵区
双牌
双牌水库
新田
宁远
道县
江永
江华
蓝山
郴州市
郴州
永兴
资兴
桂阳
嘉禾
临武
宜章
汝城
桂东
欧阳海水库
东江水库
长江
沅水
资水
湘江
澧水
酉水
图 例
长沙 省级行政中心
郴州 地级市行政中心
自治州行政中心
常宁 县级行政中心
省级界
地级界
名镇所在县
名镇
1∶3 590 000
审图号：GS（2019）5631 号

芙蓉镇地图

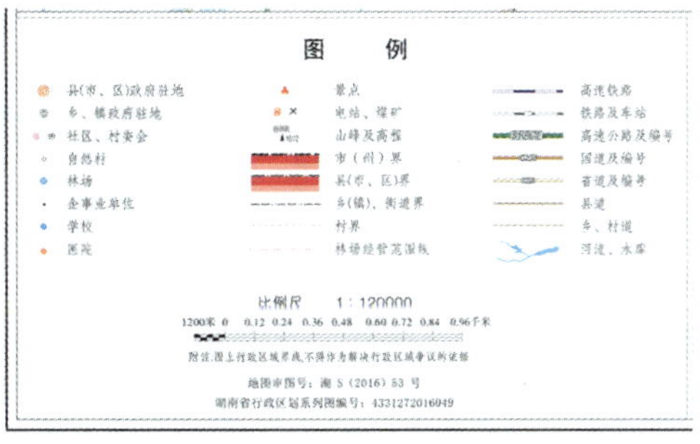

坐落在瀑布上的古镇（2015 年）

县史志办　提供

芙蓉镇码头一角（2017 年）　　杨崇贵　提供

芙蓉镇夜景（2017 年）　　杨崇贵　提供

芙蓉镇瀑布湾全景（2017 年）　　杨崇贵　提供

传统村落——芷州村（2017）　　周万全　提供

目录

坐落在瀑布上的千年古镇

芙蓉镇，原名王村，地处永顺县南部，酉水河北岸，是一个拥有两千多年历史的古镇。因一道气势磅礴的瀑布穿梭其间，又被称为“坐落在瀑布上的千年古镇”。

历史上，王村自古就有“楚蜀通津”之称，享有酉阳雄镇、“小南京”之美誉。西汉为酉阳县治；清代时，五里石板街两边柜台店铺就有500多家，商贾云集，是永顺县与外界通商的黄金口岸。

芙蓉镇是一座以土家族为主的少数民族聚居的古镇。街区和村寨以土家吊脚楼为代表的土家民居随处可见。土家族民族文化和风俗习惯保存完好，有许多重要的古遗址和古遗存，全国重点文物保护单位“溪州铜柱”在镇内保存。20世纪80年代，古镇实施旅游开发。著名电影导演谢晋在镇内拍摄电影《芙蓉镇》，芙蓉镇因此名扬中外。进入21世纪，芙蓉镇先后获得“中国历史文化名镇”“中国十大古镇”等殊荣。

酉水潺湲而过，曲折成一湾翠屏。“酉阳雄镇”——永顺县芙蓉镇，巍然肃立，犹如当关的勇士，把守着“楚蜀通津”。五里石板街蜿蜒而上，沿街商铺林立，土家吊脚楼依山傍水，鳞次栉比。高 60 余米、宽 40 余米[①] 的王村大瀑布飞泻而下，声若雷鸣，可传数里之外。夜晚，古镇灯饰璀璨，如满天星光，映照着瀑布，别有情韵，千年古镇仿佛悬挂于瀑布之上。

芙蓉镇原名王村，是一座具有 2300 多年历史的山城古镇。由于处在酉水之阳，汉高祖五年（前 202），朝廷设置酉阳县，王村即为酉阳县治所。唐天授二年（691），朝廷设置溪州，王村为其所辖。后梁开平四年（910），溪州刺史彭瑊统一溪州各部，其子彭士愁继任溪州刺史后，成为都誓主，建立以下溪州为中心的 20 余州的统治。南宋绍兴五年（1135），第十一任溪州刺史彭福石宠迁州城于灵溪河畔，筑福石城（即今老司城），王村仍为溪州辖区。1956 年王村设镇，1958 年属高坪人民公社。1984 年公社改乡制，分设王村镇和太平乡。1986 年乡镇合并，统称王村镇。同年，古镇因著名电影导演谢晋在此拍摄电影《芙蓉镇》而闻名遐迩。2007 年，王村镇更名为芙蓉镇。2018 年，全镇辖 5 个社区，17 个建制村，总人口 32822 人，有土家、苗、汉、回等 16 个民族，其中土家族占总人口的 81.18%。姓氏以向、彭、王、杨、张等为主。

历史上古镇得酉水舟楫之便，上通川黔，下达洞庭，入鄂抵沪，自古就有“楚蜀通津”之称，享有“酉阳雄镇”、湘西“四大名镇”、“小南京”等美誉。自战国时期以来，这里一直是湘西地区与外界通商的黄金口岸。清朝乾隆、嘉庆、道光年间，镇区店铺有 500 余家，每日骡马千余，往来客商逾 2000 人。进入 21 世纪，芙蓉镇是永顺县产业融合发展的经济重镇。2001 年，经湖南省人民政府批准，湖南永顺经济开发区在王村镇成立。近年来，该镇通过建设配套设施、优化服务环境等措施，吸引了省内外十余家著名企业前来投资创业。这些企业的引进，大大促进了镇域经济的发展。2018 年，全镇实现生产总值 5.72 亿元，财政总收入 5503 万元，比上年增长 10%。

芙蓉镇属武陵山区，山川神奇而美丽。它有两河一溪，即酉水河、猛洞河、营盘溪。酉水河流长 477 千米，为内河航道，流经湘西土家族苗族自治州的龙山、花垣、保靖、永顺、古丈 5 个县，至沅陵注入沅水，流域面积 18530 平方千米，舟楫之便成就了芙蓉镇的千年繁荣。猛洞河是酉水较大支流，全长 158 千米，在芙蓉镇境内长约 10 千米。沿途有大龙洞、小龙洞等旅游景点。这里山高林密，峡谷幽深，层峦叠嶂，水流湍

① 此高度与宽度为枯水期时数据。

急，猿啼鸟鸣，山花烂漫，是一幅纯美的山水画卷，也是被中国旅行社总社评为中国仅有的两家四星漂流项目之一。营盘溪是镇域的一条小河，属典型的喀斯特地貌，沿河形成众多洞穴高坎，并形成多段瀑布群，有新桥瀑布、跳磴河瀑布、白水潭瀑布、王村大瀑布等。河上桥梁密布，有三拱桥、土王桥、幸福桥、王村大桥、五里牌大桥等，形成一道道桥梁景观。

芙蓉镇历经 2300 多年的历史，人文景观相当丰富，有古街道、传统民居、特色村落、历史遗迹等，历史建筑总面积 24586 平方米。从历史建筑中，可以一睹古街风貌，感悟汉唐遗风。

芙蓉镇街道绵延五里，沿坡伸展，全用青石板铺成，分段命名，十多段都有自己的故事和寓意。古镇留存有许多奇特建筑，如土家族极具典型的民居建筑——吊脚楼，改土归流后引入的汉族民居建筑——四合井，封建社会表彰贞烈妇女的贞节牌坊，建于清嘉庆二十五年（1820）的兵谷仓，土家人供奉先祖、祭祀祈祷的神圣殿堂——土王祠，土家人祭祀祖先、欢庆舞蹈的摆手堂，土司当年的避暑山庄——飞水寨，1919 年由英国人修建的基督教堂——福音堂，1920 年由美国人修建的天主教堂。古镇还保留着许多见证历史风云的古物遗址，有展现土司与楚王歃血联盟的溪州铜柱，后晋时期的土知州城堡，清朝雍正年间（1723—1735）修建的王村巡检司衙门旧址，西汉时期的墓葬群，贺龙、萧克等率领红军作战留下的高粱坪、王村战斗遗址等。芙蓉镇名胜古迹与自然景观交相辉映，成为“张家界—猛洞河—吉首—凤凰”黄金旅游线路的重要节点和天下第一漂、土司古都老司城、小溪生态旅游景区等景区的中枢，既可辐射县域内猛洞河、老司城、小溪等自然景观和人文景观，又可辐射至县外坐龙峡、红石林、栖凤湖，以及凤凰古城、张家界森林公园等众多著名景点。这里交通便利，与周边旅游景点形成一体化网络。2018 年，接待游客 54 万人次，成为“神秘湘西游”的旅游拳头产品。

这里土家族文化底蕴深厚，有民间戏剧汉戏、高腔、阳戏、傩戏，民间器乐合奏打溜子，吹管乐器咚咚喹，民族歌舞土家山歌、哭嫁歌、摆手舞、毛古斯舞、铜铃舞……这里可以品尝到许多土家美食，如牛头宴、竹筒饭、土家腊肉、泥鳅钻豆腐、天下第一螺、米豆腐……这里可以购买到许多民间工艺品，如土家织锦、竹编、藤编、刺绣……这里还可以观赏到土家族婚嫁等民俗表演。

芙蓉镇融自然景观、民族风情、历史文化为一体，先后获得一系列殊荣：“中国历史文化名镇”、“中国十佳旅游休闲古镇”、“国家 AAAA 级旅游景区”、2010 年首批“湖南

酉水芙蓉镇大桥（2008 年） 杨崇贵 提供

省美丽乡镇示范”、2018 年“湖南十大特色文旅小镇”。

1985 年，永顺县航运公司率先开发王村至猴儿跳段猛洞河平湖游，当年接待游客 1 万余人次，猛洞河也因此被湖南省人民政府列为全省六大风景名胜区之一，芙蓉镇旅游业从此起步。1986 年《芙蓉镇》《乌龙山剿匪记》两个影视摄制组先后进驻王村，拍摄外景。两部影视作品热播后，掀起“芙蓉镇”的旅游热潮。1988 年，永顺县中国旅行社成立，与永顺县航运公司共同开发猛洞河漂流项目，猛洞河漂流获得全国人大常委会原副委员长、著名社会学家费孝通的题词“天下第一漂”。1992 年，永顺县举办“猛洞河国际漂流月”活动，并获得圆满成功，使猛洞河、“芙蓉镇”旅游成为县域经济龙头产业。2009 年，成立以芙蓉镇为中心，辐射猛洞河、老司城、小溪、坐龙峡、红石林、栖凤湖等 10 余个景区的湘西芙蓉镇景点圈旅游投资开发股份有限公司，投资数亿元保护性开发这座历史文化名镇，完善基础设施，新增《土王出巡》《芙蓉小戏》等文化娱乐项目。

如今这里的景点更加优美，配套设施更为健全，观光量、休闲量不断增长。吉（首）恩（施）高速公路穿境而过，张（家界）吉（首）怀（化）高速铁路在镇区设站，为芙蓉镇旅游业发展插上腾飞的翅膀，这个坐落在瀑布上的千年古镇将焕发新姿，愈发璀璨夺目！

飞流直下（2012 年） 蒲忠胜 提供

基本镇情

芙蓉镇，原名王村，位于永顺县南部，距县城灵溪镇35千米。1956年设镇，因电影《芙蓉镇》在镇区拍摄，2007年更名为芙蓉镇。芙蓉镇是一座千年古镇，西汉时为酉阳县治，是以土家族为主的少数民族聚居区，历史文化底蕴深厚，民族风情独特，地处酉水河下游，历史上有"楚蜀通津"之称。境内自然资源丰富，名胜古迹众多，有"国家AAAA级旅游景区"等称号。

建置区划

地名由来 芙蓉镇，原名王村，西汉时期称酉阳镇，古为酉阳县治所。隋代废酉阳县，复名王村。取名王村有两种说法，一说是在很早以前为当地土王的驻地，故名王村；另一说是彭氏土司政权世袭后，从江西迁到此处定居的王氏宗族将此处更名为王村。民间一般认同于前一种说法。

1986年，电影《芙蓉镇》在王村成功拍摄，这部影片后来在国际、国内获得一系列大奖，王村因此名扬中外，被世人所认识。2007年，经湖南省人民政府批准，王村更名为芙蓉镇。

建置沿革 芙蓉镇是一座有着两千多年历史的古镇，也是一座山城，濒临酉水。汉高祖五年（前202），王村置酉阳县。三国时，初属蜀汉，东汉建安二十四年（219）属东吴。隋开皇九年（589），废酉阳县置辰州，王村属之。唐天授二年（691），析辰州置溪州，王村为其所辖。后梁开平四年（910），后梁溪州刺史彭瑊统一溪州各部，其子彭士愁继任溪州刺史后，效法唐制，在溪州以下设大乡、二亭两县，溪州分为上、中、下三州，以设在王村的下溪州为誓主。彭士愁为都誓主。彭士愁采取春夏营种、秋冬暴掠的方式发展经济，给楚国马氏统治造成很大威胁。后晋天福四年（939），爆发溪州之战。战后，天福五年（940）双方在溪州会盟，盟约内容刻于铜柱，立于会溪坪。彭士愁也建立以下溪州为中心的对20个州的统治。五代十国溪州会盟，至宋代王村均属湖广路下溪州。南宋绍兴五年（1135），第十二任溪州刺史彭福石宠迁州城于灵溪河畔，筑福石城（即今老司城）。在此期间，王村一直为溪州土司活动的中心区域。明洪武二年（1369），置永顺军民安抚司，洪武六年（1373）升为永顺军民宣慰使司，王村为其辖地。清雍正五年（1727），永顺土司彭肇槐请求纳土，改设流官，雍正七年（1729），置永顺府，设永顺县，王村属之。雍正七年至1922年镇域属永顺县下榔保，1923年属下榔乡，1932

年属王村区，1938 年废区并乡，属下椰乡。1952 年属永顺县第三区。1956 年分设王村镇和太平乡。1958 年属高坪人民公社。1961 年从高坪人民公社析出，建太平人民公社，为高坪区所辖。1984 年，公社改乡制，分设王村镇和太平乡。1986 年撤销太平乡，整体并入王村镇。是年，高坪区公所由高粱坪迁至王村镇。1995 年，高坪区公所改为高坪办事处。2001 年，高坪办事处撤销，王村镇为县直辖。2007 年改王村镇为芙蓉镇。

辖区变迁 2005 年，高坪乡雨龙村和原保坪乡的 5 个村划入该镇管辖。2010 年，芙蓉镇辖商合、河畔、新区 3 个街道社区和雨龙、兰花洞、保坪、毛冲、太坪、新元、双桥、发树、孔坪、百胜、明溪、科皮、克必 13 个村，共 15 个居民小组，136 个村民小组。2012 年，双桥、百胜两个村分别改为社区。2015 年，永顺县乡镇区划调整，原列夕乡的 8 个建制村划归芙蓉镇管辖。2016 年，建制村调整，百胜社区和孔坪村合并为新城社区，双桥社区和太坪村合并为芙蓉社区。

2018 年，全镇辖商合、河畔、新区、新城、芙蓉 5 个社区，雨龙、兰花洞、保坪、毛冲、新元、发树、明溪、科皮、克必、列夕、友和、龙溪、比条、昔车、杨木、响塘、龙车 17 个建制村，共 22 个村（居）委会，204 个村（居）民小组。

村庄社区

社区

商合社区 位于芙蓉镇镇区。辖 5 个居民小组，有 456 户、2263 人，以土家族为主的少数民族人口占总人口数的 98%。辖区面积 4.5 平方千米，耕地面积 86 亩，其中稻田 46 亩、旱地 40 亩。主要产业为旅游服务业、椪柑种植等。2018 年，社区经济总产值 1563 万元，人均纯收入 5315 元。《芙蓉镇》电影主要外景拍摄地、现影视拍摄景地在该社区。为高柜台保存较多的主要街道。

河畔社区 位于芙蓉镇镇区。辖 3 个居民小组，有 363 户、1856 人，以土家族为主的少数民族人口占总人口数的98%。辖区面积2.5平方千米，耕地面积90亩，其中稻田30亩、旱地60亩。主要产业为旅游服务业、渔业等。2018年，社区经济总产值1541万元，人均纯收入5940元。全国重点文物保护单位溪州铜柱、县级文物保护单位天主堂等在该社区，辖区还有王村大瀑布、楚蜀通津大码头和《芙蓉镇》电影外景拍摄景地。

新区社区　位于芙蓉镇镇区。辖7个居民小组，有398户、1225人，以土家族为主的少数民族人口占总人口数的98%。辖区面积6平方千米，耕地面积494亩，其中稻田290亩、旱地204亩。主要产业为烤烟、柑橘、蔬菜种植等。2018年，社区经济总产值1312万元，人均纯收入4890元。吉（首）恩（施）高速公路互通口设在社区之内。

新城社区　位于芙蓉镇镇区。辖18个居民小组，有301户、2648人，以土家族为主的少数民族人口占总人口数的98%。辖区面积15平方千米，耕地面积2491亩，其中稻田1805亩、旱地686亩。主要产业为烤烟、柑橘、蔬菜种植等。2018年，社区经济总产值2452万元，人均纯收入5844元。该社区为芙蓉镇政府所在地，张吉怀高速铁路客运站建在新城社区。

芙蓉社区　位于芙蓉镇镇区。辖18个居民小组，有914户、2578人，以土家族为主的少数民族人口占总人口数的98%。辖区面积10平方千米，耕地面积1318.6亩，其中稻田1008亩、旱地310.6亩。主要产业为烤烟、柑橘种植及旅游服务业等。2018年，社区经济总产值2453万元，人均纯收入5380元。社区为芙蓉镇大市场和汽车站所在地，并为镇区商品房开发与易地扶贫搬迁集中地。

行政村

克必村　位于芙蓉镇西南部，距芙蓉镇镇区15千米。辖6个村民小组，有180户、732人，以土家族为主的少数民族人口占总人口数的98%。辖区面积6平方千米，耕地面积957亩，其中稻田530亩、旱地427亩。有公益林7908亩，茶林4000亩。主要产业为柑橘、玉米、水稻种植等。2018年，经济总产值987万元，人均纯收入4432元。

科皮村　位于芙蓉镇西南部，距芙蓉镇镇区6.5千米。辖10个村民小组，有346户、1319人，以土家族为主的少数民族人口占总人口数的98%。辖区面积12平方千米，耕地面积1379亩，其中稻田936亩、旱地443亩。有公益林11179亩。主要产业为烤烟、柑橘、玉米种植等。2018年，经济总产值1058万元，人均纯收入4900元。

村内土家传统文化传承较好，是永顺县“五树五建”扶志扶智行动首个示范村。村内成立专门的文艺协会，并成立专门的舞蹈队、舞龙队等，摆手舞、舞龙灯、打溜子、高腔等土家传统文化在村内逐渐兴盛起来。

雨龙村 位于芙蓉镇西北部，距芙蓉镇镇区 6 千米，位于“张家界—猛洞河—吉首—凤凰”黄金旅游链的轴心位置，352 国道穿村而过，距张花高速公路抚志互通 9 千米，地理位置优越，交通便利。辖 11 个村民小组，有 438 户、1834 人，以土家族为主的少数民族人口占总人口数的 98%。辖区面积 13 平方千米，耕地面积 2052 亩，其中稻田 1523 亩、旱地 529 亩。有公益林 3780.7 亩。主要产业为烤烟、柑橘、玉米种植等。2018 年，经济总产值 1500 万元，人均纯收入 4800 元。

新元村 位于芙蓉镇西北部，距芙蓉镇镇区 3 千米。辖 15 个村民小组，有 445 户、1455 人，以土家族为主的少数民族人口占总人口数的 98%。辖区面积 16 平方千米，耕地面积 1725 亩，其中稻田 1255 亩、旱地 470 亩。有公益林 5867.5 亩。主要产业为烤烟、柑橘种植等。2018 年，经济总产值 1580 万元，人均纯收入 4480 元。

明溪村 位于芙蓉镇东南部，距芙蓉镇镇区 7 千米。全村辖 17 个村民小组，有 466 户、1972 人，以土家族为主的少数民族人口占总人口数的 98%。辖区面积 22 平方千米，耕地面积 2291 亩，其中稻田 1580 亩、旱地 711 亩。有公益林 16962 亩。主要产业为烤烟、柑橘、蔬菜种植等。2018 年，经济总产值 1400 万元，人均纯收入 4430 元。

发树村 位于芙蓉镇东部，距芙蓉镇镇区 5.4 千米。地势较高，早晚温差较大。辖 8 个村民小组，有 391 户、1384 人，以土家族为主的少数民族人口占总人口数的 98%。辖区面积 8 平方千米，耕地面积 1376 亩，其中稻田 1129 亩、旱地 247 亩。有公益林 120 亩。主要产业为烤烟、蔬菜、猕猴桃种植等。2018 年，经济总产值 1298 万元，人均纯收入 4340 元。

兰花洞村 位于芙蓉镇东北部，距芙蓉镇镇区 13 千米。辖 5 个村民小组，有 482 户、1740 人，以土家族为主的少数民族人口占总人口数的 98%。辖区面积 17 平方千米，耕地面积 1909 亩，其中稻田 1769 亩、旱地 140 亩。有公益林 8328 亩。主要产业为烤烟、玉米、水稻种植等。2018 年，经济总产值 1420 万元，人均纯收入 4400 元。2018 年，兰花洞村被住房城乡建设部列入第五批“中国传统村落”名录。

保坪村 位于芙蓉镇东北部，距芙蓉镇镇区 10 千米。辖 5 个村民小组，有 538 户、2523 人，以土家族为主的少数民族人口占总人口数的 98%。辖区面积 23.9 平方千米，耕地面积 2430 亩，其中稻田 2110 亩、旱地 320 亩。有公益林 9052.6 亩。主要产业为烤烟、玉米、猕猴桃、蔬菜种植等。2018 年，经济总产值 1750 万元，人均纯收入 4710 元。

毛冲村　位于芙蓉镇东北部，距芙蓉镇镇区 15 千米。辖 9 个村民小组，有 238 户、1060 人。以土家族为主的少数民族人口占总人口数的 98%。辖区面积 8 平方千米，耕地面积 1468 亩，其中稻田 1118 亩、旱地 350 亩。有公益林 1.2 万亩。支柱产业以烤烟、蔬菜、猕猴桃种植为主。2018 年，经济总产值 1140 万元，人均纯收入 4840 元。

龙溪村　位于镇区西部，与泽家镇毗邻。辖 8 个村民小组，有 322 户、1280 人。辖区面积 11.8 平方千米，耕地面积 1644 亩，其中稻田 970 亩、旱地 674 亩。主要物产有官溪蜜柚、烟叶、稻谷、玉米、油菜、椪柑及三叶虫化石等。2018 年，经济总产值 482 万元，人均纯收入 3940 元。

比条村　位于镇区西北部，辖 12 个村民小组，367 户、1175 人，有劳动力 871 人。辖区面积 10 平方千米，耕地面积 1806 亩，其中稻田 1016 亩、旱地 790 亩。主要作物有烟叶、玉米、西瓜。2018 年，经济总产值 575 万元，人均纯收入 3958 元。

友和村　位于镇区西部，交通便利。东接列夕村，南邻古丈县红石林，西与泽家镇泽那村交界。辖 7 个村民小组，256 户、671 人。辖区面积 13.6 平方千米，耕地面积 1507 亩，其中稻田 846 亩、旱地 661 亩。主要物产有烟叶、玉米、柑橘、西瓜等。2018 年，经济总产值 510 万元，人均纯收入 3950 元。2017 年，村内芷州自然村被住房城乡建设部列入第四批“中国传统村落”名录。

列夕村　位于镇区西部，东与克必村隔猛洞河相望，南接古丈县，西与友和村交界，北与龙溪村毗邻。辖 12 个村民小组，391 户、1836 人，有劳动力 893 人。辖区面积 12 平方千米，有耕地面积 1533 亩，其中稻田 1067 亩、旱地 466 亩。主要农作物为水稻、玉米、油菜等，主要经济作物有烟叶、蔬菜、花生、西瓜等。2018 年，经济总产值 620 万元，人均纯收入 3940 元。2017 年，列夕村被住房城乡建设部列入第四批“中国传统村落”名录。

龙车村　位于镇区西南部，与保靖县迁陵镇、古丈县断龙乡隔河相望。辖 6 个村民小组，216 户、942 人，有劳动力 549 人。辖区面积 18 平方千米，其中耕地面积 1150 亩，有稻田 500 亩、旱地 650 亩。属典型移民村。主要农作物有烟叶、豆类、马铃薯、油菜等。2018 年，经济总产值 391 万元，人均纯收入 3914 元。

昔车村 位于镇区西北部，北与扶志乡毗邻，南接杨木村，西邻比条村，东与高坪乡隔河相望。辖 10 个村民小组，有 223 户、987 人，有劳动力 526 人。辖区面积 7.7 平方千米，耕地面积 1066 亩，其中稻田 615 亩、旱地 451 亩。粮食种植和烤烟是该村主要支柱产业。2018 年，经济总产值 392 万元，人均纯收入 3912 元。

杨木村 位于镇区中西部，北邻昔车村，东、南分别与高坪乡隔河相望。辖 6 个村民小组，有 177 户、671 人，有劳动力 411 人。辖区面积 7.9 平方千米，耕地面积 675 亩，其中稻田 347 亩、旱地 328 亩。主要农作物有稻谷、玉米、大豆，经济作物有烟叶、蔬菜、西瓜等。2018 年，经济总产值 352 万元，人均纯收入 3680 元。

响塘村 位于镇区西部，东与列夕村相连，南邻友和村，西靠泽家镇，北同龙溪村交界。辖 6 个村民小组，168 户、681 人。辖区面积 4.8 平方千米，耕地面积 865 亩，其中稻田 472 亩、旱地 393 亩。主要农作物有烟叶、稻谷、玉米等。2018 年，经济总产值 341 万元，人均纯收入 3780 元。

自然地理

地理位置 芙蓉镇地处武陵山区，位于永顺县南部、酉水河下游北岸，东与小溪镇相邻，西与泽家镇相接，北与灵溪镇、高坪乡搭界，南与古丈县古阳镇、红石林镇隔河相望。2018 年，全镇总面积 249.7 平方千米。

地质地貌 芙蓉镇地处中西部接合地带的武陵山脉中段，境内地貌以山地、丘陵为主，常态地貌（侵蚀流水地貌）和岩溶地貌同时发育，河流侵蚀切割强烈，地貌起伏大，呈山地、山原、丘陵、岗地及向斜谷地等多种类型。境内最高海拔为发树村鲁家坡 927 米，最低海拔为明溪村文家河 177 米。

河流

酉水河 又称更始河，为沅江最大支流，有南北二源。北源又称北河，是为主流，源出湖北宣恩县西源山。南源通称秀山河，源出贵州省松桃苗族自治县山羊溪。西水流经湘、鄂、渝、黔 4 个省市，贯穿湘西州内龙山、花垣、保靖、永顺、古丈 5 个县，全长 480 千米，流域面积 18530 平方千米，至沅陵县城关镇注入沅江，历史上西水河分 6 段。第一段，北源头至龙山三元里电站 68 千米；第二段，三元里电站至湖北卯洞 96 千米；第三段卯洞至重庆石堤 107 千米；第四段，石堤至保靖拔茅 54 千米；第五段，拔茅至凤滩电站 107 千米；第六段，凤滩电站至沅陵县城 48 千米。芙蓉镇就位于最优良的第五航道段。境内西起龙车村铁城墙码头，东至太平溪，长约 40 千米，占酉水全长 8%。其中，芙蓉镇码头“上下十多里，溪湾无浪痕”，水深数十米，河床宽 100 余米，

西水河平湖（2015 年） 蒲忠胜 提供

猛洞河瀑布（2018 年） 县文广新局 提供

是天然泊船良港，成为历史上通川黔、下达鄂沪的“楚蜀通津”码头。

猛洞河 是酉水较大支流，其源有二，一出桑植上河溪马鬃岭西麓，流经龙山县猛必村，相传源头有一猛洞，故名猛洞河；二出龙山县水田坝镇与桑植县交界处的分水岭。两源在两河口汇合，经永顺县的盐井、两岔、首车、勺哈、灵溪至列夕新码头注入酉水，全长 158 千米，在芙蓉镇内长约 10 千米，占猛洞河总长的 6%。

营盘溪 是芙蓉镇内的一条小河，发源于羊峰山脉，由镇东北部的兰花洞流出，经大龙、孔坪、百胜、双桥，穿越芙蓉古镇，在雷钵湾口注入酉水，全长 20 多千米。传说清同治元年（1862）年初，太平天国翼王石达开率领太平军路过此处，在溪边驻扎营盘而得名。营盘溪水流量由小到大，从兰花洞流出时水量较小，河床不宽，沿途接纳沟壑溪水后，至芙蓉汇集成 40 多米宽的小河。营盘溪地质属典型的喀斯特地貌，经长期雨水冲刷，沿河形成众多的洞穴高坎，是一条不能通航的河流。

营盘溪有浅水缓流，有积水深潭，更有急流飞瀑，河上桥梁众多，犹如一道道彩虹。沿河有钵钵潭、白水潭、梭梭潭、油坊潭、蝴蝶潭等，并且形成多级瀑布群，有婀娜多姿的新桥瀑布，有飞流直下的跳礅河瀑布，有神秘的白水潭瀑布，有气势磅礴、声若雷鸣的王村大瀑布。沿河建有三拱桥、土王桥、幸福桥、王村大桥、新桥、犀牛洞三桥、五里牌大桥等桥梁。

营盘溪（2012 年） 杨崇贵 提供

营盘溪是芙蓉镇的生命源泉。营盘溪水土保持良好，水量充沛，终年不断，自古以来，古镇居民就是到营盘溪挑水烧茶、煮饭，在河里洗衣、洗菜、洗澡，直到20世纪90年代才改用自来水、纯净水。营盘溪水源丰富，历史上沿河建有水碾坊、磨坊、油坊。主要有雷钵湾碾坊、廖家溪碾坊、白水潭碾坊、跳磩河碾坊、油坊潭油坊、新桥碾坊、白水溪碾坊等。进入21世纪，碾坊、油坊弃用，其粮油加工功能由打米机和榨油机所取代。

山脉

大青山 永顺县六大山脉之一，是羊峰山的余脉，绵延数十千米，横贯在芙蓉镇东部边界，形成发树界、里明界，最高海拔927米，最低海拔177米。大青山东侧为悬崖峭壁，大有“一夫当关，万夫莫开”之险峻。悬崖上的九龙蹬曾被土司彭瑊建成初始城堡，可见大青山之险要。大青山的险峻地形不仅捍卫了芙蓉镇的政治、军事安全，也为芙蓉镇遮风挡雨，抵御自然灾害侵袭，成为芙蓉镇一道天然屏障。

九龙蹬 位于大青山东侧，酉水北岸，太平溪上，由九道硕大的岩石组成，九道石级重叠状若九龙盘柱延伸至山顶，主峰石骨突兀，如利剑穿空，一条宽不盈尺的羊肠小道可以登顶。山体多幽谷溶洞，有一座岩体自身桥，桥下有一个雪花洞，常年流水不断，可供山上人生活饮用。山顶地势开阔，古树成荫，土司彭瑊把此处视为风水宝地，筹划修建他入主湘西后的初始州城。相传，九龙蹬上建有九龙宫殿、营房、行宫、围墙、哨卡等，层层设防，固若金汤。因后晋天福五年（940）溪州之战被大火烧毁。

纱帽山 是芙蓉镇古街区北部的一座独立山峰，海拔约400米。因山峰呈圆形，山顶带有弧形，与古代官员的乌纱帽相似，故称纱帽山。寄寓此山能庇佑人才辈出，官运亨通，永世繁荣昌盛。

马鞍山 位于镇内芙蓉社区境内，海拔350米左右。山峰呈东西走向，两头高，中间低，成凹字形，形似人们骑马用的鞍子，故名马鞍山。寓意芙蓉古镇能像奔腾的骏马一样，一日千里，飞黄腾达。

龙头峡 位于猛洞河与酉水交汇处，隶属列夕村，左边是酉水，右边是猛洞河口，中间有一山峰耸立，山脊绵延上下起伏，其势如蛟龙下海，故名龙头峡。龙头峡两岸石壁高100多米，多成褐色，陡峭如削。石壁绝顶处为岩溶剥蚀台地，长有各种灌木，郁郁葱葱，也长有古柏苍松，挺拔傲立。两河碧水，深达数十米，游船航行到此处碧波涟涟，浪拍有声。

龙头峡（1996 年） 彭劲松 提供

气候

芙蓉镇常年主要风向为北风，春夏为东南风，秋冬为西北风。属中亚热带季风山地湿润气候，四季分明，气候温和，光照充足，雨水充沛，无霜期长。

气温 1989—2018 年，年平均气温 16.6℃，1 月平均气温 4.9℃，7 月平均气温 26.9℃。最低月均气温 12.9℃，最高月均气温 21.5℃，平均气温年较差 8.6℃。无霜期年平均 286.5 天，最长达 327 天，最短 246 天。

日照 1989—2018 年，年平均日照时数 1231.9 小时。

降雨量 1989—2018 年，年平均降雨量 1350.2 毫米，年平均降雨日数为 171.7 天，最多达 202 天（1977 年），最少为 147 天（1998 年）。个别年份最大降雨量 1992.7 毫米（1980 年），最小降雨量 937.7 毫米（1994 年）。降雨集中在每年 4—9 月，7 月最多。

物候 芙蓉镇地处永顺县南部，酉水北岸，农历正月，山上樱桃花盛开，以示春天到来。二月，桃花、李花布满果园，天气回暖。三月清明前后，境内断雪，水稻播种育秧，山坡土地开始播种玉米，冬眠的蛇类出山觅食，公园、树林随处可听到鸟雀的鸣叫，显示寒冷的时期已过。谷雨、立夏，霜冻结束，开始插秧。芒种时节，白天未插完的秧，晚上接着插，亦称“春争日，夏争时”。七月中旬，中稻开始成熟，有“处暑满坪黄，白露一扫光”之说。开始种植越冬作物和冬季蔬菜，民间曾有“七蚕八豌，七葱八蒜”之说。到九月，进入寒露，摘茶籽，种油茶，蛇类开始入地冬眠。十月，农家称小阳春，种麦子，捡桐籽，又是一个忙碌季节。到了冬月，一般初雪降至。1959 年 11 月 10 日的降雪过程，为镇域百年间最早的一次，历史上最迟降雪在 1974 年 1 月 9 日。

冬天降雪为境内常态，降雪天数和深度各年度不尽相同，降雪天数多则10多天，少则2天；积雪深度取决于降雪量的多少，中雪有3厘米深，暴雪有10厘米，个别达13厘米。

自然资源

土地资源 芙蓉镇境内自然土壤和旱地土壤由于成土母质不同，垂直分布不同，形成多种类型的土壤，主要有红壤、黄壤、石灰土3个土类，又分红壤、黄红壤、黄壤性土、红色石灰土、淋溶红色石灰土、黄色石灰土、黑色石灰土7个亚类，10个土属，14个土种。2018年，全镇有耕地面积30312.6亩，其中，稻田面积20962亩，旱地面积9350.6亩。

动物资源 家禽类有鸡、鸭、鹅等。

家畜类有水牛、黄牛、猪、马、骡、山羊、草兔、猫、狗等。

野兽类有野猪、狐狸、黄鼠狼、狼、大灵猫、豹、野山羊、黄鹿、豪猪、松鼠、竹鼠、水獭、猕猴等。

鸟类有野鸡、竹鸡、秧鸡、斑鸠、画眉、黄鹂、乌鸦、喜鹊、杜鹃、麻雀、猫头鹰、翠鸟、啄木鸟等。

水产类有娃娃鱼（大鲵）、鳖、乌龟、黄鳝、泥鳅、螃蟹、虾、斑鱼、鲫鱼、鲢鱼、鲤鱼、草鱼、蚌、螺、黄颡鱼、鳜鱼等。

蛇虫类有家蚕、野蚕、蜜蜂、地老虎、蝴蝶、蚯蚓、蜻蜓、眼镜蛇、竹叶青蛇、王锦蛇、乌蛇、五步蛇、蜈蚣、蟋蟀、蚂蚁、蝉、蚂蟥等。

植物资源 2018年，全镇有公益林面积

黄连木（树龄300年）（2005年）

75197.8亩。林木类有松树、杉树、柏树、白杨树、栀子树、椿树、酸枣树、漆树、锥栗树、板栗树、柳树、槐树、棕树等。另有金丝楠、檀香树、银杏等珍稀树种。

药材有杜仲、山胡椒、茯苓、药百合、天麻、灵芝等。其中，天麻、灵芝、茯苓是珍贵药材。

人口　民族　姓氏

人口总量　1991年，王村镇有3200户，13194人。其年龄结构为：0~14岁3851人，占总人口的29.19%；15~35岁4848人，占总人口的36.74%；36~59岁3267人，占总人口的24.76%；60~99岁1227人，占总人口的9.30%；百岁以上老人1人，占总人口的0.01%。文化结构为：小学2479人，占总人口的18.79%；初中2455人，占总人口的18.6%；高中607人，占总人口的4.6%；中专128人，占总人口的0.97%；大专45人，占

李栢生　提供

总人口的 0.34%；本科 14 人，占总人口的 0.11%。

2000 年，全镇有 3804 户，14207 人。其年龄结构为：0~14 岁 3707 人，占总人口的 26.09%；15~35 岁 4899 人，占总人口的 34.48%；36~59 岁 3126 人，占总人口的 22.00%；60 岁以上 2475 人，占总人口的 17.42%。文化结构：未上学 1403 人，占总人口的 9.88%；扫盲班 135 人，占总人口的 0.95%；小学 6783 人，占总人口的 47.74%；初中 4079 人，占总人口的 28.7%；高中 1129 人，占总人口的 7.95%；中专 498 人，占总人口的 3.51%；大专 168 人，占总人口的 1.18%；本科 11 人，占总人口的 0.08%；研究生 1 人，占总人口的 0.01%。

2010 年，芙蓉镇有居民 6145 户、22261 人。其年龄结构：0~14 岁 4132 人，占总人口的 18.56%；15~35 岁 6584 人，占总人口的 29.58%；36~59 岁 8236 人，占总人口的 37.00%；60~99 岁 3308 人，占总人口的 14.86%；百岁老人 1 人，占总人口的 0.004%。文化结构：未上小学 1234 人，占总人口的 5.54%；小学 7157 人，占总人口的 32.15%；初中 10766 人，占总人口的 48.36%；高中 2420 人，占总人口的 10.87%；大专 592 人，占总人口的 2.66%；本科 88 人，占总人口的 0.40%；研究生 4 人，占总人口的 0.02%。

2015 年，原列夕乡有 8 个村划归芙蓉镇管辖，辖区人口增加。至 2018 年年末，全镇有总户数 8076 户、总人口 32822 人。

源流迁徙 芙蓉镇（王村）老街，历经 2000 多年的社会变革和人口迁徙，在清末民国初期古镇原辖区形成“黄、杨、左、程、康”五大姓氏。他们或因躲避战乱，或因逃避迫害，从不同的地方迁至王村定居。经过先人的艰苦创业，先后成为当地的名门望族，分别建立祠堂、修订家谱，传承于后世子孙。

黄氏家族系宋朝名臣黄龟年后裔，明朝末年为逃避朝廷迫害，从江西南昌状元桥逃往湖南，在湘西浦市举行宗亲会议，制定“尚明廷玉宏开学、宗邦永茂启文光、应生良才魁万选、克兴德业知天长”28 字派，然后分散逃离，其中一支来到王村定居，建宗祠“江夏堂”。

杨氏家族是东汉杨震公第 109 代孙杨世升后裔，因明末阉党专权，迫害忠良，左副都御史杨涟与左佥都御史左光斗被迫害致死。其子杨世升与左龙宇相邀从江西出逃，先到沅邑，后至王村定居。因杨震公博学多才，学者称“关西夫子”，系东汉名臣，为官清廉，举荐王密为昌邑令，后奉召进京，途经昌邑，王密夜晚拜访杨震公，并送他 10 斤金子，王密说：“晚上无人知道。”杨震公拒绝说：“天知、地知、你知、我知，何谓无知。”因震公“四知”辞金，故该族称为王村“四知堂”（“四知”典故源自《资治通鉴》)。立有行辈字派40个:“世子仲显文、正大光先志、宗绪崇祖德、丕振应昌炽、家乘维清介、继续作求式、佑启贻谋久、贤良永孝思”。并与时俱进，倡导40字族训:“四知”训诫，反腐倡廉；长幼有序，敬老尊贤；博学多才，勤奋发展；团结友爱，族事为先；光宗耀祖，报国齐家。

左氏家族是明朝忠臣左光斗后裔，明朝末年，左光斗与杨涟被迫害致死，其子左龙宇与杨世升相邀从江西出逃，情同手足，相互照应，故有互不通婚之传说。结伴先到沅邑，后至王村定居。立有行辈字派31个:“龙尚添、世正秉公、德大声宏、仁文易启、家兴族旺、宗莆泽芳、初春旭阳、国泰民康”。

程氏家族的祖籍在安徽徽州（今歙县），清初时先祖在朝廷为官，奉命安抚土司，船载厚礼，溯沅江，入酉水，突遇风浪，致使船翻人亡，程氏先祖幸免。但难以回朝，更难面见土司，故流落湘西古丈，后定居于王村，立有行辈字派20个:“传家贻泽远、宗绪定广昌、通达先贤志、诗书甲第长”。

康氏家族祖籍江西，明末清初为逃避战乱，先祖三人不远千里向南逃难，一位定居常德桃源，一位定居重庆秀山，一位定居永顺王村。立有行辈字派16个:“永明祖德、世振家生、建功立业、泽运国兴”。

民族

民族源流 土家族自称“毕兹卡”，其意为本地人。土家族在不同的时期有不同的别称，在殷周时出现的“巴人”“彭人”之称，即是土家族最古老的支系。春秋战国时，又有“廪君蛮”“板盾蛮”之称，秦汉时期称为“巴郡南郡蛮”“武陵蛮”“五溪蛮”等。宋以后，称“土人”“土蛮”“土丁”等。明以后，特别是清代改土归流后，与汉族客家的称呼相对应，开始出现“土家”专称。民国时期，土家族被蔑称为“土蛮子”“蛮子”。1957年1月3日，经国务院批准正式确认土家族为单一民族。

民族结构 20世纪80年代以前，境内主要民族有土家族、苗族、汉族。进入90年代，芙蓉镇因电影《芙蓉镇》的拍摄而被世人认识和熟悉，人口流动逐渐增大，到镇内经商、婚嫁的人逐渐增多，使全镇民族成分增多，有土家族、苗族、汉族、回族、蒙古族、白族、维吾尔族等10多个民族。2000年，王村镇有土家、苗、回、维吾尔、彝、侗、哈尼、汉族8个民族，其中土家族有12451人，占总人口的87.64%；苗族301人，占总人口的2.12%；汉族等其他民族1455人，占总人口的10.24%。2010年，芙蓉镇有土家、苗、回、侗、瑶、黎、壮、彝、布依、汉 10 个民族。其中，土家族有 19703 人，占总人口的 88.51%；苗族 523 人，占总人口的 2.35%；汉族等其他民族 2035 人，占总人口的 9.14%。2018 年，全镇有土家、苗、汉、回、壮、侗、白、瑶、布依、蒙古、彝、满、哈尼、黎、土、水族 16 个民族，其中，土家族 26645 人，占总人口的 81.18%；苗族 1861 人，占总人口的 5.67%；汉族等其他民族 4316 人，占总人口的 13.15%。

姓氏　2018 年，全镇有姓氏 184 个，即：向、彭、王、杨、张、田、李、黄、刘、孔、宋、陈、唐、罗、汪、董、周、石、符、鲁、胡、吴、左、曾、吕、谢、龙、廖、姚、舒、徐、瞿、赵、金、肖、米、郑、秦、曹、朱、何、丁、欧、潘、谭、蒋、代、沈、孙、邓、严、熊、梁、孟、文、马、余、伍、康、聂、楚、程、付、卢、雷、明、杜、修、邹、戴、郭、宁、尚、粟、邱、史、龚、钟、覃、饶、江、叶、高、范、颜、冯、兰、傅、尹、官、葛、祁、全、宿、喻、简、毛、夏、庄、腾、袁、蔡、林、糜、涂、许、易、樊、薛、麻、贺、姜、陆、莫、万、阳、成、方、费、苏、印、敖、常、崔、洪、贾、冉、韦、银、尤、于、翟、凡、甘、凌、屈、汤、陶、魏、武、章、艾、关、管、韩、花、农、童、闻、邢、祝、卓、鲍、柴、昌、单、段、丰、谷、郝、候、侯、揭、匡、赖、黎、历、梅、倪、牛、皮、钱、曲、任、申、盛、时、危、温、游、俞、詹、鄢、蹇。其中，向氏有 7070 人，占总人口的 21.54%；彭氏 4272 人，占总人口的 13.02%；王氏 3626 人，占总人口的 11.05%；杨氏 1189 人，占总人口的 3.62%；张氏 1182 人，占总人口的 3.60%；田氏 940 人，占总人口的 2.86%。

镇域经济

发展概况　芙蓉镇得酉水舟楫之便，上通川黔，下达洞庭，入鄂抵沪，自古就有“楚蜀通津”之称，享有“酉阳雄镇”、湘西“四大名镇”、“小南京”等美誉。在 2300 多年的历史长河中，这里一直是通商的黄金口岸。史载清朝乾隆、嘉庆、道光年间，镇

湘西芙蓉创业园（2017 年） 张入化 提供

内店铺有 500 余家，每日骡马千余，往来客商逾 2000 人，其商贾云集的繁荣景象，可见一斑。现今的芙蓉镇是一、二、三产业融合发展的经济重镇，农业产业有柑橘、猕猴桃、油茶、柚类、烟叶等；工业方面引进吉首老爹猕猴桃开发有限责任公司、北京资源集团等龙头企业进驻芙蓉镇；第三产业方面，发展古镇旅游，永顺县与湖南华夏投资集团签约，联袂打造芙蓉镇旅游升级，高端民宿和餐饮业随之快速发展。2018 年，芙蓉镇生产总值 5.72 亿元，年均增长 10%，固定资产投资 9794 万元，增长约 15%；财政总收入 5503 万元，增长 10%；人均可支配收入 9375 元，增长 15%。是年，芙蓉镇景区接待游客 53.94 万人次，门票收入 3793 万元。

园区经济 2001 年，经湖南省人民政府批准成立永顺经济开发区，园区规划面积 3 平方千米。2018 年，湖南明瑞高端制药、古首老爹猕猴桃开发有限责任公司、北京资源集团、湖南本草农林科技有限公司、春天生物科技有限公司、湘西沃康油业科技有限公司等引资企业成为芙蓉镇创新、创业、带动就业的重要力量。企业的入驻，为芙蓉镇提供了就业岗位 2000 个，镇域经济发展加快。

旅游商贸 古镇旅游驱动商贸经济发展。土王行宫・八部堂、土司别院、天泉客栈、白河人家、王村草堂、新起点、土家源、边城故事等酒店颇具土家族民俗风情，引领芙蓉镇住宿业的发展。米豆腐、红烧桂花鱼、田螺、蒿草粑、腊肉、香肠、干鱼、小虾、葛粉、蜂蜜、茶叶、猕猴桃、柑橘等特色食品，竹编、土家织锦等手工艺品都备受游客青睐。至 2018 年，从事旅游相关服务的个体商户在镇内有 500 余户，从业人员 3200 多人。

烤烟基地（2015 年） 向金平 提供

种植业 主要农作物为水稻、玉米等。经济作物以烤烟、油菜为主。2018 年，全镇水稻种植面积 1.5 万亩，产量 6070 吨；玉米种植面积 8000 亩，产量 1600 吨；薯类种植面积 4500 亩，产量 1100 吨，其中脱毒马铃薯 3500 亩；豆类种植面积 1320 亩，产量 116 吨；烤烟种植面积 1.2 万亩，收购烟叶 2.5 万担；猕猴桃种植面积 6300 亩，年产鲜果 12600 吨；富硒椪柑种植面积 7750 亩，年产椪柑 11625 吨。

畜牧业 镇内畜牧业以养殖猪、牛、羊和家禽为主。1949—1989 年，发展速度比较缓慢。从 1989 年开始，镇内畜牧业迅速发展，2018 年，芙蓉镇肉类总产量 1302.9 吨，生猪出栏量 8447 头，肉牛出栏量 909 头，山羊出栏量 4582 只，鸡鸭出笼量 25676 羽。

渔业 清代和民国时期，境内靠近酉水河一带居民有捕鱼的习惯，并有以捕鱼为业的渔民。20 世纪 50 年代，境内修建山塘水库，利用塘库养鱼。80 年代，酉水王村段为凤滩电站库区，开始发展网箱养鱼。90 年代，少数村寨利用稻田养鱼。2010 年，芙蓉镇放置网箱 400 个，水产品产量达 300 吨。2014 年，全镇网箱养鱼有 550 个，水产品产量 400 吨。2018 年，镇内不再利用网箱养鱼，主要为塘、库、田养殖和下河捕鱼。

劳务经济 自 1985 年起，镇内剩余劳力开始向江浙、广东等地转移，主要从事制造业，月薪在 300~450 元。至 20 世纪 90 年代，大批农民工涌向广东、福建、浙江一带务工，平均月收入 600~850 元。2014 年，全镇外出务工 1820 人，务工人员年收入 4 万元以上。2018 年，全镇外出务工人员 8491 人，为总人口的 25.9%，主要从事建筑、制造等行业，人均年收入 5 万元以上。

社会发展

教育 清雍正十年（1732），王村设义学，入学人数 20 人，清乾隆年间（1736—1795），境内设私塾馆。1920 年，王村设区立小学 3 所，有学生 100 余名。同年，列夕创办私立小学。1937 年，天主教传教士在天主堂内办正道小学，有学生约 100 人，生源主要招收教徒子女，同时兼收非教徒儿童，学校费用由教会负担，美国传教士乐清任校长。1950 年，正道小学与五里牌小学合并为永顺县第三区第一中心小学。1953 年，第三区第一中心小学改名为王村完全小学。1957 年，王村完全小学附设初中班。1960 年，中、小学分开设立，中学即永顺县第二中学，1985 年更名为永顺县民族中学。1991 年，镇内增建 1 所完全小学，原完小称第一完全小学，新建完小称第二完全小学。1996 年，永顺县民族中学更名为上海贝尔永顺民族希望学校（简称贝尔中学），只办高中；初中分设，称重山中学。2003 年，第一完全小学与第二完全小学合并为王村镇中心完全小

小学生广播体操比赛（2016 年） 杨崇贵 提供

学。2005 年，保坪中学（初中）与重山中学合并，定名为永顺县民族中学（只办初中）。2006 年，高中停止招生。2018 年，全镇有幼儿园 19 所，入园幼儿 2500 人，有专任教师 120 人；有小学 3 所，在校学生 3226 人，有教师 168 人；初中 2 所，有学生 1530 人，教师 125 人。九年义务教育实现全覆盖。

文化　旧时，镇内居民经常组织群众开展文化活动，每逢节庆，土家族人都要跳摆手舞和毛古斯舞，还有打溜子、咚咚喹表演等。民国时期，蝴蝶灯在境内广泛流行；黄熙轩的山水画在县境有一定名气。20 世纪 50 年代，镇内居民喜看汉戏，镇区有剧院。1970 年，各大队通广播。1984 年，王村修建电影院。1986 年，太平乡并入王村镇，乡文化站改为镇文化站。1987 年，镇内始通电视。1989 年，王村建立民俗风光馆，次年，国家重点文物保护单位——溪州铜柱，从花果山移入馆内，作为镇馆之宝收藏。2002 年，广场舞开始盛行。2005 年，王村镇文化站获“县示范性文化站”和“湘西土家族苗族自治州先进文化站”称号。是年，镇内民间乐队开始出现。2010 年，各村（社区）建立“农家书屋”，每个书屋一般藏书 1500 册。2018 年，全镇有业余文艺团体 23 个，“农家书屋”23 个、藏书 35000 多册，有文化艺术剧院 1 座，有村级文化活动中心 22 个，有音乐、美术、书法、摄影、文艺创作爱好者 84 人。

医疗　1950 年以前，境内无公立医疗机构，居民治病疗伤依靠民间土医和中草药。1950 年，在原王村镇商合村古街设立卫生院，1970 年改为太平公社卫生院。1975 年，自筹资金开展合作医疗，各生产大队配备赤脚医生，设立合作医疗站。1989 年，设立镇医院。次年，镇医院与原太平乡卫生院合并为王村中心卫生院，有医护人员 38 人。

芙蓉镇文体广电服务站（2018 年）

张入化　提供

芙蓉镇中心卫生院（2016 年）

张入化　提供

2018年，全镇有中心卫生院1所，卫生分院1所，村卫生室17个，社区卫生服务站5个，有医卫人员56人。其中，执业医师3人，执业助理医师8人，注册护士20人。

居民收入 1952年，王村居民人均纯收入52元。1957年增加到94元，比1952年增长80.77%。1965年人均纯收入81元，略低于1957年水平。1980年人均纯收入98元，比1965年略有提高。1985年人均纯收入达294元，年均递增24.57%。1989年农民人均纯收入378元，比1985年增长28.57%。2001年，王村镇农民人均纯收入745元，比1989年增长97.09%。2005年农民人均纯收入1701元。2010年，芙蓉镇农民人均纯收入2942元，比2005年增长72.96%。2015年，镇内农民人均纯收入5579元，比2010年增长89.63%。2018年，农民人均纯收入达到8043元，比2015年增加2464元，增长44.17%。

1957年，王村镇街道居民人均年纯收入197元，1978年226元，比1957年增长14.72%。1980年、1988年，分别达到250元、570元。2005年，街道居民可支配收入5408元，比上年增加10%。2010年人均可支配收入增至9642元，比2005年增加4234元，增长78.29%。2015年人均可支配收入达到16883元，比2010年增加7241元，增长75.10%。2018年人均可支配收入21698元，比2015年增加4815元，增长28.52%。

居民消费 20世纪80年代，镇内居民衣着颜色和样式比较单一，一般以保暖、遮体为标准。家用电器很少，家具多为木质，少数家庭有自行车。据县统计局抽样调查，1990年，农村居民人均总支出535元，消费支出345元，占总支出的64.49%。其中，食品209元，占总支出的39.07%，恩格尔系数为60.5%。2000年，农村居民总支出1354元，其中，消费支出1040元，占总支出76.81%，恩格尔系数为66.2%。2010年，农村居民总支出2942元，其中消费支出2137元，占总支出72.64%，食品支出1395元，占总支出的47.42%；衣着支出106元，占总支出的3.6%；文教娱乐支出67元，占总支出的2.28%；恩格尔系数65.3%。街道居民人均总支出9628元，其中消费支出6998元，占总支出的72.68%；恩格尔系数为39.4%。2018年，境内农村居民人均总支出16595元，人均消费支出11282元，其中，食品支出3649元，占总支出的21.99%，恩格尔系数32.3%。街道居民人均总支出31408元，人均消费18137元，其中，食品支出4884元，占总支出的15.55%；文化娱乐支出2606元，占总支出的8.30%；恩格尔系数26.9%。

居住方式 芙蓉镇是土家族聚集区。历史上，土家族居民居住的房屋主要为木质结

土家族传统民居（2018 年） 周万全 提供

构，大多三开间，小青瓦盖顶，雕花门窗，悬空司檐，木栏扶手，走马转角，古色古香。其中，极具民族特色的建筑是土家吊脚楼。在古镇上，由于房屋密集，为防止火灾事故发生，大多数房屋两端都采用青砖修砌高墙，当地人称为“马头墙”。20 世纪 90 年代后，随着建筑材料的改变，砖混楼房开始出现。现今随着小城镇化建设，集镇上修建的商品房为钢筋混凝土结构，居民自家修建的房屋多为砖混结构。在偏远的村寨，木质结构的吊脚楼仍然随处可见。2014 年，开展精准扶贫，实施危房改造工程，至 2018 年，全镇改造木制危房 866 栋。

社会保障 2009 年，镇政府在太平村修建敬老院，安排床位 50 张，集中供养五保老人 31 人。2010 年，实施农村新型基本养老保险制度，当年参保 9979 人，参保率 42%。纳入农村最低生活保障户 310 户、1059 人。2018 年，全镇有农村五保户 105 人，集中供养 19 人，扶助孤儿 8 人，发放各类粮食补助、农机补贴、退耕还林补助资金 1950 万元，“新农合”减免 2380 万元；大力实施创业就业工程，全年新增城镇就业 207

芙蓉镇敬老院（2016 年） 张入化 提供

人，转移农村劳动力就业 575 人；基本养老保险、基本医疗保险实现全覆盖，工伤、失业、生育保险覆盖全体职业人群；城乡居民基本养老金由原来的 55 元调整至 80 元，惠及群众 5116 人，年内共计发放 339 万元。开展创新创业“十百千”工程，向上争取奖励资金 100 万元。

基础设施

公路

村组公路 1958 年，石（堤）王（村）公路建成通车，经过境内雨龙、太坪等村组。1964 年，科皮大队修通公路，长 7 千米。1969 年，泽（家）列（夕）公路通车，长 16 千米。1971 年，保坪村通车。2003 年，石（堤）王（村）公路升级改建为二级公路，境内长 6 千米。2006 年，松（柏）王（村）公路改造，由砂石路改为水泥路。2009 年，泽（家）列（夕）公路改造，路面完成水泥、混凝土硬化工程。2010 年，科皮村公路实现水泥硬化。是年，全镇实现村村通公路。同时，启动通组公路建设。2018 年，镇内 95% 的村（居）民小组实现通公路。

县道 1958 年，石堤西至王村的公路建成通车（简称石王公路），与省道永（顺）大（庸）公路相连接，全长 42 千米，结束了古镇不通公路的历史。1963 年，王村开行客班车。1991 年，全长 5.9 千米的王村至罗依溪公路（简称王罗公路）建成通车，乘车可直通古丈、吉首等地，在罗依溪火车站上下火车的旅客也可经陆路交通乘车出行。

省道 省道是境域连结各县、市和毗邻地区的干线公路，在芙蓉镇有两条省道经过、相连，一条代号为 1828 线，起自湘西土家族苗族自治州吉首市峒河桥头，终至张家界后坪，全长 165.7 千米，在芙蓉镇约 10 千米，即从野鸡坨下的太平溪至罗依溪的箭潭口桥头；一条为省道 230 线，起自镇域北部的雨龙村，止于县域灵溪镇，全长 36 千米，1990 年建成通车。

二级公路 2003年10月，张（家界）罗（依溪）二级公路建成通车。张罗公路系省道229线和306线之一段，起自张家界市，至永顺县青坪镇进入湘西土家族苗族自治州，于古丈县罗依溪大桥与吉罗公路相连，全长67千米，在芙蓉镇境内12千米。泽家镇至芙蓉镇的泽芙公路，2016年开工建设，全长31千米，在芙蓉镇境内25千米，是山区重点二级公路，是芙蓉镇重要的西部出口公路，既可跨越猛洞河对原属列夕乡后划归芙蓉镇的8个行政村进行有效管理，又可直通保靖，连接里耶古镇、花垣边城，直至重庆等地。

高速公路 2012年，永（顺）吉（首）高速公路开工建设，2017年11月建成通车。在镇内经过比条、昔车、新元、新城等7个村（社区），长12千米，收费站出口行驶500米便可进入芙蓉镇古街。永（顺）吉（首）高速公路是吉（首）恩（施）高速公路的一段，北与张（家界）花（垣）高速公路相交会，直通湖北恩施和张家界；南至吉首，与吉（首）怀（化）和长（沙）渝（重庆）高速公路相对接。

高速铁路 2016年，张（家界）吉（首）怀（化）高速铁路开工建设，途经镇内兰花洞、保坪、新区、新城、发树、商合6个村（社区），在新城社区设客运站，客运站

吉（首）恩（施）高速公路那丘隧道（2017年） 蒲忠胜 摄

占地面积 8000 平方米，预计 2021 年建成通车。

桥梁

幸福桥 20 世纪 60 年代营盘溪修建的第一座公路桥。中华人民共和国成立后，王村建立永顺县储粮第一的粮食仓库，为保证粮食储存调运，在镇内修建一条运粮专用公路，并在营盘溪上架设一座石拱桥。拱桥建成后，为古镇居民生产、生活带来极大方便，人们获得很多幸福感，故称这座桥为幸福桥。

王村大桥 1991 年修建的单拱石桥，桥长约 65 米，净宽 6 米。王村大桥建在镇区营盘溪上，时为王村通往古丈并至吉首的公路交通桥。

犀牛洞三桥 是在犀牛洞旅游停车场连接古镇的营盘溪上，并排修建的 3 座桥梁。中间一座是笔直平坦的公路桥，是旅游车辆进入古镇核心景区的重要通道。公路桥两边呈弧形的拱桥是方便行人通行的人行桥。

五里牌大桥 是张罗公路跨越营盘溪的一座重要桥梁，桥长 160.5 米，净宽 8 米，采用三孔双曲拱桥修建，单孔最大跨径 60 米。五里牌大桥位于犀牛洞旅游停车场上方，站在桥上可以俯瞰犀牛洞三桥与新桥、王村大桥五座桥梁，形成一种桥梁景观。

芙蓉镇大桥 原名王村特大桥，随着王村更名为芙蓉镇而更名。芙蓉镇大桥是张家界至罗依溪公路线上的一座特大型桥梁，大桥横跨永顺县芙蓉镇与古丈县红石林镇之间的酉水河上，2003 年 6 月竣工通车。该桥为钢筋混凝土中承式肋拱，主桥净跨 200 米，桥梁总长 302.2 米，最高水位时净空高度 20 多米。当时的大桥规模、工程造价、施工难度、价值地位，堪称“湘西第一桥”。

芙蓉镇酉水三桥（2018 年） 杨崇贵 提供

芙蓉镇酉水高速公路桥　是吉（首）恩（施）高速公路上的一座桥梁。大桥主跨230米，高百米，全长450米，跨越酉水河，紧靠芙蓉镇大桥。

芙蓉镇酉水高速铁路桥　是张（家界）吉（首）怀（化）高速铁路上的一座重要桥梁。桥址位于永顺县芙蓉镇与古丈县古阳镇交界的酉水河上，因此又称酉水大桥。大桥全长461.53米，主桥跨度292米。2018年，该桥第一个桥礅竣工，主桥正在建设之中。

酉水高速铁路桥、酉水高速公路桥和芙蓉镇大桥三桥并列，形成酉水河上独特奇观。

列夕大桥　是泽（家镇）芙（蓉镇）公路上的一座重要桥梁。大桥全长462米，宽9米，高200余米，跨越猛洞河。为镇区连接列夕片区各村寨的便捷通道。

水路交通

楚蜀通津　楚蜀通津是镌刻在镇区下码头城门洞外石壁上的四个遒劲有力的大字，显示出王村曾是一个繁忙的水码头，是上通川黔，下达鄂沪的重要通道。清末民国时期，由于酉水王村段是天然良港，港区功能完善，因此码头上每天船舶云集，帆樯如林，河面上百舸争流，热闹非凡。下水船头安上一匹招木（木船舵桨），型似大刀，指向前方，船舶依秩航行，首尾相接，绵延百米，蔚为壮观。上水船桅杆林立，云帆高挂，走风打戗，好似一幅美丽的风景画。王村不仅船舶云集，还是进出口货物的集散地，酉水流域盛产粮食、木材、桐油、山竹、药材等土特产品，都要在王村集中通过船舶外运出口到常德、武汉等地。二十世纪二三十年代，王村以桐油出口最多，每年输出量5万多桶；茶油输出量也有万余桶，其他货物年运输量达万吨以上。同时，随着外商的进入，各种南杂百货先到王村起岸，然后转运至永顺灵溪、万坪、龙山、桑植等地，驮运马队、人力挑夫川流不息，伴随着悦耳动听的马蹄、铃声，呈现出一片繁华的图景。50年代，王村进出口货物量增大，每年都要组织水上运输大会战，把成千上万吨的农业生产物资运至王村，然后转运到各乡镇、村寨。60年代为落实备战需要，仅食盐就运送储存达一千余吨。充足的货物储备和巨大的供应需求，使该镇真正成为楚蜀通津的繁忙码头。70年代，上至保靖和里耶，下到常德、武汉、南京，货船经常往返。进入80年代，枝柳铁路通车，加之公路交通发展，酉水货运急剧下降，到80年代后期，货船停运。

水上客运门户　在陆路交通原始落后的年代，王村成为水上客运的门户，进出王村的政府官员、商旅文人均乘船走水路。1930年版《永顺县志》记载，清嘉庆四年

（1799）始开王村至罗依溪 8 千米的客运线。1978 年因凤滩电站大坝下闸蓄水，高峡出平湖，永顺县航运公司率先建造 4 艘机动客船，先后开辟王村至凤滩、王村至罗依溪火车站、王村至列夕、王村至保靖 4 条重要客运班线，打通上至川黔，下达沅（陵）常（德）的重要通道。20 世纪 80 年代，个体运输迅猛发展，出现村村造客船，个个码头开班线的态势，永顺、古丈、保靖 3 个县的航运公司，以及沿河的 12 个乡（镇）的 25 个村寨建造有 40 多艘班船，开设 20 多条客运班线，参加王村水上客运。平时，王村客运量每天近千人，春节期间和赶场天客运量高达 3000 多人，码头上船舶拥挤，旅客上下船困难，交通部门两次扩建王村码头都满足不了客运需要。1985 年猛洞河水上旅游开发成功后，中外游人蜂拥而至，水上客运再现高潮，永顺县航运公司建造 7 艘钢质旅游船，588 个客位，另有其他客船参加旅游客运，共有 1000 多个客位，仍满足不了接待需求。码头上每天游人如织，游船如梭，汽笛长鸣，一派繁忙景象。2002 年，吉（首）张（家界）二级公路建成通车，经水路由王村到古丈的客流量减少，水运量下降，至 2018 年，仅有上至保靖，下到小溪和凤滩的客运班船正常行驶。有客船 40 艘，班线 12 条。

水利 1966 年，修建响塘水库，灌溉稻田 600 亩。1967 年，建麦它坪小（2）型水库，灌溉稻田 780 亩。同时修建小溪水库，灌溉稻田 790 亩。1968 年，修建老寨山塘，灌溉稻田 300 亩。1970 年，修建吴必小（2）型水库，灌溉稻田 720 亩。是年，修建岩那山塘，灌溉稻田 300 亩。1971 年，修建明溪水库，灌溉耕地 620 亩。1972 年，修建田湾山塘，灌溉稻田 200 亩。2009 年，投资 9 万元，整修小溪水库灌溉渠道。2010 年，整修岩那等山塘渠道 1200 米。2014 年，投资 170 万元，在列夕片区建成“五小水利”小水窖 172 口。

邮政 清代，王村有从永顺县城经王村至沅陵的邮路。1913 年，王村开设至保靖、古丈两县的长途邮班，同时开通至永顺县境高梁坪、松柏场、施溶溪、镇溪等地短途邮班。1921 年，王村设邮政支局。1952 年，改为邮电支局。1998 年，分设王村邮政支局。2018 年，镇内有邮政网点 1 个，投递单程总长 5 千米，投递点 3 个，乡村通邮率 100%。

通信 1940 年，王村至永顺县城、古丈和沅陵电报线路架通。1947 年，王村始通电话。1989 年，开通程控电话，手摇式电话机逐渐消失。1998 年，王村设电信支局，通信建设步伐加快，移动电话开始出现。2002 年，互联网业务开通。2006 年，移动电话逐步普及。2007 年，互联网进入家庭。2018 年，中国电信在芙蓉镇设立分局，建服务网点 6 个；中国移动、中国联通在镇区共设服务网点 9 个，建信号塔 9 座。全镇有移动电话用户 8600 户，移动通信普及率 99%。

市场 境内有两个农贸市场，即芙蓉镇农贸市场和列夕农贸市场。历史上，农贸市场长期以街而市，没有专门市场。2008 年，投资 1500 万元，在湘潭大道西段建成芙蓉镇农贸市场，占地面积 2 万平方米，建有商业门面 104 个、摊位 840 个。2014 年，列夕新修农贸市场，至此，境内市场占道经营的现象完全消除。

镇村建设

镇域建设 1999 年，投资 270 万元，整修五里石板古街。2004 年，投资 2800 万元，修建湘潭大道；大道东连芙蓉大道，西接张（家界）吉（首）二级公路，长 880 米，宽 35 米。2007 年，投资 4000 万元，全面维修古镇街道，并新建翼南广场（2010 年更名为铜柱广场）。2008 年，投资 3500 万元，修建芙蓉大道，长 2800 米，宽 25 米。是年 3 月，投资 600 万元，修建芙蓉镇汽车站。2009 年 6 月竣工投入使用，占地面积 1.2 万平方米，可同时停大型客车 50 余辆。2012 年，在湘潭大道周边开发建设商住房。至 2016 年，建成商住房 7 栋，700 余套，占地面积 12 万平方米，总投资 2.7 亿元，名为“王者之村”住宅群。

供水 20 世纪 70 年代以前，境内多数村寨人畜饮水主要依靠河流提供，部分山寨依靠打井取水。80 年代初期，政府投资 20 万元，在芙蓉镇建设自来水厂，铺设管道 5000 多米，镇区部分居民开始用上自来水。2003—2014 年，政府投资 100 余万元，铺设人饮水管道 4000 余米，受益户达 2000 多户。2006 年，政府投资 400 余万元，在雨龙村建设自来水厂，2008 年完工，铺设管道 9000 米，2300 多户、5000 多人受益，解决集镇居民用水困难。列夕片区地表蓄水困难，多干旱，传统饮水主要靠人工背挑。1980 年，各村开始自发建井维持生活用水。2003 年，投资 120 万元，建成列夕乡自来水厂，年供

芙蓉镇供电所（2017 年） 张入化 提供

飞水寨（2018 年） 县史志办 提供

水 0.32 万立方米，铺设管道 7000 米，270 户、1726 人受益。2014 年，各村建井陆续增多，至年底，实施集镇安全饮水项目，饮水路线为杨木村至列夕村，铺设供水管道 8000 米，2000 人受益。精准脱贫要求贫困群众实现“一超过，两不愁，三保障”，其中安全饮水不愁基本实现。

供电 1952 年 3 月，永顺县公私合营的永明电厂将 16 千瓦发电机迁至王村设立发电分厂，时称王村电厂。电厂厂长余汉中利用白水潭水碾坝和王村大瀑布的自然落差，自行设计制成一个直径 2.5 米的木质水鼓带动发电机，1953 年春建成发电，为古镇街道居民供电照明。据《湖南省志 · 农林水利志》记载，永顺县王村水电站是省内第一座农村水电站，20 世纪 60 年代重新修建一座水坝，并将机组改成水轮发电机，电站发电能力提升。自此，古镇居民全部用上电灯。2018 年，全镇 22 个村（社区）农网改造竣工，实现城乡同网同价。

环境卫生 2013 年，芙蓉镇建立“同建同治”（城乡环境卫生同时建设同时治理）村（社区）排名考核机制，完善垃圾集中清运、回收等相关制度。2015 年，重新聘请保洁员 84 名，全天候保洁。是年，芙蓉镇获“湖南省首批美丽乡镇示范”称号。2018 年，采购垃圾清运车 2 辆、道路洒水车 1 辆，实现垃圾当日清运，街道清洁干净。

酉阳宫（2016 年）　　杨崇贵　提供

古镇风貌

芙蓉镇是酉水河畔的千年古镇。历史上水上运输发达，被称为酉水“天然良港”。镇内有从河码头拾级而上，长达五里石板古街，沿街传统柜台店铺紧紧相连。有沿营盘溪而建的大大小小的古桥，展现出一道道古镇风景线。有独具风格的特色建筑，土家吊脚楼、封火墙、四合井大屋、殿阁庵堂，古色古香。列夕、芷州等传统村落保存完好。古代衙门旧址、汉代古墓群至今犹存。古镇气候湿润，四季分明，植被繁茂，放眼望去，森林茂盛，一派生机，并组成一幅幅多彩多姿的风景画。正是因为有如此优美的环境，历史上引来无数的迁客商贾，繁衍生息，使古镇成为商业重镇、历史文化名镇。

芙蓉镇大码头（2008 年）　杨崇贵　提供

港口码头

酉水良港　历史上，古镇位于酉水河优良的第五航段上，常年可通行 30~50 吨的船舶，而王村航段上自阳桥滩，下至箭潭口，“上下十多里，溪湾无浪痕”，水深数十米，形成一个长潭，是泊船天然良港。20 世纪 60 年代，王村有背阴岸、油码头、下码头 3 个泊船区。70 年代，特别是凤滩库区形成后，港区经过几次整修扩建，岸线长达 1.62 千米，水域面积 14.2 万平方米，码头 4 个，泊位 6 个，可停靠 100 吨级船舶，优良的航道港区成为古镇繁荣的重要条件。王村港区有巨大的装卸运输功能，能满足船舶周转的需要。原王村从事搬运、装卸人员以家庭为单位达数百人之多，每天可装卸货物数十吨，船舶随到随卸，随装随走，很少积压，能以最快速度完成船舶装卸任务。清代民国时期，王村港区有巨大的商品流通功能，凡进口的商品货物到达港口后即可批发到数百个家庭商铺上市销售，或进行仓库储存，或者通过骡马驮运，挑夫挑运而转运到四面八方。仓库中储存的土特产品亦可装船出口外运，形成商品积压少，货物流通快的格局。王村港区有巨大的休憩调节功能。下行与上行的船舶，由于船员劳累，加之船上生活物资的大量消耗，一般到达王村港区，均急需休整补充，王村港区就成为船员休憩调整的理想场所。他们在这里称肉买酒，休闲漫步，寻求刺激，驱散疲劳，精力充沛地开始下一段航程。王村港区有巨大的旅客集散功能，因舟楫方便，成为永顺对外交通出行的唯一码头，每天外来人员达千人以上，因王村有五里石板长街，满街都是商铺，餐馆、客栈达 100 多家，能够满足外来人口的生活需要，实行游、购、住、行、娱“一条龙”服务，成为名副其实的天然良港。20 世纪 50 年代后，随着公路建设的加快，王村酉水航运功能逐渐减弱，至 2018 年，仅有少量客运船只运行。50 年代中期，随着国道 209 线和省道永（顺）大（庸）公路的建成通车，以及石（堤）王（村）公路的连通，王村天然良港的功能逐渐减弱。80 年代，水上货运停止。至 2018 年仅存班船客运。

渡口　清代，各地设有民间渡口。民国时期渡口有官渡、民渡之分，官渡系官府倡建，发给渡夫工食，过渡者不需交过渡费。民渡由富户善士捐田或募捐置产建渡，过渡者也不必交过渡费。20 世纪 50 年代初，渡口分为社会渡口和义务渡口，县乡政府分别给予渡船建造和维修补助费，由村组划留渡口义田，允许渡工向沿岸村民收取河粮，以补助渡船维修和渡工生活费用。进入 21 世纪，芙蓉镇辖区内有 4 处渡口。国家对渡口的扶持力度加大，省、州、县三级财政拨款建造钢质渡船，每年定期发放渡工工资，保证渡运安全和渡工人员稳定。

码头

王村上码头　位于镇区背阴岩处，后上移至汽车渡口，与古丈县红石林镇河西村相连，是酉水河上的重要渡口。由于古镇是商业重镇，早在清代就在此设置渡口，方便行人过渡。20 世纪 50 年代，渡口定为社会渡口，分别由永顺县航运公司和古丈县航运公司管理经营，共有两艘渡船渡运。过渡者需交过渡费，由两县渡船在各自码头收取，互相代运旅客，规范有序。80 年代，上码头渡口达到鼎盛时期，平时每天渡运量为 500 人左右，春运、赶场时达 2000 多人。为保证渡运安全，航运公司在春运、赶场时都用大型旅游客船渡运。随着农村交通基础设施建设步伐的加快，特别是二级公路酉水芙蓉镇大桥建成通车后，两岸居民到集镇赶场由乘船改为坐车，王村上码头渡运量急剧减少，2006 年上码头停用。

王村下码头　即古镇城门洞码头，与古丈县红石林镇河南村相连，是酉水河上的又一个重要渡口码头。王村下码头原为短途客运码头，随着王村渡运量急剧增长，仅靠上码头渡运远远不能满足渡运需求，20 世纪 50 年代，又增设下码头渡口，分别由永顺县航运公司和古丈县航运公司管理经营，也有两艘渡船渡运，收费及渡运模式与上码头渡口相同，八九十年代出现过渡运高潮。2003 年，张（家界）罗（依溪）公路芙蓉镇大桥建成通车，渡运量急剧减少，但两岸居民绕道不便，仍需要坐船过河。因此，王村下渡口继续保留渡运功能，并更新一艘钢质机动渡船开展渡运。

列夕老码头　是猛洞河上的一个重要渡口码头，是列夕、克必两岸村民下王村、上泽家的必经之路。中华人民共和国成立前就设有一艘木制渡船渡运，名曰“列夕老码头渡口”，但实际由克必村长期管理渡运。20 世纪 50 年代开始，年年维修保养，2006 年更新改造为钢质渡船。两岸码头多次改造修建，2015 年再次重修踏步码头，并在列夕一方修建一个八角形候船亭。

列夕新码头　是 20 世纪 50 年代初设立的一个渡口码头，位于猛洞河与酉水河交汇处，主要为镇域列夕和古丈县老司岩等村居民往来提供方便。随着 70 年代末凤滩电站建成蓄水，渡运量减少，80 年代渡口停用。

改造后的列夕老码头（2016 年）　　杨崇贵　提供

古道古桥

古道 古道是以马帮为主要交通工具的民间商贸通道，是中国西南少数民族经济文化交流的走廊。原古镇也有类似的驮运通道，由于芙蓉镇在历史上是重要的水码头和货物集散地，因此，进出口货物的转运除人力挑运外，大量依靠骡马驮运。来自龙山、桑植和县境灵溪、万坪的骡马驮运队都沿县城、高峰坡、抚志、雨禾坪、小龙村到古镇进行驮运，大有乡间铃声马帮来之韵味。古镇至县城的道路就是当年的茶马古道，沿途道路都用青石板铺设，长年累月地经骡马踩踏，岩板上都留有深深的凹印。

古桥

三拱桥 是营盘溪上第一座石拱桥，位于王村瀑布上游七八米处，因桥有三拱，所以叫三拱桥。三拱桥是连接古街、跨越营盘溪的重要通道，远眺可望巍峨群山，近观可听瀑布涛声，形成石桥观瀑的壮美景观。1935 年 6 月 13 日（农历五月十三日），桥被洪水冲毁。

新桥 20 世纪初，由当地开明绅士、商户捐资修建的石拱桥，长 10 余米，小巧玲珑，是当时古镇通往外地的重要通道。原营盘溪上有一座老桥，该桥是被洪水冲毁后而重新修建的一座桥梁，故名“新桥”。

古镇街道

河铺子 从河码头拾级而上，绵延四五百米，街道两旁全是商铺，人们把这条街称为河铺子。这里是过去古镇极为繁华热闹的地段，因得酉水之利，成为“楚蜀通津”的重要码头，每天码头上船舶云集，川流不息，形成巨大的消费市场和商贸中心。在河边码头就建有一排古朴简易的竹篱茅舍小卖铺，生意兴隆红火。进入码头古街后，两边商铺依次排开。后街口有王村首富、湘西十大民族资本家之一的黄有成的豪宅与仓库；前街口有大商号“俊泰永”店铺，再往前走商店、客栈、会馆、面馆、油条店、麻花店、菜行、油行比比皆是，各种商铺应有尽有。至2018年，河铺子街名一直沿用。

殿门口　沿河铺子上行，有一座祖师殿，是为供奉道教祖师爷所建的道教殿堂，人们就把这节街叫作殿门口。传说20世纪初叶祖师殿被一场大火烧毁，因无力恢复原貌，便由当地民众捐资修建一所私立学堂，后更名为永顺县第三小学、王村第一完全小学分校。后又改建成永顺县航运公司（旅游公司）用房，但殿门口的名字一直没有改变。

杨家坪　沿殿门口上行百余米有一平地，叫作杨家坪，这是古镇为数不多的以姓氏命名的街名。据“四知堂”杨氏族谱记载，明朝末年宦官专权，忠臣杨涟被迫害致死，后裔杨世升出逃避难，先在沅邑，继而逃至永顺王村，见此处地势平坦，风景优美，便定居于此，不再迁徙。后繁衍生息，建立杨氏一条街，由此得名杨家坪，一直沿用至今。

三拱桥　是建在营盘溪上的石拱桥，紧邻杨家坪。因三拱桥建在瀑布上方，是一处听瀑观景的绝佳平台，造型优美，位置独特，枢纽地位十分重要，三拱桥也就成为这条街的名字。之后桥被洪水冲毁，未曾恢复重建，但三拱桥的街名一直沿用。

杨家坪古街道（2015年）　　杨崇贵　提供

倒街台　王村古镇从河码头一直爬坡拾阶而上，到达三拱桥路段，海拔增高 100 余米，再往前行突然变成下坡，要往下倒行 17 级台阶，人们就把这里称为倒阶台。原来

倒街台（2018 年）　　杨崇贵　摄

这里是一块洼地，如果填土增高，不仅工程量大，而且两边的房屋布局还会受到制约和影响。睿智的先人和工匠想出顺势而下的倒街台设计方案，既减少工程量，又有利于两边房屋建设，更能产生奇异的美感。很多去往下码头的行人到此处往往迷失方向，不敢前行，成为古镇上的道路奇观。

祠堂坪 因这里地势平坦，建有一座杨家祠堂而得名。祠堂是供奉祖先、家族议事的重要场所，著名的黄、杨、左、程、康五大姓氏在此都建有祠堂，但黄、左、程、康祠堂所在地没有以祠堂命名，唯独杨家祠堂成为街名。这节街很有名气，并建有一座石牌坊，因此成为芙蓉镇旅游的著名景点和核心景区。

凉水井 在祠堂坪上面有一口古井，称为凉水井。水从一个两米宽的岩穴中流出，源头很远，水温冰凉，盛夏酷暑时喝上一口，凉透心脾，在没有冷饮的时代，这里凉水是极佳的避暑降温饮料。凉水井的凉水常流不断，随舀随有，成为古镇居民的生命之水，凉水井也就成为这节街的街名。20 世纪 50 年代建亭保护，用条石砌成四方水井，冠名“西汉古井”，井口两旁有一副“一窍有泉通地脉，四时无雨滴天浆”的对联，把凉水井的神奇描绘得惟妙惟肖。

公馆坪 从凉水井上行 100 多米，又见一块平地，被称为公馆坪。相传，因清雍正十三年（1735）永顺知县徐正恩在这里修建的“王村公馆”而得名，也因此成为这节街的街名。王村公馆是上级官员到永顺县城进王村的必经休闲驿站，公馆坪便成为政治活动的中心，也成为经济文化的活动场所。这里经常有群众进行粮食及农副产品交易，地方剧团时常在这里搭台唱戏，各种庆典活动也在此举行。

凉水井（2018 年） 杨崇贵 摄

公馆坪古街道（1985 年） 瞿章勋 提供

半边街牌楼（2010 年）　　杨崇贵　提供

衙门口　在公馆坪上面长达 200 多米的街道两边尽是大屋庭院，这里有 4 个朝门，6 处四合井大屋，显得古朴庄严。清代，在一栋名叫张家大屋的旧址上曾设置过王村巡检司衙门。民国时期，曾在这里设置警察所、乡公所，是官府衙门所在地，前后建有朝门，所以这节街就叫作衙门口。

半边街　镇内有首顺口溜形容古镇是“五里石板街，商铺二面排，日出一线天，落雨不湿鞋”。但走过衙门口后却豁然开朗，左边的房屋鳞次栉比，右边却不见一栋商铺房舍，令人百思不得其解。原来在街道右边有一大坝水田，面积有百亩之多，古镇先民既有经商意识，更有农田保护意识，不惜代价保护这片农田，右边街道一直没有修建房屋商铺，半边街由此得名。直到 20 世纪 80 年代猛洞河旅游开发成功后，才开始建市场，修房舍，但半边街的名字一直沿用。

黄土包　离半边街不远的地方有一座山包叫黄土包，传说为太平军当年路过古镇时留下的遗迹。清咸丰十一年（1861），太平军进入湖北、四川路过古镇之前，听说沿途道路崎岖，坑壑很深，很难行走，翼王石达开便命令每个官兵都带上一包黄泥土，准备填坑铺路，保证通行无阻。后来因得当地百姓帮助，专门搭建一座桥梁使大军顺利进入镇区，官兵所带的黄泥巴没有使用，于是翼王下令把黄泥巴撒在王村留作纪念，堆在一起的黄泥巴便堆成一个山包，人们就叫它黄土包，而且一叫成名，沿用至今。

双桥口　出了黄土包，一条溪沟横亘在前面，溪沟上并排建有两座小桥，一座石桥建在古街上，使古街畅通无阻，一座建在田边小路上，方便人们到田间劳动出行。两座桥紧密相连，所以此处就叫双桥口，也有好事成双的寓意，街名亦沿用此称。后来建立的“双桥大队”“双桥村”“双桥社区”都是以此命名。

松柏树 走过双桥，古街又呈现出另一种景象，古街两边的山上长满苍松翠柏，郁郁葱葱，古街上的房屋都掩盖在绿树成荫的密林中。这里空气清新，环境幽静，长寿老人很多，人们以树为街名，把这里叫作松柏树。

五里牌 王村古街长达五里，在古街终点有一座石牌楼，为标志性建筑，这节街的街名也就以五里路上的石牌楼取名为五里牌。五里牌不仅仅是一座建筑，更是古镇的政治、经济、文化活动中心，在这里经常举行各种仪式。五里牌也是人们休息的理想场所，牌楼旁边有口水井，人们到这里短暂休憩，喝一口清凉的井水，疲劳就会瞬间消除。

太平桥 出了五里牌，就到古镇的最后一节街，街名叫太平桥，传说是为迎接太平军进入王村，在营盘溪上修建的一座太平桥而得名。在欢迎太平军的大松门上悬挂着一副大对联，对联的内容是“太平桥上迎太平，迎来太平盼太平”，对联中寄托了百姓对太平盛世的殷切期望。为了实现这个期望，中华人民共和国成立后，王村在设置公社、大队、乡村时都以太平命名，一直称为“太平公社”“太平乡”“太平大队”“太平村”，2016 年与双桥社区合并更名为“芙蓉社区”。

特色建筑

土房茅舍 土家族先民最古老、最简易的居住设施，就是在四周用黏土筑成土墙，然后用木头搭成人字形棚子，上面均匀盖上茅草树皮，称为土房茅舍。这种房屋冬暖夏凉，较为舒适，在经济尚不发达的时代，土房茅舍是土家先民难得一求的住房。随着社会发展和人类文明进步，茅草屋（当地俗称茅杈屋）逐步演变为排扇屋，在消灭贫困，建设小康社会的进程中，土房茅舍成为历史的记忆。

吊脚楼 境内传统特色民居建筑，多为木质结构，小青瓦盖顶，雕花门窗，悬空司檐，木栏扶手，走马转角，古色古香。吊脚楼源于土家族先民居住在深山老林之中，悬崖绝壁之上，既可充分利用地形条件，又可防止毒蛇猛兽侵袭。土家先民开始在大树上搭架子盖“空中住房”，后来演变成现今的吊脚楼，成为一种绚丽的建筑艺术。芙蓉镇上吊脚楼鳞次栉比，随处可见，最具古镇特色的吊脚楼是坐落在王村瀑布两侧悬崖上的吊脚楼群。瀑布左侧建有“土王行宫”，又名“飞水寨”，蜿蜒百米，有吊脚楼数十栋，飞檐翘角，气宇轩昂。瀑布右侧悬崖上也建有几十栋吊脚楼，集壮、险、美于一体，极目远望，形似一幅美丽的画卷。

贞节牌坊（2010 年）　　张入化　提供

贞节牌坊　为表彰贞节烈女，由地方官府推荐上报朝廷，由皇帝钦赐圣旨修建的牌坊，多用优质岩石修成。原保坪村口有一座贞节牌坊，是为表彰孔光灿之妻向氏而建的。牌坊四柱三门，正上方有镂空的“圣旨”二字，两边双龙缠绕，雄狮守卫，并刻有“节比霜清垂内侧，孝为火德焕幽光”对联，赞扬向氏夫人的节孝之德。为拍摄《芙蓉镇》电影，在 113 号米豆腐店仿造一座贞节牌坊，现保存完好，专供游人观赏。

兵谷仓　建于清嘉庆二十五年（1820），是专门用来装放兵谷的粮仓。该仓位于列夕集镇旁，建在回龙庵内，分左右两仓，建筑面积约 120 平方米，可装稻谷 5 吨。至 2018 年，只能看得到兵谷仓的遗址，原貌不见。

封火墙　芙蓉镇古街上比较常见的建筑形式。由于古街上房屋密集，而且多为木质结构，容易失火烧毁，为保障古街房屋安全，大多数房屋两端都采用青砖修砌高墙，墙面高于屋脊瓦面，墙头装饰各种线条图案，又称“马头墙”。历史上古镇曾多次遭受火灾，凡有封火墙的地方，都安然无恙。因此，现如今建房时，人们都还要采用封火墙形式修建。

老柜台　清代民国时期，王村有段顺口溜流传，即“五里石板街，商铺二面排，家

四合井青瓦屋面（2016 年） 杨崇贵 提供

家都经商，户户有柜台”，以示古镇柜台之多。在传统商贸时期，经商户为展示商品，方便经营，利于管理，便在自家门前建一个或两个柜台，柜台上摆满商品，主人在室内经营，客人在室外购买。有的柜台建得较高，还设有栏杆，可以防止有人“顺手牵羊”拿走货物，起到安全防范的作用。虽然传统的经营方式不复存在，但古街上还遗存有数量众多的高柜台，衙门口一带的商户被誉为“柜台世家”。

四合井 为清代改土归流后引入的汉族地区传统民居整建式建筑，到清末民国初期，王村古镇上四合井庭院日益增多，成为古镇上的又一建筑特色。四合井庭院布局方正，居中是堂屋，是举行家庭礼仪、迎接贵客嘉宾的地方。各房间与中间天井阶沿相连，通过天井，既可通风采光，又能仰观日月风云，可谓“天人合一”。随着现代建筑技术的发展，四合井庭院逐渐减少，得以保留下来的传统四合井有商合街 69 号杨家老屋和河畔街 159 号百代宏规等。

殿阁庵堂

观音阁 是一座佛教庙宇，位于距古镇中心一千余米的营盘溪左岸的山包上，坐东朝西，面临酉水，环境优雅。周围山头上古树参天，松柏常青，引来成百上千的白鹤栖息于树丛之中，形成“松鹤晴雪”的景观。观音阁，占地面积3000余平方米。建筑采用庭院式布局，建有前殿、正殿、后殿及配殿。建筑风格属曹洞派。山门前竖有哼哈二将两位门神，身高丈余（3米多），手持金刚杵，形象威武凶猛，令人敬畏。前殿供奉韦陀菩萨，身高一丈二（4米），手持降魔杵，头戴凤翅兜鍪盔，足穿乌云皂履，身披锁子甲，号称护法大神。正殿为“慈航宝殿”，供奉着观音菩萨神像，身高丈八有余（6米多），观音菩萨端坐莲台之上，像身呈金色佛形，善目慈眉，庄严神圣。两旁排列着降龙、伏虎、长眉、布袋等十八罗汉，神态各异，栩栩如生。后殿设有斋堂、僧房11间。正殿广场上设有一个大香鼎，两边有水火二池，水池养鱼龟，火池种有葡萄等。大殿上香烟缭绕，梵音不断，成为古镇上香火旺盛的佛教圣地。

观音阁（2010年）　　杨崇贵　提供

祖师殿　是一座道教殿堂，位于营盘溪北岸，坐北朝南，与观音阁隔河相望，互成犄角。殿内供奉的是东汉道教创始人“张天师”——张道陵。祖师殿依坡而建，有三个平台建有三座大殿，20世纪初，遭遇大火焚毁。后改建成永顺县第三小学堂，50年代是王村第一完小分校，60年代祖师殿学堂被拆毁，

1974 年，永顺县航运公司在此修建办公用房和职工宿舍。

文昌阁 儒教场所，位于芙蓉镇枞山堡旁边，占地面积一亩左右，四周筑有围墙，阁内供奉着传说中的文昌帝君。文昌属于星名，亦称文曲星，是古时认为主持文运功名的星宿。修建文昌阁旨在祈求古镇文运昌盛、人杰地灵、社会繁荣，逢年过节或科考之时，焚香许愿者络绎不绝，祈求能顺利考取功名。20 世纪 50 年代，文昌阁改为文化教育场所。80 年代，高坪区教育办公室设在文昌阁。2018 年为芙蓉镇联校办公场所。

青龙阁 是一座佛、道、儒三门崇信庙宇，位于观音阁山下，坐东朝西，面临西水，是以关公青龙偃月刀的“青龙”二字命名的。阁内供奉着武圣关公、护卫周昌和关公之子关平。因关公一生忠义神勇，五德兼备，既有“千里寻兄之仁”，又有“华容释曹之义”，更有“秉烛达旦之礼”“水淹七军之智”“单刀赴会之信”，为佛、道、儒三门崇信。修建青龙阁既是仁义礼智信五德传承，更是镇内居民信仰的体现，镇内居民奉关公为财富守护神，每年端午节要焚香叩拜，请关公下位，抬轿游街，然后送回归位。一年四季，香火旺盛，20 世纪 60 年代被拆毁。

天主堂（2018 年） 杨崇贵 摄

天主堂 是西方教会天主教的宗教场所，据 1930 年版的《永顺县志》记载，为“民国 9 年（1920 年）由王德纯（西班牙牧师）在王村修建的一座天主教堂”。天主堂位于凉水井对面，占地面积 1 万平方米左右，设有经堂、阁楼等建筑，每个星期日组织天主教徒集体做礼拜，传经布道。为了传播西方博爱理论和西方医药技术，1937 年美国人在天主堂开办正道小学，对入教的教徒免费授课，并免费医治镇上生病的居民。先后有美籍神父梅怡、惠泽民、鲍世稀在天主堂传教，1950 年最后一任神父鲍世稀回国。天主堂旧貌一直保持至今。1988 年 12 月，被列为永顺县重点文物保护单位。

福音堂 是西方教会基督教的宗教场所。1919年，芬兰牧师郗来德在王村修建基督教分社——王村福音堂。福音堂位于祖师殿下方20余米处，占地面积600平方米左右，教堂取名福音堂是寓意传授幸福声音的地方。1988年12月，被列为永顺县重点文物保护单位。1989年10月改成湘西民俗风光馆，第一批全国重点保护文物单位溪州铜柱收藏其中。

五谷庙 是纪念神农菩萨的祭祀场所，位于犀牛洞坎上，是一栋传统木制建筑，四排三间，规模较小，庙里供奉神农菩萨（又称五谷神）。传说五谷神可保佑五谷丰登，因此，每年各种农作物成熟后，人们都会备办各种新粮、新物在五谷庙敬奉，祈求神农菩萨保佑来年风调雨顺、五谷丰登。20世纪50年代后失修坍塌。

回龙庵 位于列夕村，修建于明末清初，供奉有佛像和众多神态各异的菩萨、罗汉，是四面八方信男善女求祖拜佛、祈求平安的圣地，常年香火不断，"文化大革命"期间被毁。2009年冬，当地村民董祖庆、宋治功等八人一同发起募捐，先后收到600多笔捐款，总计4.3万多元，于2010年将古庙修复，还增建栈道凉亭，使古刹更为壮观。

传统村落

列夕村 2017年，被住房城乡建设部列入第四批"中国传统村落"名录。村落形成于明代，是猛洞河与酉水河交汇处的重要码头，是明清乃至民国时期水上交通的关键要塞，为湘鄂川（渝）黔边区桐油、木材、洋货等产品的流通口岸，素有"家家户户开店门，日进千担货，夜宿八百人"的赞誉。

列夕村地处永顺县西南部，是原列夕乡政府所在地。东与克必村隔猛洞河相望，南接古丈县，西与友和村交界，北与龙溪村毗邻，距县城43千米，距芙蓉镇政府驻地14.5千米，泽（家）芙（蓉镇）公路穿村而过。

董家祠堂（2018 年）　　县住建局　提供

列夕村地处猛洞河畔，生态环境良好，森林覆盖率达 80%。村内物产丰富，矿产资源主要有白岩矿、铁矿等。板栗是列夕一大特产，所产板栗质好味甜，远销华北、东北一带。列夕水豆腐远近闻名，“细、嫩、味”堪称一绝。

列夕村历史悠久，明清时期就是文明古镇，是土司的军事重镇。列夕村群众文化活动活跃，有村汉剧团、腰鼓队，村落承载的非物质文化遗产项目有土家族舞龙灯、土家族摆手舞、土家族哭嫁歌、土家年等。村落传统建筑有明清建筑列夕古街，建筑规模 3000 平方米；明清建筑陈自圭宅居，建筑规模 1500 平方米；明清建筑回龙庵遗址，建筑规模 4000 平方米；明代建筑董先立宅居，建筑规模 2000 平方米；民国建筑董家祠堂，建筑规模 1000 平方米；民国建筑黄三晤墓，建筑规模 800 平方米。古井、古树、古街道、古院墙、古河码头、董家祖坟、董家大院、陈家大院等，都是列夕繁华一时的时代缩影。

芷州村　属友和村辖区，因明清时期推行土司制度，设知州府而得名。村落地处西水河畔，与列夕、南渭古码头邻近，是湘鄂川（渝）黔等地通商和军事的重要通道。寨前绝壁如切，高余百仞，险峻异常，只有东西两条道路可通行，易守难攻，是兵家必争之地。村域面积9.1平方千米，村庄占地面积52.47万平方米，村落依山而建，青山为屏，绿树簇拥，景色优美。全村97%的居民住宅以木质结构建筑为主，现代建筑仅占3%。村内的古建筑保存完好，特别是知州衙署，以及土司堰塘、土司排涝系统、避灾地道溶洞、土司古井、土司练兵场、土司地牢、衙役墓葬群以及古树、古道、古寨墙、古街、古岩朝门等保存相对完整，是全面反映土司时期知州衙署开展区域治理的系列史料，是老司城世界文化遗址的有效补充，是反映南方少数民族地区生存智慧、政治智慧、营建智慧的古文化遗存，是展示土家族等少数民族生存发展极有代表性的传统文化经典。

芷州村风光灵秀，人杰地灵，民风淳朴，村民热情好客。村民崇拜佛教，宗教活动有农历二月十九日、六月十九日、九月十九日祭拜观音菩萨生日的祭祀庆典。传统节日有腊月二十八日土家年、正月十五日元宵节，以及清明节、四月八、端午节、六月六舍巴节、七月十四日中阳节、九月初九重阳节。传统工艺有挑花刺绣、织锦、浇蜡、剪纸、首饰制作；传统民族文化有土家山歌、打溜子、摆手舞、毛古斯、花鼓戏等。

相传，明洪武五年（1372），彭万金授南渭州土知州，仍属永顺司管辖。彭应麒清顺治内附于朝廷，居于列夕芷州。清康熙年间（1662—1722），彭凌高受封为上大夫，其墓碑位于今云扎向家湾，其子孙分居于古知州、西喇司、南渭州等地。借列夕古码

芷州自然村一角（2016年） 周万全 提供

头、三百峒古码头、南渭古码头周转货物到湘鄂川（渝）黔等地，道路为古马路即青石板路，货物靠脚夫及骡马驮运，路途遥远，匪犯猖獗，故彭凌高在至永顺和龙山分道处——“西喇”设司建制管理，驻扎土军，建立驿馆、仓库、哨所、铺面、酒肆、庙宇等，辖今西那、干洞、海洛、泥堤、泽家、沙土等村和原大坝乡的猛晓、柒河等村。相传 20 余代，500 多年。2017 年，芷州村被住房城乡建设部列入第四批“中国传统村落”名录。

兰花洞村 位于芙蓉镇东北部，距镇区 13 千米。村落形成于清代，光绪年间（1875—1908）为躲避战乱由向忠念带头从沅陵莲花池迁徙此地。兰花洞村地理位置独特，四周群山环抱，灌木丛生，森林茂密，环境优美。最高海拔 927 米，属亚热带季风性湿润气候，热量充足，雨量丰沛，四季分明，坡旱低涝，溶洞多，有资源丰富的地下溶洞自然景观兰花洞。

兰花洞村依山就势而建，与屋舍相伴的是山麓地带逐级而生的百顷梯田，中间低洼平地亦为大片农田。全村传统建筑占村庄建筑总数的 90%，主要沿着山地梯田分布，分为东西两片，以东侧聚落为主，隔谷相望。建筑大多坐山面水，拾级而上。村内土家族建造的主体木制瓦房架构是：三开间，三柱四挂、三柱六挂、五柱四挂等穿斗式建筑，屋前为晒坪屋后为树林，在正屋或左或右，建有转角楼或吊脚楼。建筑屋面为青瓦铺盖，飞檐翘角，雕花木门，古朴典雅，结构严谨。传统建筑团簇于山谷田垣之间，和谐自然。古桥、古井、古树都印刻着村落变迁的时光痕迹。2018 年，兰花洞村被住房城乡建设部列入第五批“中国传统村落”名录。

兰花洞村全景（2018 年） 张谨 摄

兰花洞（2018 年） 县史志办 提供

科皮村一角（2018 年）　　湘投集团扶贫工作队　提供

科皮村　位于芙蓉镇西南部，距离芙蓉镇政府驻地 6.5 千米。

科皮村风景秀丽，自然环境优美，是芙蓉镇土家族传统村落保存比较完好的村寨之一。以科皮洞组等 2 个组为主的土家传统建筑保存完好，梯田与木屋在山野中错落有致、层次分明，与周围环境有机融合。

科皮村区位优势明显，靠近芙蓉镇核心景区，毗邻酉水河风光带，距离 S99 龙吉高速芙蓉镇出口、省道 229 线仅有 10 分钟车程，另有新修的省道 313 线泽芙公路穿村而过，至 2018 年，村内道路硬化加宽、电力设施建设等工作全部完成。

科皮村土家人文气息浓厚，土家传统文化传承较好，是永顺县“五树五建”扶志扶智行动首个示范村。村内实施文化扶贫项目，成立文艺协会，组建舞蹈队、舞龙队等，经常开展摆手舞、舞龙灯、打溜子、高腔等土家族传统文化活动。村内全面开展树道德向善新风、树移风易俗新风、树遵纪守法新风等“五树”和建乡村夜校、建创业协会、建“一村一品”等“五建”行动。2018 年，科皮村被评为湘西州小康创建示范村。

古树名木

据永顺县林业部门调查统计，芙蓉镇保存有古树名木 423 棵。其中，国家一级保护古树 2 棵，树龄 500 年，一棵为朴树，生长于芙蓉镇明溪村下寨组，一棵为柏木，生长于龙车村卡坪组山坳上。国家二级保护古树 22 棵，树龄 300~499 年；国家三级保护古木 395 棵，树龄 100~299 年；名木 2 棵，均为刺槐，生长在芙蓉镇河畔区，树龄 50 年。

名木数量相对较多的树种有栲树 128 棵、枫香树 75 棵、柏木 52 棵、贵州石楠 21 棵等。

朴树 朴树为荨麻目榆科朴属落叶乔木，树高 16 米，树冠直径 12 米，朴树主干 80 余厘米。朴树根深，不择土地，稍耐阴，抗风能力强，抗烟尘，主干通直，树冠呈球形，为暖温带树种。

朴树（2018 年） 李白生 提供

栲树 栲树是壳斗科，栲属珍贵树种，当地人称之为“丝梨子”，生长于芙蓉镇杨木村后寨，有 128 棵，树龄 150~300 年不等。栲树属常绿乔木，高 25~30 米，胸径可达 1 米。幼枝有锈褐色茸毛和鳞秕，老枝则无毛。叶革质，椭圆状披针形，长 6~13 厘米，宽 2~3.5 厘米，全缘或先端疏生数个浅锯齿，下面密生红棕色鳞秕和短茸毛。雄花序穗状，雌花单生于总苞内。壳斗全包坚果，外密被鹿角状分枝刺，坚果宽卵形，径约 1 厘米。4—5 月开花，果期翌年 10—11 月成熟。

栲树木材纹理直、结构略粗糙、坚实耐用，比重轻，是良好的建筑、家具用材。果实味甜，含淀粉 45% 左右，是重要的木本粮食树种，果实可生食，也可酿酒或作其他副食产品，树皮和壳斗含鞣质，可提取栲胶；树丫朽木可用来培养香菇和木耳等菌类食品，是极其优良的多用途树种。

黄连木 别名楷木、黄楝树等，在镇内响塘和比条两村各有一棵，树龄均在 300 年以上。黄连木树形秀丽，姿态优雅，树冠开阔，树叶繁茂，花、叶随着季节变化形态万千，适合栽植为庭院荫树、行道树及山区风景树，而且作为盆景树种具有一定的观赏价值。是一种集观赏、绿化、油料、用材于一身的优良园林树种。

贵州石楠 属常绿乔木，高 6~15 米；幼枝黄红色，后成紫褐色，有稀疏平贴柔毛，老枝为灰色，无毛。叶片革质，卵形。石楠树较为集中地生长在镇内比条村撇科组，有 12 棵，树龄 150~250 年。春天，石楠绿叶滋生，叶呈球状而婆娑。春夏时节，盛开白花。

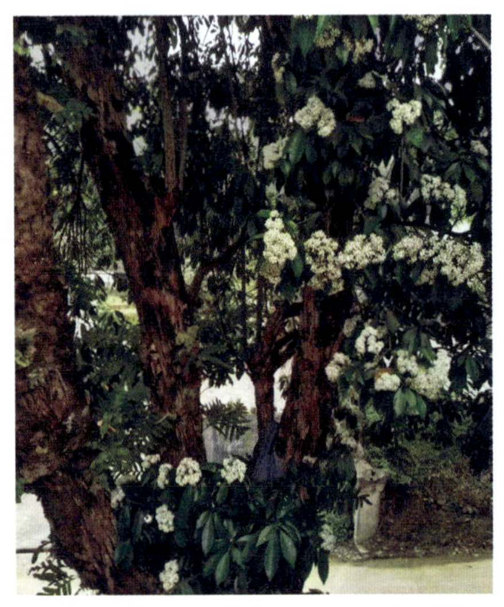

贵州石楠（2016 年）　　周万全　提供

古遗址

九龙蹬遗址　位于大青山东侧，酉水河北岸的太平溪之上，是土司彭瑊入主溪州后自建的初始州城。城堡分上下两层，上城位于海拔657米的九级岩体上，东西长229米，南北宽50余米，总面积1万多平方米，建有宫殿、营房、行宫等。下城位于五级岩体上，总面积约5000平方米，建有城池、碉堡、战壕等。九级绝壁，九道屏障，可谓固若金汤。但因后晋天福五年（940）溪州之战被大火烧毁。现在遗址上还残留有破碎的砖瓦、石头，并长有又宽又大的韭菜，据说这是当年土司官兵食用的蔬菜之一，由于地势险峻，很少有人到遗址见其真容。

巡检司衙门旧址　清雍正改土归流后，永顺设置府县，在王村设立巡检司衙门。王村巡检司衙门旧址位于衙门口，即现今的荷花池文化广场旁边，面积约600平方米，建有一栋吊脚楼，为木制质结构，上下两层，一正两厢，两边有司檐栏杆，是芙蓉镇遗存的典型吊脚楼之一。现为芙蓉镇内电影、电视剧外景的主要拍摄地。

清代王村巡检司衙门旧址（1960年）　　瞿章勋　提供

高梁坪、王村战斗遗址　1935年3月，贺龙、萧克、甘泗淇率领红二、红六军团与国民党湘军第六十二师陶广部队、湘军第十六师章亮基部队在高梁坪、王村发生激战。高梁坪、王村战斗遗址主要集中在五里牌至双桥口三个山包上。第一个山包叫钟堡，因山包形似古代铜钟而得名，位于古镇路口左侧，是防守古镇的咽喉之地，山上建有一座碉堡，是王村战斗的主要战场。第二个山包叫鼓堡，因山包形似一面战鼓而得名，是当年战斗的第二道防线，山上也建有一座碉堡。两个山包上的碉堡在60年代均被毁掉。第三个山包是马鞍山，因形似马鞍而得名，位于古镇路口右侧，与钟堡山互为犄角，是当年战斗的又一个重要战场，山上挖有战壕，现今还依稀可见。

古墓群

王村汉墓群　位于商合街与河畔街的接合部，以及黄土包至凉水井一带，长500米，宽40米，总面积2万多平方米。1960—1972年，省、州、县文物考古队在这一带发掘出一批西汉土坑竖穴墓和东汉砖石墓，墓顶为五花土筑成，出土铜器有钫、壶、镜、剑、五铢钱，陶器有壶、薰、炉、罐，另有丝绸、漆器、鎏金泡钉等。现多存列于湘西土家族苗族自治州博物馆和永顺县溪州土家族民俗博物馆。1962年，王村商合街的公馆坪西汉古墓群被列为湘西土家族苗族自治州重点文物保护单位。

董柳瓏墓（2017年）　张入化　提供

列夕董柳瓏墓　清光绪二十三年（1897）建造，位于列夕村西部，距村部2千米。整个墓地占地面积约333平方米，墓前建有高5米、宽4米的牌楼。气势恢宏，是芙蓉镇现存较为完好的古墓之一。

古镇保护

芙蓉镇是湘西土家族苗族自治州四大名镇之一，战国时期就有土家先民在此繁衍生息。古镇的风貌，其特色为土汉融合，以土家族为主，建筑风格多具土家民族特质，个别建筑中体现出中西文化融合的特征。保护、发展与整治目的在于指导古镇的保护、整治工作，统筹安排古镇区内的各项建设工程，改善居民的生活环境，保持古镇的社会、经济活力，在整体保护的基础上积极推进特色文化旅游的开发和经营。

保护规划

2006 年，受永顺县人民政府委托，同济大学国家历史文化名城研究中心和同济城市规划设计研究所编制了《王村古镇保护整治与发展规划》。是年 4 月，永顺县人民政府印发《关于印发王村古镇保护暂行办法的通知》(永政发〔2006〕7 号)，办法共 9 条，自 5 月 1 日起施行。

古镇民居建筑群（2017 年）张入化 提供

总体规划 总体规划的范围，东南以张（家界）罗（依溪）公路为界，西南以酉水航道中线为界，西北以王村公路北侧山麓为界，规划用地面积为 197.33 万平方米。主要保护古镇老街一线长五里的街道格局，“秀水七星伴三瀑”的山水景观，“柜台过虎马头墙”的民居风貌，以及土家半商半农的生活、生产气息，亦土亦汉的信仰传统，充分体现王村古镇的三大特征。

酉阳溪州土司首府——土家历史文化的起源地：展现王村作为溪州土司统治中心的历史和土家文化起源地的历史，以及湘西土家族与王村古镇的传统民风民俗。

湘西水陆码头重镇——土家商业民俗的传承地：展示王村古镇水陆码头的商业文化特征和民俗文化内涵。

中国最美山水古镇——湘西山水美景的观光地：打造中国最美山水古镇的观光地位。

专项规划

保护框架　古镇总体空间框架为三列山脉夹持下的“一街一溪一河”三条轴线，分别是王村老街、营盘溪、酉水河。具体的空间构成框架为“一镇、两山、三瀑、五渠、七星”，即：两座风水山护卫下的整座古镇，五条特色山间溪水明渠串起来的五片土家传统聚落，河边七座小山与三条瀑布形成的空间节点。

核心保护区总面积为68.18万平方米，占总规划区域面积的34.86%。

专项规划　规划包括高度控制、土地利用、人口规划、公共服务设施、生活设施、道路交通、给水工程、排水工程、防洪设施、电力工程、燃气工程、消防设施、环卫设施、综合管沟、绿化系统、旅游景区16项。

保护措施

古建筑保护　20世纪80年代，王村镇人民政府配合县城乡建设和文物保护等部门开始对王村镇古建筑实施保护。镇域古建筑有天主堂、福音堂和巡检司衙门旧址吊脚楼等。1988年12月，永顺县人民政府把天主堂、福音堂分别列为永顺县重点文物保护单位，加强管理和保护。把巡检司衙门旧址吊脚楼作为旅游景点进行全面修缮，并确定专管单位，专职人员管理保护。

古建筑风格保护　芙蓉（王村）镇的建筑风格主要是徽派砖砌马头墙建筑和木制吊脚楼。为保护古建筑风格，对房屋新修或整旧都坚持用小青砖砌墙、小青瓦盖顶、鳌头翘角、棕色门窗等风格，禁贴瓷砖。镇内民居多次实施改造，2002—2018年，先后投入资金6800万元，改造民居268栋，改造面积8万平方米。

街巷保护　2002年改造半边街至河码头老街，老街长1500米，宽5~7米，全部重新铺设青石板，工期一年，投资500万元，实现修旧如旧，保持秦汉古街风貌。平常对古街巷加强维修保养，发现石板断裂破损便及时整修更新，始终保持完好状况。2015年

10 月，投资 40 万元，改造双桥社区街道，人行道铺筑青石板。2016 年 9 月，投资 46 万元，安砌路沿石 362 米，铺就青石板 1910 平方米。2017 年，投资 60 万元，实施五里牌街道下水道及人行道改造工程，开挖土石方 270 立方米，铺筑青石板 1972 平方米。

民居保护　2010 年，芙蓉镇政府逐户登记境内古民居建筑，挂牌保护 43 栋，古街民居不准乱拆乱建，确需要整修重建的，必须按程序审批。即：由房主书面申请，街道社区签署意见，镇政府、开发区、景点圈、城建办、执法队联合审核，再报县政府审批。并要求提供图纸资料，审核是否保留建筑原貌及民居风格，还要缴纳保证金等，批准后方可挂牌施工，并开展经常性巡查监督，发现违章现象及时查处纠正。

2018 年芙蓉镇古建筑现状一览表

表 1

编号	名称	地址	建造年代	占地面积（平方米）	建筑面积（平方米）	层数（层）	进数（进）	产权
1	黄祖香宅	河畔街 15 号	民国	376	224	2	1	公房
2	盐仓旧址	河畔街 16 号	民国	418	233	1	1	县房管局
3	杨崇振宅	河畔街 23 号	1921 年	102	80	1	1	私房
4	向顺周宅	河畔街 74 号	民国	271	249	2	2	私房
5	罗小平宅	河畔街 81 号	民国	135	135	1	1	私房
6	田水英宅	河畔街 113 号	民国	181	119	1	1	私房
7	杨绍元宅	河畔街 115 号	清中晚期	91	182	2	1	私房
8	肖次�宅	商合街 16 号	清中期	289	289	1	1	私房
9	杨清秀宅	商合街	清末	328	231	1	1	私房
10	杨家大宅	商合街	清末	538	972	2	1	私房
11	程淑安宅	商合街 46 号	民国	400	600	2	1	区供销社
12	杨家十宅	商合街 33 号	清末	263	494	2	2	私房
13	古雅轩	商合街 51 号	民国	312	606	2	2	县房管局
14	杨宏胜宅	商合街 53 号	清末	370	522	2	1	区供销社
15	张远禅宅	商合街 60 号	清末	460	240	1	1	私房
16	张启兰宅	商合街	清末	108	108	1	1	私房
17	张启孝宅	商合街 68 号	清中晚期	229	195	1	1	私房
18	杨崇广宅 杨崇燧宅	商合街 73 号	清中晚期	806	412	1	1	私房
19	向乃栋宅	商合街 74 号	民国	446	580	2	2	区医院
20	张寿芝宅	商合街	1925 年	707	776	2	1	县房管局
21	杨柏林宅	商合街 78 号	清光绪十七年（1891）	294	258	1	2	私房
22	杨崇挥宅	商合街 86 号	清末	98	196	2	1	私房
23	胡家寿宅	商合街 91 号	清中期	85	170	2	1	私房
24	胡家康宅	双桥半边街组	清末	264	264	1	2	私房

古镇四合井（2018 年） 刘文化 摄

续表 1

编号	名称	地址	建造年代	占地面积（平方米）	建筑面积（平方米）	层数（层）	进数（进）	产权
25	姚祖国宅	双桥半边街组	民国	120	120	1	1	私房
26	杜丹桂宅	双桥半边街组	民国	123	123	1	1	私房
27	王肆清宅	双桥村一组	清末	110	110	1	1	私房
28	王六贤宅	双桥村一组	民国	169	169	1	1	私房
29	向俾桃宅	商合街道	民国	104	104	1	1	私房
30	陈齐璧宅	双桥村 38 号	民国	113	113	1	1	私房
31	陈治贻宅	双桥村三组	民国	130	130	1	1	私房
32	宁福全宅	双桥村三组	清末	131	131	1	1	私房
33	李海涛宅	双桥村四组	清末	79	79	1	1	私房
34	周立刚宅	双桥村五组	清末	117	117	2	1	私房
35	向远爱宅	双桥村六组	清末	218	218	1	1	私房
36	唐正炎宅	双桥村五组	民国	130	130	1	1	私房
37	程家大屋	走马村李子园组	清末	360	360	1	1	私房
38	杨生绪宅	—	民国	138	138	1	1	私房
39	同善社旧址	文昌阁山头西坡	民国	101	101	2	1	私房
40	飞水寨	走马坪村观音阁组	清代中叶	213	213	1	1	私房
41	宋谋洋宅	走马坪村观音阁组	民国	129	129	1	1	私房
42	向清云宅	走马坪村观音阁组	民国	107	107	1	1	私房
43	伍家平宅	后湾	民国	70	70	1	1	私房

文化遗产保护 2004 年起，县镇文化等部门，在镇内开展土家族无形文化传承现状与载体环境调查和分析，并开展特色性、可发展性评价，至 2014 年形成以下重要无形文化保护规划项目：

2014 年芙蓉镇非物质文化保护规划与恢复一览表 ①

表 2

规划项目	无形文化名称	地点
王村八景	楚蜀通津	位于老街河码头处
	澄潭映月	位于王村码头一带的酉水上
	瀑布惊雷	位于王村瀑布飞水寨及坐听楼旁
	平桥晚眺	位于跳磴三拱桥石坝处的重建跳磴三拱桥平桥
	梧桐夜雨	位于荷花池北侧山麓，王村公路北
	松林晴雪	位于从青龙观瀑阁到观音阁遗址的路上
	将军护桥	位于营盘溪将军石拱桥处
	墅园流香	位于程家大屋水坝处
恢复老商号	裕盛	河畔街肖次镬宅
	大盛	商合街杨盛泰宅
	杨宏盛	商合街杨廷荣新宅
	顺盛公	商合街杨廷荣老宅
	同顺昌	商合街杨家千宅西新建的王村老号博物馆
	张义和	商合街张寿芝宅，以标牌铭示和传统柜台买卖展示为主
	彭义丰	双桥村，以传统柜台买卖展示为主
	向氏土药铺	商合街向乃栋宅，以土家传统看病抓药展示和应用为主，兼售土家保健药材
	老盐仓	商合街，以王村水陆码头文化展示为主
传统柜台商业	沿王村老街共 54 个柜台，41 栋土家传统建筑，以柜台交易买卖展示为主	
生活生产习俗	挂面作坊	主要位于半边街一带，展示挂面制作的工艺流程
	豆腐作坊	主要位于荷花池一带，展示豆腐制作的工艺流程
	米豆腐店	沿老街分布，体验王村特色风味小吃
	织锦作坊	主要位于商合街和水井湾及杨家大宅土家织锦博物馆，以展示、体验土家织锦的工艺流程为主
	打粑粑、熏腊肉	沿老街两侧的传统民居分布，体验土家特色食品粑粑、腊肉的制作过程
	土家赶圩活动	分布于半边街一带的王村综合大市场，主要用于展示传统土家交易文化
	土家婚庆习俗	位于王村倒台阶处的土家曲艺馆，以展示表演土家婚庆习俗为主
	土家医药文化	位于商合街向乃栋宅，以土家传统药铺为载体，展示土家医药文化，引导游客参与体验
	土家用水习俗	主要是以凉水井和水井湾为主的七处水井
	土家水磨坊、水油坊	主要位于荷花池下方的水油坊和将军瀑处的水磨坊，展示土家利用水能的传统文化
	土家水利设施	主要位于营盘溪上的大、小挡水坝及引水渠，展示土家利用水能灌溉、发电、蓄水的智慧
	土家水田耕作展示	主要位于程家大屋处的稻田
	土家旱田耕作展示	主要位于走马坪处的旱田，展示土家旱田耕作的农业文化景观

① 该表由永顺县民族民间文化遗产保护中心提供。

续表 2

规划项目	无形文化名称	地点
民族信仰祭祀	土家传统信仰	主要位于走马坪处兴建的摆手堂、梅山庙、五谷庙和位于张寿芝宅处的小摆手场等
	王村佛教信仰	主要有观音阁遗址、观音庙等
	王村道教信仰	主要有青龙阁遗址、祖师殿、文昌阁、土地庙等
	王村基督教信仰	主要是福音堂和天主堂
	土家傩文化	位于商合街胡家康宅
新中国标语文化	主要是利用中华人民共和国成立后各个历史时期在建筑上的标语	
特色博物展览	除了展示土家民俗的土家私人博物馆、土家织锦博物馆、土家曲艺馆、土家民俗文化中心外，还有老盐仓河码头博物馆、铜柱土司历史博物馆、巡检司衙门、酉阳汉都博物馆、王村镇史馆、近代湘西宗教文化博物馆等，分别展示王村的历史、文物	
恢复老地名	王村老街的老地名有：进山口、杨氏庙、河铺子、城门洞、祖师殿、杨家坪、三拱桥、倒街台（原名“怪拐路”）、凉水井、公馆坪、张家大屋、熊二坎上、半边街、黄土包、双桥口、松柏树、五里牌 营盘溪的老地名有：新桥、蝴蝶潭、新桥瀑布、毛纳潭、公路桥、猪草潭、油坊潭、程家大屋水坝、洞坎潭、岩板潭、小水坝、杨竹潭、三拱桥、梭梭潭、百水潭、王村大瀑布、龙洞潭、长河潭、蜂子格、小河口 沿街沿河在相应地段设置地名碑，展示地名文化	

重点文物保护 芙蓉镇有全国重点文物保护单位溪州铜柱，永顺县重点文物保护单位天主堂、福音堂等。溪州铜柱原立于太平溪畔，1971 年，为防止凤滩电站修建淹没而迁至王村花果山，并建亭保护。1990 年迁入民俗风光馆，并安装玻璃罩加以保护。天主堂、福音堂多次实施瓦面、墙面和室内检修，及时消除安全隐患，确保重点文物保护单位安全完好。

2018 年芙蓉镇文物保护单位一览表

表 3

名称	地址	年代	保护级别	占地面积（平方米）	建筑面积（平方米）	四至范围
王村汉墓群	贝尔中学操场、公馆坪、文昌阁山头、黄土包一带	西汉东汉	州级	2	无	北至黄土包，南至凉水井（包括商合街、公馆坪）
福音堂	河畔街 14 号	1923 年	县级	283	449	南侧至河畔街，其余三侧至院落围墙或院墙外街巷
天主堂	河畔街	1915 年	县级	1327	733	天主教堂原外围围墙至老街和营盘溪悬崖

遗址遗迹保护

芙蓉镇（王村古镇）历史文化风貌区内遗址遗迹实行分级保护和分类整治的保护措施。

修缮　针对文物保护单位以及优秀历史建筑的保护措施。原则是“只修不建，修旧如故”。其中对文物保护单位的修缮，参照《湖南省文物保护单位管理办法》执行。

改善　针对保留历史建筑以及部分风貌、质量良好的一般历史建筑的保护措施。采取不改变建筑立面、建筑高度和有特色的内部装饰的修理、维护的办法，建筑内部允许改变。

保留　针对保留风貌建筑以及部分质量较好、与古镇风貌没有冲突的其他建筑的保护更新措施。在保留现状建筑的基础上，保持日常修护。

自然景观保护　对于自然景观核心保护区，此范围内的各种修建性活动应经规划部门、文物管理部门等批准，审核后才能进行，并严格遵守其指导，其建筑内容应满足景观保护的要求，主要是风景园林建筑和博物展览建筑以及土家传统的庙宇殿堂建筑，新建要与保护对象之间有合理的空间景观过渡。

自然村落保护　古镇核心保护区外围村落采用自然村落的形式布置居民点，形成有机聚落形态的村落景观。每个村落区域均为自然山体与自然水体切割形成的独立聚落，每个村落组团拥有其相应的配套服务设施。以山地村落建筑独特的分散自由布局和建筑与地势密切结合的优势，凸现古镇的生态山村特性。

芙蓉镇古街（2012 年）　田婷　提供

旅游开发

芙蓉镇既是一个历史悠久的千年古镇，又是一个景色迷人的旅游胜地，自然景观和民俗风情融为一体，具有一种独特、神奇的魅力吸引着人们去参观游览。1985年，猛洞河水上平湖旅游开发成功，打开了芙蓉镇旅游之门，先后荣获“中国历史文化名镇”“中国十大美丽乡镇”等美誉。2012年，芙蓉镇建设成国家AAAA级旅游景区，形成以芙蓉镇为核心的旅游景点圈，是湘西一个重要的旅游增长极。

旅游景点

王村八景

芙蓉镇，原名王村，自古以来就有文人墨客到王村观光游览，并写下很多传世诗篇，其中有“王村八景”一说，主要有瀑布雷声、龙洞烟雨、平桥晚眺等景观。

瀑布雷声 是王村瀑布飞流直下产生的一大景观，其声若雷鸣，王村瀑布迎面挂在营盘溪上，高60余米、宽40多米（枯水期时），瀑布似从九天倾泻而下，其声之浩，可传数里之外。

龙洞烟雨 是形容王村瀑布连跌两级后，最后跌入龙洞潭而产生的烟雾和细雨。每当春夏之际，特别是暴雨过后，营盘溪洪水猛涨，连跌三级，在龙洞潭溅起十多米高的

瀑布雷声（2014年） 杨崇贵 提供

浪花，形成一股巨大的雨雾，直射西水河对岸，其景甚为壮观。清陈瓒有诗赞曰：“古洞深千尺，龙宫隐现奇。乘风银浪鼓，触石翠烟迷。瀑布惊雷吼，悬崖吐雾垂。会当神变化，奋鬣跃天池。”

平桥晚眺 在王村瀑布上方原有一座三拱石桥，是人们乘凉观景的极佳平台。每到盛夏，这里游人甚众，一个个争相观看夕阳西下的美景。黄昏在桥上远眺，会看到碧波荡漾的酉水河在太阳的照射下闪耀出的万道霞光。

松林晴雪 传说王村周边的大山中，古木参天，积雪数月不化，雪后初霁，景色分外壮观。其实不然，这里“晴雪”不是指真正天上下的雪，而是在王村瀑布湾、观音阁等附近山上长满苍松翠柏，枝繁叶茂，具有良好的生态环境，吸引成千上万的白鹤到松林中栖息，犹如松林中落下一片白雪，成为一道亮丽的风景线，故称“松林晴雪”，是指白鹤而言。

梧桐夜雨 在王村古街的周边山上有很多高大的梧桐树，枝叶繁茂，每到晚上宽大的梧桐叶上积满露水，然后淅淅沥沥地掉在地上，叮咚作响，非常动听，大半条街上都能听见，就像半夜里下的一场大雨，故而命名为“梧桐夜雨”。

澄潭映月 据1930年版《永顺县志》记载，王村是“上下十多里，溪湾无浪痕”，指的是从罗依溪上游箭潭口至王村上游阳桥滩长达5000米的长潭，波平浪静，河水碧绿。每当月夜，而或长烟一空，皎洁的月光洒满长潭，水中闪耀着金光，静静的月影沉没在水中像一块碧玉，宛如进入水晶世界，别有一番情趣。清陈瓒写诗赞道：“十里澄潭碧，秋来静似罗。高峰垂练影，弧月晃银波。夹岸钟声寂，绿树映翠和。危楼凭眺赏，涓涤俗尘多。”

远寺疏钟 在酉水河对岸的河西有一座大观山，是因山上有一座寺庙而得名，大观山既是山名，又是寺名。大观山寺因地处王村古镇，交通方便，到这里出家者甚众，求仙拜佛、烧香许愿的香客也络绎不绝，暑天许多人还带着盘缠到此小住，称为“歇伏”。大观山寺每天早晚念经拜佛、击鼓撞钟，每当夜深人静时，悠扬的钟声，穿过酉水河上空，传送到古镇上空，为千年古镇增添几分神秘韵味。

天生石指 在王村古镇的悬崖上有一巨石，形如人的手指，传说是禹王爷开凿酉水时留下的遗迹，是为后人预报水情洪警的。平常石指呈灰褐色，如果石指变成红色，就预示要有暴雨洪水来临，人们可提前防范，减少损失。据说还比较灵验，古镇居民按照石指的显示，多次成功地预防洪水灾害。

列夕四景

相传明代文人对列夕古村景点高度概括为“四景”，即“上有杨柳清水，下有犀牛镇潭，左有神仙簸米，右有狮子吐涎”。

杨柳清水 位于列夕古村半坡上，坡上有一口水井，井旁有一棵柳树，井后坡上是茂密的山林，植被保护良好。相传井水是从地下阴河浸出，不论下多大的雨，井水都保持清澈、透底、不混浊，故被文人取名“杨柳清水”。

犀牛镇潭 位于列夕老码头下游50米处，一口深潭中突起一块巨大的岩石，形如一头犀牛卧在潭中，锁住猛洞河的入口。相传犀牛可阻止孽龙兴风作浪，保护过往船只。1970年10月，酉水凤滩电站大坝下闸蓄水，这一景点被水淹没，犀牛的雄姿成为人们永远的记忆。

神仙簸米 位于列夕村曾家湾组以上500米处。此处有一个洞叫神仙洞，洞内有一尊巨大的钟乳石，形如弯腰的神仙作簸米状。同时，洞中居住有很多飞鸟，不时地飞进飞出，犹如争抢神仙簸出的五谷。神仙洞洞中有洞，直通蓝天，夏天一股凉风从洞中吹出，是避暑乘凉的理想之地。

狮子吐涎 位于友和村岩那组一个叫狮子口的地方。狮子口有一尊巨大岩石形似一头侧卧的狮子张着大嘴，在岩石的上方是茂密的山竹林，土地为黄红壤，蓄水、保水状况良好。由于岩层结构和后坡土壤居高的原因，后山地表水颜色淡黄，从狮子口中慢慢地浸润而出，形成淡黄的印迹，故称狮子吐涎。

芙蓉镇古城门楼 原古镇有一城门楼，位于下码头，因城门顺石板阶梯修建，进出

古镇城门楼（2018年） 蒲忠胜 摄

城门犹如进出石洞一样，俗称城门洞。城门楼真正名称叫纯阳楼，因供奉八仙吕洞宾而得名，1970 年因凤滩电站下闸蓄水被淹没。2004 年重新修建芙蓉镇城门楼。城门楼分上下两层，第一层用大理石砌成，中间为城门，城门上书“王邨”二字，人们进出古镇要经城门而过。二层是木制柱头结构，四排三间，屋顶为重檐歇山顶，飞檐翘角、盖小青瓦，古色古香，庄重美观。二楼外上方悬挂“芙蓉镇”牌匾，牌匾上的“芙蓉镇”三个大字，由著名电影导演谢晋题写。

“楚蜀通津”崖刻 因古镇是上通川黔，下达鄂沪的水码头，人称“小南京”，生意

摩崖石刻（2014 年） 杨崇贵 提供

土家摆手堂（2018 年）　杨崇贵 摄

兴隆，商贸繁荣。相传明代书法家唐寅路过此地时，触景生情，题写“楚蜀通津”四个大字，被镌刻在原城门洞外石壁上，1970 年凤滩电站建成后被水淹没。2014 年，“楚蜀通津”四个大字被重新镌刻在王村大瀑布左边的悬崖绝壁上。

土司广场　位于芙蓉镇景区入口处，是迎接各方嘉宾、举行各种祭祀和庆祝活动的场所。嘉宾和游人进入广场后，会受到身着民族服装的土家族青年男女载歌载舞地欢迎，表演的节目主要有毛古斯、铜铃舞、摆手舞等。

摆手堂　位于土司广场的右侧，是土家族祭祀祖先跳摆手舞的专用场所，是神圣之地。逢年过节祭祖敬神人员络绎不绝，香火旺盛，男女老少相聚在摆手堂前跳起摆手舞，共庆大团圆，气氛热烈，场面壮观。

土王祠　位于土司广场左侧，是土家族人供奉先祖、祭拜祈祷的神圣殿堂。祠内供有土司彭士愁、文臣向老官人、武将田好汉，土家族人把他们尊为始祖和保护神，每年都要在此举行重大节日“舍巴节”，人们顶礼膜拜，祈求保佑。

铜柱公园　位于土司广场出口处，在一个小山包上立有一根铜柱和一群人物塑像，展现的是土司彭士愁和楚王马希范歃血联盟的情景。所立铜柱是复制的溪州铜柱，铜柱铭文记录立柱的缘由、过程和内容。现收藏于湘西永顺芙蓉镇的民俗风光馆。通过铜柱让人们了解到中国古代战争史，也了解到溪州铜柱弥足珍贵的价值。

土王桥　是跨越营盘溪，通往土王行宫的重要通道。土王桥是凉亭式三重屋檐石拱桥，凉亭采用吊脚楼式，飞檐翘角，雕有双龙抱柱，既象征王者之尊，又有辟邪之意。在桥头柱子上刻有“楚界铭文盟誓土司八百里江山如画，海疆卫国抗倭东南第一

土王桥（2014 年）

战功绩永垂”的对联，讲述土司彭士愁与楚王马希范歃血联盟，开创土司统治八百年基业和第二十七代土司彭翼南奉旨抗倭，荣获“东南第一战功”的故事，土王桥因此而得名。

土王行宫 在王村瀑布左边的悬崖上有一处飞檐翘角的吊脚楼群，这就是著名的土王行宫，又叫飞水寨，是芙蓉镇的核心景区。这就是当年溪州土司选择的避暑山庄，这里地形险要，一夫当关，万夫莫开，兵营村寨全部建立在悬崖绝壁上，蔚为壮观。这里风景优美，是最佳的观景平台，土王行宫紧挨王村瀑布，可直接体验“瀑布雷声”“龙洞烟雨”两大景观。也可以凭栏远眺碧波荡漾的酉水河，聆听渔舟晚歌，更能观赏到令

杨崇贵 提供

人惊叹叫绝的吊脚楼群。所以这里成为影视剧拍摄的理想外景地，也是游人拍照留影的好地方。

翼南广场 位于观音阁下面，是以第二十七代土司彭翼南命名的。广场上竖立着彭翼南英武塑像，他横枪立马，目视前方，神态中显现出英勇杀敌、所向披靡的王者之气。在这里人们仿佛听到了金戈铁马的嘶叫声，看到土家族士兵抗击倭寇、英勇杀敌而取得“东南第一战功”的战斗场面。

悬崖栈道 是沿酉水河畔的悬崖上修建的一条古栈道，长约800米，栈道从青龙阁经瀑布湾至王村廊桥码头，是可由远至近观赏大瀑布、穿越大瀑布的黄金旅游线。在栈道绝壁上刻有“楚蜀通津”四个大字，记载着王村得酉水之利，交通便捷，古镇繁荣的情景。

五里石板街 酉水河码头上有一座挂有谢晋题写的“芙蓉镇”三个遒劲大字的城门楼，穿过城门就是古镇的石板街，依坡而上，绵延五里之长。石板街历经千年风雨洗刷和行人践踏，早已光滑如镜，折射出岁月的沧桑。两边商铺鳞次栉比，布局得体，整洁清静，令人心旷神怡。走在这条狭长的石板街上，那些上百年，甚至几百年的土家吊脚楼、四合井庭院和中西合璧的教堂、古宅随处可见。

酉水画廊 是一个以芙蓉镇两岸风光为主题的水上旅游项目，可乘船观赏酉水河两岸优美的山水自然风光及芙蓉镇码头全景，感受沿岸深厚的土家文化和民俗风情。

猴儿跳 猴儿跳与小龙洞、大龙洞合称“司河绝景”。这里谷窄峡幽，峡谷犹如一个山洞，随着游船航行位置的变化而变化，慢慢开启又慢慢关闭。《家乡有条猛洞河》歌词中唱道：“山洞石门开，半边月飘落”，甚为有趣。更为神奇的是这里的峡谷石壁上挂有众多的钟乳石，并与群猴融为一体，活像一幅群猴图。峡谷两边生长着千年古树，在悬崖峭壁上相互“牵手”，大胆的猴儿们跳来跳去，攀爬跳跃，“猴儿跳”由此得名。经长期逗引形成条件反射，猴群还会跳上游船与游人抢夺食物。

小龙洞　为1985年永顺县航运公司开发的著名旅游景点。2014年由芙蓉镇山水旅游开发有限责任公司经营管理。

小龙洞水上有水，洞中有洞，曲径幽深，小巧玲珑，堪称猛洞河旅游奇观。小龙洞洞内高10~20米，洞长400余米。游览小龙洞，先要从芙蓉镇乘旅游船到达小龙洞码头，然后登岸拾级而上，登上30余米的悬崖石壁，洞前有一池碧水，洞口隐而不见，疑似无路，须坐小船从一石壁的侧缝进入，形如“石壁吞舟”，有人形容这是“明断凡间道，暗通仙人门”。绕过一块石帘，洞内豁然开朗，钟乳石琳琅满目，有的像“龙宫”，有的似“神鹰护洞”等。然后离船上岸，跨过阴河小桥，越过百米栈道，沿途可观赏到“天池雪山”“水下长城”“洞中梯田”等奇异景观。在木鱼石上还能敲打出美妙的音符。最后到达形似翩翩起舞的天鹅的“天鹅湖”畔，经过一条洞中隧道从“金鱼洞”下山返回。

大龙洞　又称阴阳洞，在小龙洞上游约200米处。大龙洞奇在洞口，洞口一步之间

猛洞河峡谷——猴儿跳（1986年）　　杨崇贵　提供

可分冷暖，尤其在夏天，温差格外明显。一边热气蒸人，游人好似进了火焰山，一边凉气爽身，又好似掉进了冰窖一样。当代诗人于沙赞曰：“聪明人酒醒何处，猛洞河阴阳洞口。”走进洞内，回头再看洞口上方倒垂的钟乳石，会更加感到神奇，好像群龙探首，正吸引猛洞河水。洞口有一天然楼台，传说是土家族歌手对歌的地方，叫作山歌台。当歌手唱歌的时候，石壁会发生共振，好像与人伴奏，歌声格外优美。

龙洞　在芙蓉镇东南方向1000米的地方有一石洞，名叫“龙洞”。洞口两边石壁高耸，灌木丛生，洞内曲折幽深。传说龙洞里原藏有一条蛟龙，很早以前就已出走，只剩下洞穴。自古以来进洞探险者都未探得究竟，有一探险者进洞后再也没有出来，后人只捡得一顶草帽，做一衣冠冢埋葬，从此以后再也无人进洞探险。

虎洞　距龙洞500余米，背靠山峰，面临洼谷，洞内有一道清泉流出，而且一年四季不干。这道清泉冷若冰雪，盛夏可为路人解渴消暑。虎洞洞门高10余米，宽约5米，

小龙洞天鹅湖（2016年）　　县史志办　提供

洞内石笋、石柱及形神各异的钟乳石琳琅满目。传说洞内常有虎啸，经久不息，令人迷离恍惚，故名虎洞。据地质专家考察，虎洞中的“虎啸”是洞中暗河或暗瀑发出的响声，并不是什么神虎嚎叫。

三仙洞 在酉水石壁画廊上方有一洞，叫神仙洞，洞口有三个黑影，传说是三个神仙留下的身影，因此又叫作三仙洞。相传有一樵夫一次进洞，看见三个神仙拿着空杯饮酒，随饮随有，感到神奇，就跪在地下，请求神仙赐一酒杯，以孝敬父亲。神仙答应后，樵夫将酒杯拿回供其父亲饮酒，时时不断。后酒杯被土司发现抢走，樵夫再寻神仙时，却见大雾弥漫。传说是神仙又怕凡人闯进洞去，故用白云将洞口封住，只留下三个身影。

观音洞 在列夕上游的左岸石壁上有一个石洞，叫观音洞。石洞不大，高约 2 米，宽约1米有余。洞口有一巧石，灰白色，其姿如少女，亭亭玉立，婀娜纤巧，端庄文静，若是细看还似身着古代衣裙，手拿玉瓶，活像观音菩萨，因此叫作观音洞。

鸳鸯洞 在观音洞的右前方水边有一洞，洞口钟乳石林立，据说猛洞河的鸳鸯都栖息在洞里，故名鸳鸯洞。洞上的钟乳石形似鸳鸯，千姿百态，如细心观察钟乳石成双成对不成单，所以有人形容是“双双鸳鸯款款飞，俩俩戏水深深情，拐拐僻僻悄悄话，绿绿镜面对对影”。

金蟾洞 在鸳鸯洞前方山上有一洞，名叫金蟾洞。洞口高约 8 米，宽 5 米，洞口上方石壁上有一黄色巧石，形似金蟾，呈欲跳之势。原来洞口下方有一巨大钟乳石，酷似一只天鹅，人们又称它为金蟾戏天鹅。

八音石瓜洞 在金蟾洞前方有 6 余平方米的洞口，洞内有 3 个能容纳数百余人的厅堂，洞中钟乳石琳琅满目，其中吊有一个筛子大的乳石，形若南瓜，分为数瓣，金色光亮，在不同的部位上敲打，能发出一个八度音阶，非常有趣，故名八音石瓜洞。

神仙洞 位于芙蓉镇列夕村东部，距村部约 2 千米，有一条简易机耕道通到洞边。据村里的老人介绍，神仙洞之所以叫神仙洞，一是洞内有一巨大钟乳石形似神仙，状如簸米，传称“神仙簸米”；二是因为此洞洞口高约 10 米，宽约 20 米，深 500 余米，洞中有洞，直通云天，冬暖夏凉，人们来到洞中感觉如神仙一般舒适。特别是每年 5—9 月凉风不断，是避暑纳凉的好去处。每到夏季，就会有不少村民在洞内游玩，甚至把西瓜放到洞内冷藏。随着神仙洞声名远扬，有心的商家在洞外建造了一个集游玩、娱乐、饮食为一体的休闲山庄。

旅游项目

古镇古街游 芙蓉镇陆上旅游项目，有两条线路可供游人游览。一条是由古镇山水旅游公司导游带领的古街环形游线，既从景区门楼进入土司广场，感受土司历史和土司文化，在摆手堂前听打溜子、唱山歌，看摆手舞、铜铃舞、丰收鼓舞等；进土王祠朝拜土司彭士愁以及向老官人、田好汉；在铜柱公园了解溪州之战，歃血结盟；过土王桥，进土王行宫，近听瀑布雷声，远眺吊脚木楼，体验当年土司在此避暑的闲情逸致；然后穿越瀑布雨帘，经廊桥到达芙蓉镇码头，观看酉水河上的游船快艇，想象出当年“楚蜀通津”的繁忙景象；回眸可见芙蓉镇城门楼，穿过城门，进入石板古街，拾级而上，即

《土王出巡》表演（2016 年） 杨崇贵 提供

可领略秦汉古韵，商贾风情，在溪州铜柱馆目睹国务院1961年公布的第一批全国重点文物保护单位溪州铜柱；沿途可品尝“刘晓庆米豆腐”“猛洞河桂花鱼”“天下第一螺”等美味佳肴，购买织锦、竹编、牛角梳等工艺品和竹筒酒、干鱼、河虾等特色产品；在《芙蓉镇》电影外景地、贞节牌坊照相留念，返回到芙蓉镇旅游客服中心。

古镇古街游的第二条线路是游人自主游览线，即从旅游客服中心往上行，沿途可看到遗留下来的古商铺柜台、四合井庭院、湘西红色文化主题馆等建筑；在荷花池广场（又称芙蓉苑）再次领略《芙蓉镇》电影外景地荷花池内的荷花飘香，观“芙蓉人民公社”办公楼的奇特壮观，还可以看到其他电视剧的拍摄外景；经半边街上的半边牌楼返回到犀牛洞旅游停车场。这条线路也可以从半边牌楼经荷花池广场，再到客服中心游览古街环线。

古镇平湖游　芙蓉镇水上旅游项目，也具有两条线路供游人游览。一条是古镇码头水上平湖游，即从小溪河码头乘坐旅游船，在上层甲板上观酉水三桥奇观（芙蓉镇张罗公路桥、永吉高速公路桥、张吉怀高速铁路桥）；遥看坐落在瀑布上的古镇风貌和码头全景；上至猴儿崖返回青龙阁码头，走悬崖栈道，绕土王行宫，再从瀑布雨帘中穿过，到达芙蓉镇码头后进入古镇石板街，返回游客服务中心。

古镇平湖游的第二条线路是猛洞河平湖游，航程30千米，即从芙蓉镇码头乘坐旅游船上行，沿途可以领略到千姿百态的奇异风光。首先映入眼帘的是酉水石壁画廊，五颜六色的石壁好似一幅山水泼墨画卷；行至龙头峡时可见“猛洞河”三个石刻大字，由此进入猛洞河观赏野生猴群、戏水鸳鸯等动物奇观，遥看“观音洞”“金蟾洞”“八音洞”等溶洞群；再上行至两岔口游船进入司河最佳景区，可弃大船，乘坐小船，感受水上有水、洞中有洞的小龙洞神奇，体验一步之遥分冷暖的阴阳洞，船行景移山洞石门开的猴儿跳峡谷等奇异景观。然后乘船返回芙蓉镇。

《芙蓉小戏》实景演出　在观音阁文化艺术剧院每天上演一台《芙蓉小戏》，用歌剧、舞蹈等表演形式揭开土家族的神秘面纱。在《芙蓉小戏》里可以看到中国舞蹈戏剧最原始的“活化石”毛古斯舞，欢快跳跃的摆手舞，口中吐火等神秘的巫傩绝技；感受土家儿女敢爱敢恨，忠贞不屈的爱情故事，和找模米、哭嫁歌等婚嫁习俗；再现一场溪州之战，一个歃血联盟，一根溪州铜柱，造就土司延续八百多年的历史传说。

《土王出巡》实景演出　在土司文化广场每天都有一场《土王出巡》实景演出，土司身着王服，头罩黄绸伞，龙凤旌旗招展，男女随从鸣锣开道，文臣武将前呼后拥，声势浩荡，再现史上土司出巡的风采。并在摆手堂前土司封赐旅游嘉宾，广布恩泽，若有幸得到

“土司王令”，加盖土司大印后即可生效，凭“土司王令”可享受一系列景区优惠。

芙蓉镇水上夜景游　是水上平湖游的灯光秀版，游人在小溪河码头乘坐游船观赏西水三桥夜景，王村瀑布秀色，古镇吊脚楼上的霓虹彩影；在猴儿崖下观看静影沉璧的神趣；在观景、品茶、闲聊中度过心旷神怡的美好夜晚。

旅游服务

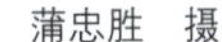

宾馆酒店　1985 年，永顺县航运公司率先开发猛洞河旅游，临酉水河修建猛洞河宾馆，这是芙蓉镇第一家旅游宾馆。开业伊始成功接待《芙蓉镇》电影摄制组和《乌龙

土司别院（2018 年）　蒲忠胜　摄

山剿匪记》电视剧摄制组；后来又多次接待党和国家领导人及名人明星下榻入住。随着芙蓉镇旅游接待日益增长，宾馆酒店如雨后春笋，与日俱增，先后建有民族特色的土家源民族酒店和突出芙蓉镇名牌效应修建的锦绣芙蓉大酒店、天下芙蓉大酒店、盛世芙蓉大酒店，以及新起点大酒店等。至 2018 年，全镇有各类宾馆酒店 40 余家，可同时接待 2000 人住宿。

民宿客栈 20 世纪 80 年代中期，芙蓉镇开始开发旅游业，随着旅游人数的不断增多，境内以民房民居为特色的民宿客栈日益兴起，数量越来越多，特色越来越浓，效果越来越好，特别是以瀑布观景房、悬崖吊脚楼、四合院客栈最为突出。其中尤以土司别院、土王行宫·八部堂最具特色，土司别院为八字朝门、一正二厢、两层楼房的土家族四合院，土王行宫·八部堂被打造成湘西土家族苗族自治州高端的民宿客栈。并推出了“鼎罐煮茶”“围炉夜话”“龙门阵里扯鬼话”等民俗项目，将土家族茶文化、烤火习俗，以及“赶尸”“辰州符”等巫傩文化向游人宣传推广，产生了极大的文化效应和经济效益，客房年入住率达 80%，并因此带动了周边一大批民宿客栈的迅速发展。2018 年，全镇有民宿客栈 50 余家，可同时接待游客 2000 人入住。

餐饮饭馆 20 世纪 80 年中后期，古镇旅游业开始发展，紧接着餐饮业随之风生水起，餐饮饭馆遍布全镇，既有接待大型团队、会议就餐的土王膳宫、锦绣芙蓉大酒店、边城故事主题文化酒店等，也有临江、临街的特色餐馆，如有以烹饪桂花鱼著称，色、香、味俱佳的鸿运楼，有别具风味的“天下第一螺”，有各种记号的羊肉馆、土家真味馆等。同时

边城故事主题文化酒店（2018 年） 杨崇贵 提供

还有数不胜数的快餐店，游人可以品尝到土家腊肉、酸肉、酸鱼、香椿、枞菌、竹笋、蜂蛹等山珍野味。2018 年，全镇有餐饮饭馆 60 余家，可同时接待 6000 人就餐。

2018 年芙蓉镇部分宾馆、酒店、客栈一览表

表 4

名称	地址	房间（间）	床位（张）	特色
新起点大酒店	湘潭大道 142 号	87	150	标准房间
锦绣芙蓉大酒店	芙蓉西路	84	168	标准房间
边城故事大酒店	芙蓉西路	46	81	边城文化庭院风格
土家源民族酒店	小溪河路	32	58	民族风情体验
天下第一漂酒店	芙蓉西路	37	72	标准房间、单间套房
盛世芙蓉大酒店	汽车站路	34	65	标准房间，电梯多样式房
天下芙蓉大酒店	芙蓉中路	34	71	标准房间
魅力土家大酒店	丁市口	28	58	标准房间
湘荣大酒店	步行街	52	104	标准房间
新纪元宾馆	老市场	40	80	标准房间
毕兹卡芙蓉宾馆	芙蓉街	24	46	标准房间
至尊芙蓉大酒店	汽车站路	32	60	标准房间
创业大酒店	芙蓉西路	33	60	标准房间
七星大酒店	太平桥	20	40	标准房间
金芙蓉大酒店	汽车站路	20	40	标准房间
德贵大酒店	新三角坪	24	42	标准房间
土家缘大酒店	新三角坪	21	40	标准房间
灵泉溪大酒店	后湾路	20	43	标准房间
蓝天宾馆	汽车站路	20	40	标准房间
君泰大酒店	湘潭路	25	50	标准房间
土王行宫·八部堂	飞水寨	26	45	民族风情，观景观瀑房
土司别院	老司城路	20	35	土家四合院、观景房
银河山庄客栈	老司城路	17	32	土家吊脚楼、观景房
土王居客栈	老司城路	16	32	土王风格观景房
白河人家	老司城路	12	20	白河文化吊脚楼
白河码头	老司城路	14	23	白河文化吊脚楼
113 号客栈	河畔街 113 号	23	48	影视文化米豆腐
茶苑客栈	河畔街 148 号	13	26	古街文化、茶文化
酉水瑶江景客栈	河畔街 21 号	18	35	临江观景
天泉客栈悬崖阁	河畔街 29 号	10	14	家庭式客房、悬崖观瀑
草堂客栈	河畔街 103 号	8	16	文化沙龙、瀑上观景
白河山谷	后湾路 239 号	20	43	白河文化、凭栏观景
祥安阁客栈	后湾路	24	48	标间大床、凭栏观景
骑者驿站	商合街 243 号	12	30	偏户外活动

续表 4

名称	地址	房间（间）	床位（张）	特色
老王村一品客栈	商合街 248 号	26	54	现代生活
芙蓉镇云天山庄	商合街 260 号	26	50	休闲山庄
龙头客栈	商合街	24	45	土家风情
荷塘人家	荷花池	20	39	赏荷听瀑
荷园客栈	荷花池	18	32	赏荷听瀑
土家客栈	双桥二组 22 号	18	32	土家风情

旅游交通

旅游船队 2015 年，湖南山水芙蓉镇旅游产业发展有限公司（以下简称山水公司）开展水上平湖游项目，购置共 380 个座位的旅游船 6 艘，其中 92 座客运仿古游船 2 艘，30~50 座客运仿古游船 3 艘，玻璃钢快艇 1 艘。旅游公司建立健全船舶安全管理制度，船舶经海事部门检验发证，船员经海事部门考试发证后才可驾驶航行。同时船员还要参加每年不少于 4 天的安全培训。至 2018 年，山水公司旅游船队负责芙蓉镇码头、大桥码头、青龙阁码头及小龙洞景点的水上旅游服务。

个体客船 截至 2018 年，芙蓉镇共有 14 艘个体客船从事芙蓉镇至小溪凤滩等地西水河旅游运输服务。

环保车队 2008 年，芙蓉镇山水公司购置 22 辆电动环保车。至 2018 年，负责旅游停车场至景区游客运送服务。

公交车队 2010 年，芙蓉镇公交车队有客车 30 余辆，负责汽车站全景区的旅客接送服务。至 2018 年，一直实行招手即停的运营模式，随到随走，能及时将游客送达目的地。

停车场 2007 年开始，芙蓉镇在后湾、三角坪、犀牛洞三处修建旅游专用停车场。2017 年，整合利用有关单位庭院，辟为旅游停车场。2018 年，全镇有 10 个停车场，4 万余平方米，800 多个车位。

客服中心 2010 年，山水旅游公司在三角坪景区入口处设立旅游服务中心，集售票、咨询、投诉、影视、导游、休闲等功能于一体，全方位为游客服务。客服中心有 3 个售票窗口，设有专门的接待台和专职服务人员受理游客咨询与投诉。客服中心设有 2 台液晶电视全天播放宣传信息，有休息室及购买旅游纪念品、日用品等场所。客服中心为游客提供导游服务，配有自助旅游咨询机、手机充电机、雨伞借用机，特殊人群配有轮椅、婴儿代步车等工具。2018 年，公司正在筹建 AAAAA 级大型客服中心，以满足游客日益增长的需要。

芙蓉镇环保车队（2018 年） 杨崇贵 摄

旅游开发纪实 芙蓉镇旅游起源于 1985 年原永顺县航运公司率先开发的猛洞河平湖游。芙蓉镇因得酉水之利，交通方便而成为繁华的千年古镇，航运公司也是因水运而兴起的县属大型集体企业。但在 1978 年因凤滩电站闸坝碍航，枝柳铁路建成通车，物资流量流向改变，航运公司陷入困境，王村古镇日益萧条。1984 年，永顺县航运公司在政策支持及相关领导关心下，发现猛洞河价值连城的旅游资源，看到开发猛洞河水上旅游业的光明前景，于是决定背水一战，利用公司有人、有船、有一定资金的独特优势，率先开发王村至猴儿跳猛洞河水上旅游。提出了修洞、造船、建宾馆的开发方案，制定了“成立三个组”（即生产组、基建组、后勤组），“建造四个一”（即建一艘钢质旅游船、一栋旅游宾馆、一栋造船厂房、一栋职工宿舍），“开发两个洞”（即小龙洞、大龙洞）的具体措施。1985 年 1 月 5 日，率先开发猛洞河第一个旅游景点小龙洞，拉开了猛洞河水上旅游的帷幕。是年 5 月 19 日，中共湘西土家族苗族自治州委书记杨正午等领导到猛洞河考察，当看到猛洞河山清、水秀、洞奇、猴多的奇异景观，看到永顺县航运公司勇于开拓的精神，了解到航运公司面临资金、政策等一系列困难，当即决定在 5 号客船上召开州委现场办公会。决定成立猛洞河自然保护区，支持永顺县航运公司修洞、造船、建宾馆，开发猛洞河水上旅游项目。明确提出“小龙洞谁开发谁受益，建造钢质旅游船的 15 万元贷款由州政府协调解决，并由州政府拨款 30 万元由航运公司修建一栋小型宾馆，用于旅游接待”。同时也要求镇政府搞好古镇保护和瀑布开发。湘西土家族苗族自治州委员会“5·19”现场办公会绘就了猛洞河、王村镇的旅游发展宏图，开发项目当年投资，当年受益。当年，接待国内外宾客1万余人次，被省政府列为湖南省六大风景名胜区之一，宣布永顺县对外开放。尤其是猛洞河宾馆被电影《芙蓉镇》摄制组看上，认为该宾馆能够满足拍摄接待要求，便选定王村为电影《芙蓉镇》外景拍摄地。1986年3月9日，摄制组入住猛洞河宾馆，7月29日离开，由著名电影导演谢晋导演，影星刘晓庆、姜文主演的电影《芙蓉镇》拍摄圆满成功，尔后风靡世界，影片获得国内外一系列大奖。是年8月5日，电视剧《乌龙山剿匪记》摄制组进入王村镇入住猛洞河宾馆，历时3个月，拍摄成功，播出后一度达到万人空巷的地步。“芙蓉镇”因此声名鹊起，誉满中外，国内外游人纷至沓来，形成猛洞河、芙蓉镇的旅游热潮。

猛洞河水上平湖游开发成功，使永顺县航运公司恢复了活力，同时为古镇带来繁荣，促进了永顺县经济发展。1988年，县航运公司总收入突破120万元，固定资产达到240万元，分别比旅游开发前增长3.5倍和6.7倍。

芙蓉镇湘潭大道（2016年） 蒲忠胜 提供

1988 年，永顺县中国旅行社与永顺县航运公司一起开发猛洞河漂流旅游，赢得新的赞誉。1990 年，香港著名摄影家陈复礼漂流后感叹：“寻幽、探胜、刺激、抒情兼而有之，猛洞河漂流游，行将名扬天下。”1991 年，著名社会学家、时任全国人大常委会副委员长费孝通在游览猛洞河后欣然题词“天下第一漂”。1992 年 8 月，永顺县首届“猛洞河国际漂流月”活动成功举办，猛洞河漂流名扬海内外。

2007 年，王村镇更名为芙蓉镇。是年，山水芙蓉旅游产业开发发展有限公司成立。公司迅速筹集资金，集中开发瀑布湾游道、营盘溪游道和芙蓉苑等旅游景点。2009 年，成立以芙蓉镇为中心，辐射猛洞河、老司城、小溪、坐龙峡、红石林、栖凤湖等十余个景区的湘西芙蓉镇景点圈旅游投资开发股份有限公司，整合芙蓉镇历史文化名镇、猛洞河国家级风景名胜区、溪州铜柱国家重点文物保护单位等国家级、省级旅游资源，统筹投入数亿元资金打造大景点，完成芙蓉镇和抚志三角坪 2 个客服中心，芙蓉镇白水潭、营盘溪改造工程，芙蓉镇夜景亮化工程，污水处理与居民改造工程。开发《土王出巡》和《芙蓉小戏》等文化表演项目。2018 年，接待国内外游客 54 万人次，实现门票收入 4000 万元。

芙蓉镇夜景（2017 年） 张入化 提供

乡土文化

芙蓉镇，千年古镇，历史悠久，文化底蕴厚重，既有传统农耕文化，即刀耕火种，男耕女织，日出而作，日落而息；又有数千年的酉水码头文化，即船工纤夫千百年来形成的船工号子，还有店铺商号、票号和往来商客住宿的伙铺等；更有溪州铜柱在此进馆收藏，并因此形成的土司文化。同时，镇域居民崇文重教，注重文化的世代传承，促进古镇的文化繁荣和社会经济的不断发展。

农耕文化

砍火畲 历史上，芙蓉镇荒山坡地较多，农民为增产、增收欲在荒山坡地上种植粮食，囿于地广人稀难以完成，便采用刀砍、火烧、撒播种子的耕种方法，称为“砍火畲”。虽然原始落后，广种薄收，产量不高，但粮食总量还是有所增加，而且是境内山区粮食来源的主要渠道。故而土家山区农民一直坚持这种耕种方式，年复一年，持续不断。砍火畲还是一种农耕文化，有一个神奇的传说。土家族历来敬奉农耕畲神，相传神狗从天上取来五谷种，土家族分得小米种，由于小米壳厚，任水浸泡，也育不出芽来。火神婆从神农那里学来了砍火畲烧播，即使小米壳炸裂生芽长苗的技术，并到处传播。一次，放火烧畲，山高风大，火焰失控造成满山烈焰熊熊，将火神婆烧死在山里。土家族人不忘火神婆传授烧畲恩德，敬奉她为“火畲神”，保佑烧畲平安，小米丰收。在每年年三十入夜，将家里人喊出门去，将堂屋门半掩半开，躲在门角，摆上小米、“火绳”和“磨岩”粑，烧香奠酒敬祭。由于火畲神被火烧得赤身裸体，不好见人，故只在年三十夜，请回家来享祭，这种民俗，一直流传至今。

踩田 镇域一种原始耕作方式。在原始农耕时代，境内民间在农作物种植加工管理方面有“田里要过脚板，地里要过铁板”的说法。过脚板，即踩田，过铁板，即薅草。到了稻田秧苗定根长稳后开始踩田。人工用脚把杂草踩进泥土里，反复踩揉，一直踩到田里无一根杂草，泥土变成非常细腻的泥浆。一般踩田两次，有的踩上三次。踩田能保水防旱，促进秧苗分蘖，实现谷粒饱满，提高稻谷产量。

男耕女织 是古代社会家庭的自然分工方式。在小农经济时代，一家一户经营，形成了男的种田做重活，女的织布做家务的劳动分工。千百年来，芙蓉镇的土家男女一直遵循着这种农耕习俗，在芙蓉镇凡属急、难、险、重的体力活都由男人负责完成。在田间地头，男人负责犁田、耙田、打水、挖土、上田坎、搬刷桶、挑谷子等；在山上、家

纳鞋垫（2015年）

里，男人负责伐木、砍柴、烧炭、挑水、抬岩、爬岩、溜坎等；在对外往来中，男人负责帮忙认亲时挑担子、抬礼物，接亲时迎嫁妆、抬花轿等，送葬时帮忙挖井、抬丧、垒坟等。女人在家庭生活中负责烧茶、炒菜、煮饭、洗衣、铺床、理被、照顾老人、抚育子女等；在家务劳动中，女人负责纺纱、织布、织锦、绣花、绩麻、做鞋等；在对外往来中，女人负责接亲迎新娘，理被铺床，帮

土家织锦——图案（2015 年） 张入化 提供

土家织锦——机织（2015 年）

蒲忠胜 提供

厨洗菜、切菜、抹桌、洗碗、扫地等。这些分工既有轻重之分，也有内外之分，更有男女之分，非常讲究。也有需要男女分工合作、互相配合的工作，比如打糍粑，先要由女性洗米淘米，把米上甑蒸熟，然后倒进粑粑槽，由男性抡锤挥打，米饭打好后，再由女性出坨、压扁等。

渔樵耕读 芙蓉镇位于酉水河最优良的第五航段上，水位深，河面宽，波平浪静，既是天然良港，也是天然渔场，优质鱼类很多，因此，从事捕鱼的人也很多。他们建造一艘两头窄，中间宽，上面盖着乌篷的小渔船。他们以船为家，前舱用于放网、收网、养鱼，中间腰舱存放物品、开铺睡觉，后舱煮饭、炒菜、就餐、烤火等。渔船虽小，但家庭和睦，其乐融融，很多人羡慕地说："要得夫妻圆，除非划渔船。"这些渔民白天补网、磨钓、备鱼饵，下午放钓、放网，晚上撒网打鱼，清晨收网取鱼，一般都有收获。

芙蓉镇居民、商户都是用柴火煮饭烧菜，烤火取暖。而芙蓉镇周边山上则树木丛生，长有各种灌木和高大的乔木，又是一个巨大的能源库。因此，古镇上有很多人都从事砍樵这项工作，有的则以砍樵为生，终身为樵夫。每天古镇上的居民为解决自己家里烧火用柴的需要，都纷纷上山砍柴，三五成群，相邀结伴而行。砍柴的人群中既有老人，也有成人壮年，还有很多青少年，他们从小就跟随父母、大人上山砍柴，养成吃苦耐劳的良好劳动习惯，也有时几个小伙伴结伴上山砍柴。晚上回来时有的用背篓背柴火，有的用柴架子搬柴火，也有用纤担挑柴火的。有的从青壮年时期就砍柴、卖柴，直到变成白发老翁。随着新能源运用，以砍柴为生的樵夫逐渐消失。

捕鱼归来（2017 年）　　杨崇贵 提供

芙蓉镇不仅有浓郁的商业气息，同时也有农耕时期的田园风光。古街素有“两街”“两农”之称，两街，即河畔街、商合街，两农，即粮农队、菜农队。原来古镇上既有商人，也有农夫，一种是专门从事粮食生产的农民，一种是专门种植蔬菜的菜农。每到春、夏季节，种植的水稻秧苗一派葱茏，水田中蛙声阵阵，一派田园风光。

民国时期，镇内有3所私立学校，中华人民共和国成立后，私立学校转为公办学校，还发展初中、高中教育，古镇上的学生享受到良好的教育条件，但附近农村的学生读书仍极为困难，非常辛苦，在村级小学读1~3年级时，他们散居在各个自然村寨，年龄七八岁的儿童在没有大人的护送下，自己步行往返于家庭与学校之间，有的一天往返要步行七八里路。

稻鱼共生 稻鱼共生即是在水稻田中养鱼。鱼儿在稻田活动时，对水稻有除草、松土、保肥增肥、促进肥料分解的作用，有利于水稻分蘖和根系发育，还可控制病虫害。水稻可为鱼儿遮阴蔽日，水稻引来的各种昆虫又为鱼儿提供食物，这是一种生生不息，自我完善的食物链模式，在稻鱼和谐共生的环境中，实现稻鱼双丰收。芙蓉镇历来就有稻田养鱼的习惯，每年春天，谷雨前后，农民把秧苗插进田里后，就要买鱼苗放养。这时卖鱼苗的货郎生意兴隆，他们挑着一对底大口小，高约10厘米、直径50厘米左右的鱼儿桶，桶里盛水装上数百甚至上千尾鱼苗，带着一个舀鱼滤网和一个换水的缸子，走乡穿寨，把鱼苗送到每一个田间，深受农户欢迎。放养的鱼叫田鲤鱼，由于鱼是吃稻花长大的，所以人们又称它为“稻花鱼”。稻花鱼生态环境优良，膘肥肉嫩，适宜新鲜烹食，可煮、炸、炖、烩，味道鲜美香甜，如今成为农村开展乡村农家乐旅游的特色食品。

吴天芙蓉镇钢笔画系列（一） 瞿章勋 提供

溪州铜柱（2008 年） 县史志办 提供

土司文化

溪州铜柱 1961 年，溪州铜柱与长城、故宫同时被国务院列为全国第一批重点文物保护单位。铜柱铭文记载有后晋天福四年（939）楚王马希范与溪州刺史彭士愁发生溪州之战，后于天福五年（940）双方议和结盟，立铜柱为界划分疆域，互不侵犯的事件经过，是研究土家族历史的珍贵资料。溪州铜柱八棱中空，每方宽 15 厘米，直径 39 厘米，高 398 厘米，重 2500 千克，铜柱上刻有“复溪州铜柱记”，共 25 行，2614 字，颜柳阴文，虽经千载风雨洗刷、霜雪磨蚀，仍清晰可见。据 1995 年版《永顺县志》记载，溪州铜柱“八棱稍圆、中空，相传内实铜古钱，上覆铜顶，清中叶，有盗其顶者，运至江心，舟覆顶灭，土人以饴沾钱殆尽”。溪州铜柱原立于永顺县太平乡野鸡坨下河畔，1971 年酉水修建凤滩电站，铜柱处于淹没区，报国务院批准移至镇内花果山，并建亭保护。1989 年，永顺县在镇内建立湘西民俗风光馆，铜柱移至该馆珍藏。

土知州城堡 以土司知州衙署为中心，依山就势、分区而建，较为别致，多为柏木、杉木、松木为材质，辅以青石为基，筑石围墙，盖青瓦。由于四面环山，自古以来易守难攻，明清时期以牛角号为信，日夜分班值守，保古商道安全畅通。城堡建设有居住区、加工区、仓储区、避险区、刑役区、墓葬区。

土知州衙署 知州衙署建筑群建有四合院、吊脚楼、朝门、天井、厢房等，占地数亩，规模宏大，气势非凡，雕梁画栋，青瓦盖顶，以桐油漆房柱、板壁防潮防蛀，历百年仍结实可居。

土司官庄 清乾隆五十八年（1793）的《永顺县志》载："旧司城街七处，今去郡城三十里，土司时旧有街坊之名：新街、左街、河街、鱼肚街、马蝗口、五屯街、东门街。"经过考古调查，现其街巷之名有正街、左街、右街、河街、新街、半坡街、上街、五屯街、东门街、鱼肚街等。街道全由红褐色卵石镶嵌路面，纹饰为土家花带传统图案，分别为谷穗纹、几何文、梭形纹、太阳纹等。图案整齐匀称，简洁明快，古朴精美。官庄既是政治、经济、军事管理中心，也是文化、娱乐、居住活动场所，城内3000户，城外800家，形成皇城区、生活区、教育区、军事区。金銮殿、祖师殿金碧辉煌，午门、城门气势恢宏，寝宫、寿宫雕梁画栋，照壁、民居美观大气。

码头文化

王村古镇，因其占有天然良港的特殊地理位置，上下往来运输的船只均在此地停靠，年长月久，形成特有的码头文化，主要有挑脚、纤夫、酒船、船工号子、票号、伙铺等。随着陆路交通的发展，特别是凤滩电站的修建，酉水航运急剧减少。20世纪90年代后，一些具有码头文化内涵的行当基本消失，仅有伙铺，即客栈持续经营。船工号子被列入国家级非物质文化遗产，并有传承人传承。

抬脚 旧时，古镇上有很多人在码头上从事肩挑背负的行业，被人们称为"抬脚"

或“挑脚”，带有歧视和卑贱之意。中华人民共和国成立后，王村成立搬运社，从事肩挑背负的人改称为“装卸工人”，社会地位不断提高。到 20 世纪 60 年代，“抬脚”称谓消失。

纤夫 古镇千百年来就是繁忙的水码头，过往船舶很多，需要雇请人工帮助撑船拉纤，这些被雇请撑船拉纤的人就叫“纤夫”。20 世纪 50 年代初，船民协会成立，撑船人改称为船工。船工又分为舵工（又称船长）、头工（又称技术员）、纤工（普通工人），纤工又按不同的岗位分为头纤、二纤、三纤、四纤（又称搬梢，最后面的纤工）。

酒船 酒船是水运兴旺繁荣时衍生出来的一种船舶形式，是专门为航行中的船员服务的一种小型船舶。酒船上备有各种酒水，停泊在码头边上，航行中不便停航但又需要喝酒的船员，就可吆喝酒船送酒上船，酒船的服务周到方便，深受船员欢迎。曾有船工号子唱道：“王村潭儿长又长，酒船弯在河中央，有钱哥哥打酒喝，无钱哥哥两手搓。”王村码头有十里长潭，过往船舶很多，酒船在河中送酒成为一道亮丽的风景线。

船工号子 酉水河滩陡、水急，行船非常困难，船员劳动强度大，在撑篙、拉纤、荡桨、摇橹的劳动时常发出沉重的呻吟。为了迎激流、闯险滩，船员都要吆喝着统一行动，这种呻吟和吆喝声就形成了船工号子。它是船工、船员在劳动中创造的文化旋律，是即兴演唱的智慧结晶。它运用比拟、夸张的手法，演唱地理风貌、民俗风情，刻画老

酒船（2016 年） 县史志办 提供

板嘴脸，讲述船工故事，它既像一幅导航图，又像一幅历史的画卷。它高亢激昂，催人奋进，不仅成为劳动中的行动号令，也成为船员们享受幸福的乐章。酉水船工号子经过不断锤炼演变成演唱的民间艺术，还被搬上舞台表演，并多次在民间艺术节上获奖。2008 年，流传于芙蓉镇境内的酉水船工号子作为民间音乐类别，入选国家级非物质文化遗产保护名录。2009 年，流传于列夕等地的猛洞河船工号子入选湘西土家族苗族自治州级非物质文化遗产保护名录，传承人均为郑木生。

附：船工号子词（节选）

沅陵上来十八滩，
滩滩都是鬼门关。
三凤脱水是二凤，
船儿进了刺蓬弄。
头凤脱水不好弯，
白头岩潭水又穿。
老板客人你莫忙，
三斤猪头摆中央。
大茨滩，小茨滩，
鲁王镇坐石马潭。
人头矶，人头像，
就是当年鲁大王。
红岩矶，是新滩，
杉木溪口放长缆。
田丘子，三转弯，
生坏癞子一根滩。
癞子头上过招河，
石门滩底放过河。
土蔷开花黄花流，
鲨鱼信子茄滩头。
公羊坪，顺港滩，
观音坐在普陀山。
施溶溢，施溶洞，
莫送虾子不好弄。
虾子头上一点红，
双溶有个绕鸡笼。
黑连岩，白泡滩，
右边就是铜柱溪。
老板客人心莫慌，
船重移到船篷上，
千年铜柱世上稀，
铜帽变洲埋江底。
会溪坪，太平溪，
鬼滩要越岩槽里。
麻滩脱水是麻溪，
青鱼长角见得稀。
青鱼潭，设税关，
光洋要丢几箩筐。
闪溪滩，打一望，
脱水就是罗依滩。

罗溪码头吼一吼，
花滩脱水箭潭口。
王村潭儿长又长，
酒船弯在河中央。
二字岩，划过河，
酒船老板笑呵呵。
有钱哥哥打酒喝，
无钱哥哥两手搓。
王村码头高又高，
老板称肉光称泡。
吃一半，留一半，
响水洞前吃中饭。
……

王保照料段　1938年9月，汉口航政局在常德设办事处，管理湘西各船舶检验、丈量等事宜，后在王村设置派驻机构，主持航道管理，维护码头秩序，调处海损事故等。1941年9月，在王村设王（村）保（靖）照料段，主要护送军粮，防范盗窃和海损事故等，保证水上运输安全。

江西会馆　位于古镇河码头“纯阳楼”边上，是江西籍的王村商人集资兴建的，为江西老乡聚会议事的活动场所。会馆高大深邃，馆内供有许仙真君与肖、晏二公三尊佛像，每天暮鼓晨钟，逢初一、十五敬香。会馆雇有专人守护，每天打扫卫生，代为上香，敲鼓击钟。1970年，因修建凤滩电站被水淹没而毁。

芙蓉镇老码头（2007年）　杨崇贵　提供

商号　厂商字号或商业名称。商号中多取“生意兴隆，财源茂盛”“祥安平和，德裕宏昌”等字，蕴含吉祥如意、兴旺发达等寓意。古镇为湘西商业重镇，五里石板街，商铺二面排，家家有商铺，户户半柜台。著名的商号有“四盛”“八大号”。“四盛”，即萧裕盛、杨宏盛、杨意盛、罗永盛；“八大号”，即黄有成、杨宏昌、俊泰永、仁和丰、黄祥兴、黄祥发、仁德和、裕和丰。

票号　是起源于山西商人所经营的以汇兑为主要业务的钱庄，所发庄票随处可以付汇。随着改土归流，商业开埠，古镇也开始使用票号汇兑。到民国时期萧裕盛、黄有成等商户生意兴隆，下至武汉、上至重庆，资本积累多，均开有钱庄票号。其中黄有成有银圆资本 10 万余元，成为湘西十大工商业资本家。

伙铺 是供旅客途中吃饭、住宿的处所，又称为客栈。古镇因水运发达，成为旅客出行、货物集散的渡口码头，每天帆樯如林、骡马成群、过往行人很多，旅馆业应运而生，满街都是伙铺，尤以河码头最多。较为出名的有杨旗帜的“平安客栈”，陈淑安的“陈合记伙铺”，还有金光亮、杨裕龙火铺等，为过往旅客提供食宿方便。

同善社 原为“先天道”，后改为“同善社”，1921 年，由永顺县人袁子甑创办。1926 年，朱子箴到王村传道，发展同善社组织，吸收杨皈元、陈淑安、胡殿元 3 人入社，在天主堂后面山包上设立福堂，后称该山包为社包。由杨皈元等人组织黄寅谷等王村文化人参加聚会聊天，开展类似文化沙龙等活动。还经常开展募捐做善事，修桥铺路等活动。1937 年，杨皈元病故，同善社解散。

崇文重教

义学 由私人集资或用地方公益金创办的免费学校。王村没有官办的义学，只有一所私人庙产义学学校，就是利用大龙村文庙、武庙两处庙田谷子开办的百胜学堂，因为田产数量少，仅能奉养一名教师（每名教师一天一升大米，一年三石六斗），勉强解决当地孩子的读书困难。

私塾 旧时，以家庭为主的教育方式，由于管教认真，收效甚大，文人纷纷效仿，以开办私塾的形式传授知识。王村从事私塾教育的人士很多，比较知名的有黄勤轩、黄文轩（黄三喜）、杨宗瑞、杨宗彝（杨玉书）、左仁礼（左贯卿）、康子衡、黄继铭（黄寅谷）等。这些私塾老师学识渊博，各有所长，有的是书香门第，有的是教育世家，还有的是杏林高手，他们根据学生的不同年龄状况，先教《三字经》《百家姓》《弟子规》

等识字蒙学，后学四书五经，再教各种杂学，内容有读书、写字、诗词、对联、书法、音乐等。学习氛围良好，为王村培养了一大批文化人士和教育工作者。

重教 民国时期，王村有3所私立学校从事文化教育，第一所，由祖师殿改建的永顺第三小学，历史上祖师殿是道教殿堂，因民国初年被大火烧毁，由当地民众捐资在祖师殿原址上新建成一所私立学堂。第三任校长程聚伍是一位开明人士，1937年，他卖掉自家田产十多亩，扩建祖师殿学堂，并争得“永顺县第三小学”名称，改旧学为新学，开启新学教育的先河。第二所是天主堂的正道小学。1937年创办，占地15亩。建有教学楼、办公楼、钟楼、礼堂、操场 、食堂、宿舍等，教学设施齐全，环境优美，是当时湘西一带最先进的学校之一。第三所学堂是五里牌堡山小学，因该校位于钟堡山下，故名“堡山小学”。

中华人民共和国成立后，天主堂正道小学改为“王村第一完全小学”。1984年，湖南省民委拨款6万元，太平乡政府无偿划拨2亩多菜地，修建1栋2层900平方米的教学楼，内有教室12间，教学条件得到改善。1998年，湘潭对口支援25万元，修建1栋3层12间教室的教学楼，学校另外筹资修建教师宿舍，全校设有26个班级，学生1200多人，教职员工70多人。2000年堡山小学改为“王村第二小学”，2003年与王村第一完全小学合并，2007年更名为“王村镇中心完全小学”。学校规模扩大到2.22万平方米，

芙蓉镇中心完全小学（2016年） 杨崇贵 提供

建筑面积达 9168 平方米，设有 24 个教学班，在校学生 1500 余人，教职员工 97 人。

1957 年王村小学附设初中班，1960 年初中从小学分出，建成永顺县第二中学，俗称王村二中，1969 年开设高中班，1978 年太平公社修建王村中学。1985 年王村二中改为永顺县民族中学，1996 年上海贝尔电话公司捐资 75 万元新建教学楼等设施，民中与王村中学合并为“上海贝尔永顺县民族中学”，成为全国第一所农村希望中学。2017 年，永顺县民族中学开工建设新校园。

尊师　芙蓉镇尊师重教的风气历来很盛，对有文化、有知识的先生、文人格外恭敬，见面让路，进屋让座，逢事优先。在列夕村曾流传着一个给老师让水的故事。村内只有一口水井，水量很小，满足不了村民饮水需要，每天打水都要排队等候，但村里的老师则可优先打水，不需排队，一度成为佳话。正是这种浓厚的尊师风气，致使芙蓉镇很多人选择从事教师职业，到 20 世纪 50 年代黄、杨、左、程、康、张、向等姓氏中有数十人当上人民教师，成为优秀的园丁。

家教授业

心传口授　家庭教育的最初方式，教育的对象主要是婴儿、幼儿和少年。根据婴儿不同的生长时期和不同抚育方式，采用不同的心传口授方法，如婴儿、幼儿时期睡觉时要哼摇篮曲“噢噢，宝宝打壳困（芙蓉镇方言睡觉）哟、噢噢……”直到睡着为止。稍大一点教婴幼儿爬行、识物、唱儿歌。一般都会教唱《虫儿飞》歌，歌词是“虫虫儿飞飞，飞到老鸹溪溪，老鸹窝颗蛋，宝宝一口干”，并捉住婴幼儿手指根据歌词内容做出不同动作，不仅使婴幼儿听懂歌词，还能记住动作。还有《打掌掌》《排排坐》《推豆腐》等儿歌，都要边唱边做拍手掌、拍大腿等动作。当婴儿长到 1~2 岁时就要教他站立、走路，给他教唱更多的儿歌，编有趣的故事，传授更多的知识。如教育幼儿不要玩水、玩火、玩刀具，告诉他玩水“打湿冷，啊扯扯（方言冷）”，玩火会“赖尿（方言尿

传统美德教育（一）（2016 年）　　杨崇贵　提供

床）”，玩刀具会出血“啊赖赖（方言痛）”，使他们从小就受到心传口授的良好教育，健康茁壮成长。

家庭教育　家长是孩子的第一位老师，家庭是孩子们学习成长的第一课堂，家庭教育是培养家风，引导孩子健康成长的重要环节，随着孩子的年龄增长，采用不同的方式进行家庭教育。芙蓉镇孩子在读书时期除了学习《三字经》《百家姓》《弟子规》等必修课外，还要在家庭中传授《教儿经》和《女儿经》两本书，这两本书都教育子女要懂得孝顺父母，家庭友爱，邻里和睦，诚信做人，踏实办事，努力学习，报国齐家。特别是对子女的行为规范要求非常具体，使他们懂得为人处世的道理，知书达礼的重要性，从而培养成良好的家风民风。在家庭内部进行家史和族史教育，使他们懂得长幼有序、敬老尊贤、薪火传承、与时俱进的道理。在参加节庆假日和礼仪活动时，给子女讲述人物故事、民间习俗、礼节禁忌等知识。在日常生活中，教育子女学做家务，长大后能独立生活。在生产劳动时传授生产技能，希望他们长大后有一技之长，自食其力，发家致富。有的家庭还专门教育子女读书写字，吟诗作画，使他们成为有用之才等。

师徒传承　行业技术或工匠技艺传承方式，师父要收徒授业，徒弟要拜师学艺，形成师徒传承关系。普天之下，师父是最受尊崇的，一日为师，终身为父。在芙蓉镇师父或老师与“天地国亲”一起供奉在每家堂屋的神龛上，逢年过节都要焚香祭拜。师徒传承分为拜师、授业两个方面。拜师又分为拜师和谢师两个内容。首先是拜师，在拜

传统美德教育（二）（2016 年）　　杨崇贵　提供

师前，有意学艺者先要向意向中的师父提出拜师学艺要求，在师父经过考察同意后方能正式拜师。根据行业特点拜师的形式也不尽相同，比较特殊，影响最大的行业，要举行郑重的拜师仪式，徒弟要给师父行叩头礼，送上礼品后，师徒关系正式形成。一般拜师徒弟送上一定礼品后，师徒关系随即形成。拜师后，徒弟要跟随师父学艺三年，师父只管吃饭，不发工钱，三年技艺学成后，徒弟虽然可以对外收取工钱，但都归师父所有，师父只象征性地打发一点，这一期间叫作帮师或叫谢师，一年后才能离开师父，单独从艺。

师父向徒弟传授技艺分阶段、分步骤进行。首先是教育徒弟如何做人，主要传授江湖规矩和民情风俗，讲解行为举止的具体要求。然后才循序渐进地传授技艺，对符合技术要求的给予肯定赞赏，对操作不到位的给予指导纠正，俗话说“严师出高徒”“师高弟子强”。最后就是“戒卦”，学徒学艺三年后，即将出师之前，师父要将所学技艺绝活，特别是带有神秘色彩的口诀咒语等传授给徒弟，称为“戒卦”。只有经过师父戒卦，才算学得技艺真谛，才算真正出师。

风土民情

芙蓉镇是以土家族为主的少数民族聚集区，清代改土归流以前，境内的饮食习俗、婚丧嫁娶、岁时节庆，以及语言交流等，均一直延续土家族祖先遗留的传统，并世代传承。之后，生活习俗逐渐改变，特别是随着汉语教育的推行和普及，土家语的使用逐渐减少，民族服饰除大的节庆以外，平时也不常见。饮食、婚俗、生育、节庆、禁忌等传统习俗基本保留，没有大的改变。

民族服饰

芙蓉镇土家族的服饰别具一格，其中女性服饰、男性服饰、儿童服饰又有各自特点，其款式风格也不相同。

儿童服饰 儿童服饰突出表现在帽子上。按小孩的年龄和时令季节确定帽型，春秋戴紫金冠，夏季戴冬瓜帽、蛤蟆帽，冬季戴狗头帽、鱼尾帽、风帽。这些帽子的帽面，用五色丝线绣花、绣字，所绣内容主要有“喜鹊闹梅”“凤穿牡丹”“长命富贵”“易养成人”“福禄寿喜”等，并在帽子前面缝上“大八仙”“小八仙”“十八罗汉”等银菩萨。有的帽顶和帽后还吊上银牌和银铃。儿童的手腕、胳膊、脚踝上还戴有多种金银圈、金银空心瓜锤、响铃等。儿童衣服套兜上绣有各种花草。鞋子种类很多，尚不能行走的婴儿穿粑粑鞋、猫儿鞋，能走路的孩子穿长筒靴、娃娃鞋等。

女性服饰 女性头包九尺至一丈二尺五寸[①]的青丝帕或青布帕。其衣服有两种，一是外托肩，无衣领，绲边，向右开襟，在衣襟和袖口处有两条青边不贴花边。二是银钩，有衣领（矮领），衣襟和袖口缀一条青边，青边后面再等距离地贴上三条五色梅花条，胸襟用彩丝绣钩花。

土家女式服饰（2018 年） 蒲忠胜 摄

① 1 丈≈ 333.3 厘米，1 尺≈ 33.3 厘米，1 寸≈ 3.33 厘米。

女裤多用青蓝布料，加白裤腰。蓝布加青边，青布加蓝边，边后均等缀三条五色梅花条。女鞋很讲究，鞋口绲边，饰“狗牙齿”花，鞋面用青蓝色或粉红绸子，上面绣蝴蝶、蜜蜂、青蛙、蛾子、鱼、各种花草等图案。鞋式有尖头鞋、瓦瓦鞋。去别人家做客时，头戴玉宝针，金、银芭蕉扇，莲蓬等首饰，胸针挎扣花牙签，上系银牌、银丝、银珠，佩戴各种耳环，手腕戴金、银、玉石手圈，手指上戴各种戒指。发饰因年龄而异，少女蓄茶盖盖，梳羊角辫，十二岁开始蓄满头发，梳独辫，已婚的女性则挽粑粑髻。

男性服饰　男性头戴青丝帕或青布帕，用青丝布七至九尺在头上包成人字形。旧时，男性上衣穿琵琶襟，配铜质扣子，衣边上贴有梅花条。后逐渐穿满襟衣，无衣领，青年则多穿对胸衣，高衣领，正中间配五至七对布挽的扣子。裤子以青兰布料为主，大裤裆，短裤脚，白布裤腰。青年人把白布裤腰露出，将情人赠送的绣花裤腰带的两头要絮和花荷包展示在外面。鞋子是高粱青面白底布鞋，青年人等爱穿瓦瓦鞋和两节瓜鞋（又称力士鞋）。上山劳动时脚上一律穿水草鞋，热天休闲、赶集或参加喜庆活动时则穿精编多耳麻草鞋。

饮食习俗

迎客食俗　芙蓉镇是土家族聚居之地，民风淳朴，热情好客，又重礼仪，长期以来形成独特的饮食习俗。当有尊贵客人到访时，都要在大门外恭候，以示尊重。进屋后安排客人在土家人视为神圣的堂屋就座，而且要把客人安排在靠堂屋中央的地方，称之为上座。客人入座后，先敬烟上茶，再上酒席饭菜。茶有三道，第一道是红糖水泡鸡蛋，称为“蛋茶”，主人将鸡蛋煮熟剥壳，盛在碗中，以红糖水代茶，敬献给客人。第二道是红糖水泡炒米，称为“炒米茶”，以充饥解渴。第三道是当地清茶“白毛尖”，作为最后一道茶献给客人。品茶聊天以后，酒席开始，土家族传统食谱“十大碗”，主菜有猪、

拦门酒（2018年）　　周万全　提供

牛、羊、鸡、鸭、鱼等荤菜，一样都不能少，并伴有木耳、香菇、竹笋、枞菌等山珍，再配瓜果、蔬菜。烹饪方式有红烧、小炒、蒸焖、炖汤等花样品种，芙蓉镇最具特色、号称压席菜的红烧肉、扣碗肉都肥而不腻、香嫩可口，是待客必不可少的菜肴。

敬神食俗　土家人崇拜自己的祖先，认为祖先是血脉之源，是时时刻刻保佑子孙后代最为神圣的神。家家堂屋正中的神龛都供奉着祖先的神位，俗称家先。逢年过节都要大敬祖先，初一到十五要焚香敬祖。吃饭时更不能忘记祖先，要先敬祖先，特别大年三十吃年饭前，要将顶罐最上面的热饭先装一碗，将一块煮熟的腊肉（俗称神福）用筷子插在饭碗里，恭恭敬敬地放在神龛上，点燃红蜡烛，烧纸焚香，叩头跪拜后，才能鸣放鞭炮，开始用餐。平常吃饭也要用筷子来点菜放在碗里，再将一双筷子插在饭里等一会儿，以示敬意，然后才开始用餐。若是饮酒，则先要用筷子蘸酒洒三下后再饮，这些都表现出吃饭不忘祖先的虔诚之意。

饮食禁忌　土家族禁忌很多，在饮食习俗上也有很多禁忌。如：禁止过年吃饭时用菜汤泡饭，否则来年下雨就会冲垮田坎，毁坏农田；禁止工匠、民间医生吃狗肉和五爪兽肉，否则绝技药物就会失灵；禁止男女青年（包括少年儿童）吃猪蹄，相传吃了会找不到对象，即便找到了对象也会被猪蹄“叉”出去；禁止小孩吃鸡爪子，俗谓怕上学读书写不好字，字像鸡爪抓似的；禁止小孩吃猪尾巴，俗谓怕一生一世做事落在别人后面；禁止站在别人背后吃饭，认为是在“吃别人的背”，使人“背时”；禁止吃饭时用筷子敲碗，类似叫花子讨饭；禁止吃饭时将筷子摆在碗上摆成人形，认为是对人不礼貌。

民间器具

滴水牙床 历史上，古镇富有人家的家庭都喜欢制作滴水牙床，因为它代表着华贵与富丽，多为新婚夫妇结婚用床。滴水牙床制作方法极为考究，牙床面积、空间大，床檐像屋檐一样分为几层，呈阶梯状，最大的有五层，称为五滴水牙床。每一层都有屏障，木制屏障上精雕细刻，有龙凤、花卉图形以示吉祥，上床踏板采用红椆原木做成，榻卧四周一律用精致镂空的棂格装饰。外床顶呈屋檐式，形同屋檐斜坡，掀开丝绸帘幔，拾级而上，便可就寝。滴水牙床均用生漆涂刷，雕刻部位用金粉及其他颜料着色，显得色彩斑斓，雍容华贵。

家具 家具是根据不同的情况有多有少，一般家庭除床铺外，都置有大衣柜、平柜、碗柜、箱子、大小桌子等家具，均为木质材料制品。

滴水牙床（2016 年） 杨崇贵 提供

大衣柜，一般一个，用椿、杉木制作，用于存放被子、衣物等大件物品。

平柜，一般两个，用椿、杉木制作，用于盛装粮食。有时两个平柜合并一起，可以当床，所以又称睡柜。

碗柜，一般一个，用椿、杉木制作，存放杯盘碗筷、饭菜及调料品。

箱子，一般两个，多用金丝楠木制作，用于装衣物、钱币、证件等珍贵物品。

大方桌，一般一张，用硬质木料制作，用于团聚会餐或祭祀，配有 4 条长板凳，可坐 8 人，故又称八仙桌。

小方桌，一般一张，用硬质木材制作，用于平常用餐或摆放物品，配有8把小椅子。

油坊　是榨油的作坊，各村寨都有，芙蓉镇在油坊潭边上建有一座榨油坊。油坊有撞锤、油槽、木尖板、油圈、炕、石碾、油桶等工具。榨油要经过炒籽、碾压、蒸煮、榨挤四道工序。蒸熟后的成品要用稻草和铁箍包裹成饼状，然后装进木榨榨油。榨油时用悬吊在屋梁上的撞锤撞击油槽上的楔子，撞杆要3~5人同时撞击，榨油消耗体力很大，因此便形成榨油号子——榨油歌。

水磨　水碾　芙蓉镇有大河小溪，水利资源丰富，在农耕时代为利用水能修建了很多水磨和水碾，为村民百姓提供磨粉、碾米之便。水磨、水碾均以水能为动力，根据水源地势，用冲伞、冲鼓的方式转动石磨、石碾。水磨上安有上下两扇磨盘，主要用于磨粉，可磨制米粉、面粉、玉米粉等。水碾安有碾槽、碾滚，水碾主要用于碾米，有的油

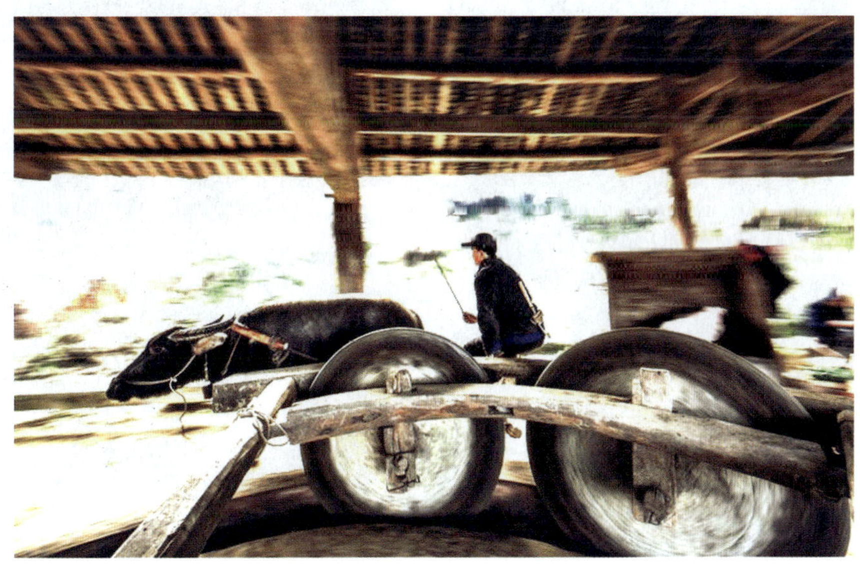

赶碾（2005 年）　　杨崇贵　提供

碾坊也用水碾碾油菜籽等。水磨、水碾所用麻石制成的磨盘、碾槽、碾滚，需由工艺精湛的石匠打造。随着打米机、磨粉机、榨油机等现代农产品加工机械的出现，农耕时代的水磨坊、水碾坊逐渐消失。

旱碾 建于无法建造水碾坊的地方，先选用麻石打凿一个圆弧形石槽，安装直径两米左右的圆形碾盘，在碾盘中立一固定的石柱或木桩。再套上一个剪刀式的木架，在两根木架下置两个圆饼型的石滚入碾槽里，把器具套在牛肩上，并把牛的一只眼睛蒙上，人坐在碾架上，赶着牛走，两个滚子不断向前转动，碾压稻谷等。

石磨 20 世纪 80 年代前，境内几乎家家户户都有石磨，用来磨豆腐、米粉、米浆等。石磨由坚硬的麻石凿成，呈圆形，分上下两扇，在下扇石磨中间打个小圆眼，安一个木棒为磨心。在上扇石磨中间下面打一个小眼，和下扇磨心相连接，下扇式固定的，中扇装有推动磨的手柄或连接丁字形推把的扁木，同时上扇开有漏斗式磨眼，以放置加工的食料。在镇内，石磨有大小之分，大磨主要用于磨玉米等粗粮，小磨主要用来磨豆腐、米粉等。20 世纪 90 年代后，石磨加工被电动机械所取代，传统石磨基本淘汰。

碓马 是用脚踩踏加工粮食的传统器具。在制作上，岩匠用石料打凿成一个圆形的碓坑，上大下小成锥型，深约 50 厘米，再做一个碓马架，呈十字形，前面安一碓

石磨推豆腐（2005 年） 县住建局 提供

嘴，碓嘴上装有铁箍头，使之更加耐磨。一踩一松，一起一落，当地人把它叫作舂碓，边舂边用手或棍子搅动。

风车　是木质器具，主要通过用手摇动风车车柄，借助风力将饱满的稻谷或米粒中混杂的空壳与糠壳分离出来。风车一般配合石磨、碓马和米筛、簸箕使用。

犁　耙　是山区农业生产必备的耕种农具。犁用于耕田或耕土，田土通过犁的翻耕后土质松软便于栽种，达到高产、增收的目标。犁由犁弯、犁箭、犁底、铧口等部件组成，再用团圈连接打脚木、牛缆索、牛轭档，用牛牵拉犁耕田犁地。

耙多用于水田耕作，在犁过的水田里反复耕耙，把泥土耙细、耙均匀，令水田平整，使水田能聚水不渗漏，有利于秧苗生根成长，增产增收。耙轴选用马桑树等防潮性能好的硬质木材做成，轴上装有 11 根铁齿，为防止耙轴破裂，每根耙齿两边轴上用铁箍箍好，用檀木做扶手，每年春耕以后，农户都要将犁、耙洗刷干净，有的还会用桐油涂抹，放在通风之处，以备来年再用。

柴架子　是土家族人用于在山上砍柴或运物的搬运工具，结构简单。选用两根杂木杈，在一块木板两端扎成马鞍状，把要搬运的柴火等物品放在上面，板子搁在肩膀上，两手抓住两根树杈就可以搬物行走，把架子往地上一放，两根树杈立稳，便可休息，起运行走都很方便。

刀壳子　是土家族人上山砍柴系在腰间插放柴刀的工具，结构简单、实用。用一块方形木头，用锉子在木头上锉一个槽口，大小以能放进柴刀或镰刀为准。木头两端各钻两个小孔系上绳索，把刀壳子捆在腰间，刀具插在槽口里，便于上山下山时可腾出双手攀爬做事，不用担心工具遗失或伤人。

背水桶　是住在山区的土家族人用于背水（有时也背油）的器具，还有专用于背粪的背桶。因境内多地山高坡陡，道路崎岖，不宜用肩挑的两只水桶挑水，先民们便发明了一种能背水的木桶，即背桶。背桶由杉木制作，上大下小，两边圆，中间扁，用棕片扎成背带背水。制作背水桶工艺要求非常精细，不仅要光滑，更要密缝，不能渗漏。使用背水桶也有技巧，不会使用的迈不开半步，一步一晃水就要从桶中泼出来，只有掌握要领的人才能一滴不洒的将水背回家。

篾壕　是土家族在河里捕鱼的专用渔具。篾壕用竹篾编织，周身有间隙可漏水。篾壕口大，肚细，尾尖小，里面套一个小壕，方向与外面的大壕相反，鱼儿进入小壕就出不来了。壕尾用绳子扎紧，取鱼时解开，便可将鱼从篾壕中倒出。篾壕一般

篾壕（2018 年） 杨崇贵 摄

放在小河的浅滩上，压上石头，鱼儿飙滩时就会钻进篾壕里，每天定时收取，必有收获。

泥鳅壕 泥鳅壕也是用竹篾编制，一尺多（30 余厘米）长，形似小篓子，开口安有倒须，泥鳅进入壕中便无法再游出来。壕尾尖小，并用绳子扎紧，取泥鳅时解开可倒出泥鳅。一般于夜晚放在田里，早上收取。

斗篷 即斗笠，是土家族人劳动遮雨的工具。斗篷有圆顶宽边的大斗篷，也有尖顶锥形的小斗篷。圆顶斗篷呈圆凹型，尖型斗篷有一个内圈，用绳子固定好，就可以戴在头上遮雨。斗篷又有棕斗篷和油纸斗篷之分。在芙蓉镇斗篷均为竹篾编织而成，棕斗篷内铺满棕片利于遮阴，而油纸斗篷则用纸表糊，然后用桐油、防锈油或透明漆涂抹，斗篷光滑、透明、漂亮，具有防水功能。

蓑衣 是土家族人劳动生产时披在身上的遮雨工具，也是土家族人最早发明的雨衣，是用棕树上的棕片缝制而成。蓑衣制成衣服状，长 1 米以上，有衣领，两肩稍宽，像翅膀一样遮住手臂，后背遮齐臀部，腋下两边系上绳子，在身上捆紧，弯腰劳动时雨水都不会打湿衣裤。

马鞭子烟袋 是土家族人吸食旱烟的一种烟具，用楠竹的鞭根（俗称马鞭子）制成。马鞭子虽细而长，但结实美观，马鞭子烟袋前端的烟锅和后面的烟嘴都是铜质的，经烧耐用。前端烟锅又称烟袋脑壳，使用烟袋既可以起到过滤尼古丁的作用，又可作防身武器使用。

刺杆子烟袋 是土家人吸食旱烟的一种烟具，比马鞭子烟袋要大，并且硬度要高。刺杆子烟袋长约 1.2 米，一般用刺峰树、大刺桑等有刺、成孢状的硬木制成。有的也用被藤缠绕过、有扭纹沟状的檀木制作，非常漂亮。刺杆子烟袋同样有铜质的烟锅和烟嘴，烟锅头上打有一截铜杆，走路时可做拐棍使用，结实稳当。因其较长，坐在离火坑很远的地方，将烟锅伸向火坑，就能将烟点燃，实用方便。

起屋习俗

芙蓉镇人把起新屋称为“起发吉”，视为人生中的一大盛事，特别注重、讲究，并形成传统的起屋习俗。

开工酒 新屋开工，主人特地安排一餐酒席，款待工匠师傅、帮忙人等。酒席中鸡、鸭、鱼、肉都有，比较丰盛，当地人称之为“打牙祭”。吃过开工酒，新屋施工正式开始。

偷梁木 梁木是正中堂屋脊上的横木，土家族人认为是神圣的象征，要求梁木粗壮挺拔。偷梁木是土家族人传承下来的习俗，一根优质的梁木意喻着保佑后人兴旺发达之意，主人看中哪家的梁木树都可以派人晚上去偷砍。偷梁砍树人带上斧头、锯子、柴刀、火把、香纸、蜡烛、鞭炮、红布等物品，在焚香烧纸后将梁木树砍倒，燃放鞭炮，把红布捆在梁木中间，由两名年轻力壮的后生抬起飞跑，中途不能歇息，要一鼓作气抬到新屋现场，再由主人放鞭炮迎接。被偷树的人家不但不追赶打骂，而且还高兴得意，以自家树林出了栋梁之材而自豪。

画梁 木匠把梁木做好后，主人要请人画梁，在梁木的正中间画上一个红黑相间的阴阳鱼，即太极图案，意为天、地、人融合为一，既有混元归一的意思，也有太极图避邪之意。然后在太极图两端画上数条 15 厘米长的细小五色线条，在梁木东边画上一

画梁（2018年） 杨崇贵 提供

个乾卦（☰），西边画上一个坤卦（☷），然后在太极图两边写上“荣华富贵”“富贵双全”“富贵满堂”“金玉满堂”“堆金积玉”等吉祥祝词。

上梁 是土家族人修建新屋的一种落成仪式。请人选择好吉日良辰，一般为两天：第一天将新屋全部框架排扇竖立好，留堂屋上方一根脊梁木暂不安放；第二天择定吉时再将前一日未安的脊梁木安上，称为上梁。上梁一般在早上进行，先由掌墨师开梁口，用公鸡祭梁、点梁，然后用红布、绳索将梁木两头捆好，由坐在两边排扇上德高望重的长者和身强力壮之人同时用力往上拉。当梁木提升到半屋高后便悬空停住，待主人送上红包后，掌墨师口念贺词，再把梁木升到屋顶，但不马上安放。两个负责安放梁木的人瞄准事先开好的口子，待掌墨师一声令下，鞭炮齐鸣，两边安梁人同时把梁木安上，上梁仪式完成。

讲梁 是上梁仪式中最精彩的环节，会引来很多乡亲前来观看。讲梁由当地两名会讲“上梁词”的人主讲，两人分别手托装满酒菜和糖果的茶盘，从堂屋外走向堂屋内，再走到两边中柱搭好的梯子上。两人边走边讲、边上边讲、边吃边讲，讲中带唱，一直讲到梁头上。讲梁形式活跃，有问有答，讲求押韵，随机应变。上梁词多为赞颂房屋基地风水，陈述梁木来源，讲述梁粑粑和酒的来历，恭贺主人发财致富、儿孙飞黄腾达等内容。

抢梁粑粑 上梁词讲完后，就要甩梁粑粑。梁粑粑用小米和糯米加工制作而成，颜色不同，所以分为金粑和银粑。甩梁粑粑时，先由讲梁师把一对又大又圆，被称为“富贵粑”的梁粑粑慢慢放下，边放边讲，问主人：“要富还是要贵？”主人家跪在梁下堂屋正中，两手将衣角拉开，接住富贵粑，并答道“富贵都要”。讲梁师边讲“赐你富贵双全，荣华富贵代代传”，边向主人家连甩三次，之后再向看热闹的观众抛甩梁粑粑，边甩边讲贺词，众人一边抢一边答谢。至此，上梁仪式达到高潮，在喜庆祥和的欢歌笑语和鞭炮鼓乐声中圆满结束。

装大门 装大门又叫“踩门”，或叫“开财门”，土家族新居竣工建成后，都必须举行落成典礼，当天要请木匠师傅把最后两扇大门安上并关好，称之为“装大门”。木匠师傅把大门安好并关上后，要唱贺词恭贺主家。这时主人请来“踩门神”在外拍门，要木匠开门。木匠问来者何人、来此何事、何处启程、看到何景、遇见何物、送何贺礼等，“踩门神”一一作答。答词多为恭喜祝贺新屋落成，愿主人家财源茂盛、富贵双全等，问答完毕，木匠开门，主人鸣放鞭炮，欢迎“踩门神”踩门，亲朋好友及贺喜的人都来踩门道贺。

圆工酒 新屋竣工落成后，主人要再举办一次酒席，感谢工匠师傅和帮忙人员，称为圆工酒。圆工酒也称为“鲁班酒”。主人除了安排丰盛的酒菜外，还要备香纸、公鸡，请木匠师傅烧纸、焚香，杀鸡滴血，敬奉祖师爷鲁班，保佑主人家大吉大利、万事如意。圆工酒结束后，起新屋的全部习俗活动宣告结束。

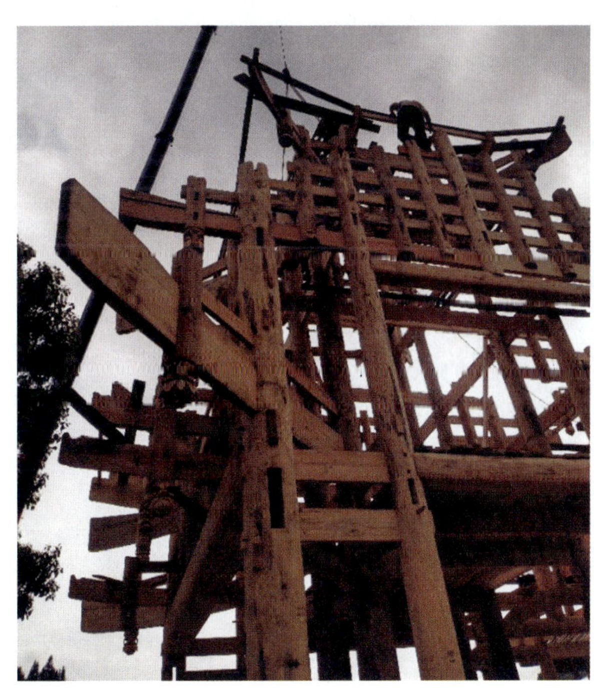

起屋（2018 年） 杨崇贵 提供

婚嫁习俗

接亲（2017 年） 杨崇贵 提供

改土归流以后，芙蓉镇域婚嫁习俗很长一段时期一直遵循“父母之命，媒妁之言”的包办婚姻制度，其婚姻程序一般都必须经历求婚、订婚、结婚等烦琐的环节。后来随着生产的发展和社会的进步，镇内婚嫁习俗也在不断发生变化。

请媒人讲 就是请媒人说婚。一般先由媒人踩点，认为门当户对后才向男方父母介绍，或先由男方父母看准了哪家女子以后，直接请媒人说合。媒人说合时需要自备一把雨伞，并带上男方家准备的肉、酒、糖等礼物去女方家，如果女方家收下礼物，亲事便有希望。但媒人也要通过几次往返后，女方家才会应允婚事。若是女方家不收礼物，说明女方家已经拒绝，即便再讲也无济于事。

送开口礼 说婚成功后就要送开口礼，又叫吃开口酒，说明女方家已经口头答应男方家求婚。开口礼一般也只送肉、酒、糖等礼物，但是比请媒人初次进屋说婚时略多些，有的也送礼金、衣物等。礼物上都要贴上红纸条，由媒人带给女方家，女方家收下礼物后，则表示正式同意这门亲事。然后再请媒人登门商量订婚、取八字等相关事宜。

认亲　又叫定亲。按照媒人和男女双方约定的时间，由媒人带领男方父子及帮忙人员，端着香纸、蜡烛、金银首饰、礼币、衣服、鞋袜等盘子，抬着猪肉、猪腿，挑着大米、面条、糖、酒担子，前往女方家认亲。到达女方家屋前先鸣放鞭炮，再进屋祭拜祖先，男方随即给岳父岳母磕头，即称“爹、娘”或“爸、妈”，再去拜见女方爷爷、奶奶（婆婆）、伯、叔、姑、舅、姨等长辈亲戚。女方也在媒人引导下给未过门的公公端洗脸水，筛蛋茶，行跪拜礼，改称“爹”或“爸爸”，此时，男方父亲要送上“打发钱”。紧接着，女方给男方认亲人员筛蛋茶，逐一拜见，喝过蛋茶认亲人也要给女方“打发钱”。认亲当天，女方家公开举办酒席，宴请家族及亲朋好友，名曰“吃认亲酒”。当男方返回时，女方家要回馈同样的礼物。至此，男女两家正式成为亲家，以后可以频繁往来，加深彼此之间的关系。

取八字　男女双方定亲后，就要交换双方的生庚八字，即男女双方各自的出生年月日及具体时辰，叫作取八字。取八字时，男方家要将制作好的八字庚书和红包装在八字盒子里，用盘子端上，放上毛笔、墨汁、香纸、蜡烛和红包，并带上肉、酒、糖等礼物，到女方家里去取八字。进屋前要鸣放鞭炮，进屋后敬奉祖先，将八字盒放在神龛前的桌子上，由女方家的文墨先生或长辈将女方的生庚八字填写在庚书的相应位置，交给男方带回，这时男女双方才算正式订下终身。随着社会的改革创新，婚姻习俗也在改变，现在的芙蓉镇婚嫁习俗已将“认亲”和“取八字”两项仪程合二为一，认亲时将八字一并取回，程序减少和简化，人力、物力、财力相对节省。

拜年　是每年正月初一女婿向岳父、岳母家打节（即祝贺节日）的一种礼仪。拜年时，女婿要给岳父、岳母、岳祖父母等直系长辈送上猪腿、酒、糖、面、粑粑等礼物，女婿回去时，岳父母家里长辈都要送“打发钱”或其他礼物。男方若是要求当年结婚，就要“拜大年”，与平常不同的是要在给岳父母的猪腿上带上一根猪尾巴。岳父母收到后就心知肚明，若同意就一起收下，男方就可以做结婚准备。若是不同意就将猪尾巴砍下来，用红纸包好退还女婿，男方也心里明白，只好来年再讲。

报日子　女方父母同意男方结婚要求后，男方就请先生按庚书上的生庚八字选择吉日良辰，最后写成课单，用红纸做成信封状，写上“预报佳期”等字样，由族中长辈和接亲执事人带上各种礼品送到女方家中，称为“报日子”。报日子当天，男方进屋前要

土家哭嫁（2005 年）　　县史志办　提供

鸣放鞭炮，进屋要祭拜祖先。女方家也要办酒席，宴请家族亲戚，告知婚嫁时间。有关结婚事宜经双方长辈商定后，分头准备，按既定方案落实。

哭嫁　是土家族独特的婚嫁习俗，是女方出嫁前与娘家表现悲欢离合的表达形式。旧时，女方开始置办嫁妆，各种匠人进屋后，出嫁女子触景生情，就开始哭嫁了，一直哭到出阁那天，历时一个月之久。哭嫁又像唱歌，土家族又称“哭嫁歌”。哭嫁歌涉及很广，主要是哭诉对父母养育之恩难以报答的遗憾，对即将融入陌生家庭的惶恐不安。而女方父母、姊妹及亲朋好友则表达对女子的难分难舍和牵肠挂肚，也有对女子日后做人做事的殷切劝告与衷心祝福。20 世纪 70 年代，哭嫁习俗大都沿袭，但时间缩短，一般为 5~7 天。80 年代后，哭嫁习俗大多不再延续。

过礼　结婚前三天，男方家要派人给女方家里送礼，土家族人叫“过礼”。过礼的礼物一般通过双方约定，确定礼物的种类、数量，有猪肉、大米、酒、被盖里布（包单）等。肉、米、酒作为女方家办酒席之用，被盖里布数量与女方陪嫁被盖配套。

迎嫁奁　结婚前一天男方家要派人把女方家的陪嫁品迎回家，称为“迎嫁奁”。一般在过礼当天由女方家开出嫁奁课单，男方家按照课单安排人员、工具，请八仙、乐队

土家族婚嫁 周代红 提供

到女方家迎接嫁奁。迎嫁奁当天进屋前要鸣放鞭炮，到屋里要烧纸、焚香、祭拜祖先，男方家礼行礼节到位后，女方家才发嫁奁。每发一件嫁奁，女方家都要用扫帚往回扫一下，意为要把喜气留下来。男女双方家庭之间距离较远的，迎嫁奁和迎亲一起进行。

接亲 迎嫁奁以后，男方家要组织迎亲队伍到女方家接亲。由执事、礼官带领，抬着花轿（现在开轿车）和新郎、接亲人，搬帐子、打喜把、抬嫁奁人员，以及八仙、乐队，带着背亲布、离娘衣、还酒、还肉、报晓鸡、押轿粑粑、哭脸粑粑、三茶六礼等礼物，吹吹打打到女方家报到。经过拦门盘问后，进入女方家，新郎进屋后要上香祭祖，给岳父母等长辈叩头下礼，各项礼仪行到位后，第二天早上就能将新娘顺顺利利接回家。

拦门 是迎亲过程中的一个重要环节，迎亲队伍到达女方家门口时，女方家在门口摆一张八仙桌拦住，举行拦门礼。桌上放着香纸、蜡烛、祭品、斗、酒、酒杯等，女方家的拦门先生在门内问，男方家的礼官先生在门外答，二人借此展开一场幽默睿智、妙趣横生的问答式舌战。问答内容多为问姓名、问事由、问礼仪、问见闻等，双方经过一番对答，男方家送上拦门礼后，才放迎亲队伍进门。拦门时，若拦门先生被问住，就要主动搬开八仙桌，恭请迎亲队伍进门。若礼官先生被问住就要求情认输，请拦门先生搬开八仙桌让行。

搬帐子 土家族人结婚时，女方都要陪嫁一笼蚊帐，男方要安排两名专人去搬，称为“搬帐子”。其中一人搬帐子、讲贺词，一人提马灯照亮做伴。因为一般搬帐子要先出发，有时天未亮就要走，所以要两人结伴而行。选择搬帐子的人比较讲究，一是选择未结婚的童男，以图吉祥如意。二是选择能说会道之人，以求其可讲贺词庆新婚，增加喜庆热闹氛围。女方家要发给搬帐子的人红包，到男方家时，从坪场到堂屋再到新房，讲究每一处都要发一个红包，直到圆亲人接帐子时还要发红包。搬帐子的人讲贺词，道恭喜，押韵好听，常会引来很多群众观赏。

哥哥背 新娘出嫁时，要由哥哥背出闺房，背过堂屋，一直背到大门外换上新鞋子为止，土家族人叫作“背亲”。哥哥背亲时要用男方家送来的红色背亲布在背上垫着，传说是为了隔邪。男方家还要为背亲人送上红包，表示感谢。

抢过门槛 新娘到了男方家要进入堂屋时，新郎、新娘双方有争先抢过门槛的习俗，相传谁先抢过门槛，将来谁就当家做主。

拜堂 新郎、新娘进入堂屋后，并肩站立在神龛前举行拜堂仪式，男左女右，先拜祖先、家神，由礼官喊礼“一拜天地（三叩首）”“二拜高堂（三叩首）”“三拜宗亲（三叩首）”“夫妻对拜（行叩首礼即可）”。在拜宗亲时逐一高喊：“爷爷、婆婆、外公、外婆、伯伯、叔叔、伯娘、婶娘、舅舅、舅娘、姑父、姑妈、姨父、姨妈，新郎、新娘这厢有礼了。”父母、宗亲都要给新娘送上红包。

入洞房 拜堂完毕后，新郎、新娘双方争先进入洞房，抢座新婚之床。传说谁先坐在床上，将来谁就当家做主。新娘为了争得家里的地位和权力，不受男方“欺负”，拜堂一完毕，就挣脱搀扶人的手飞奔进洞房抢坐床，抢先坐在床沿中间，新郎则只好作陪。若新郎抢先坐床，新娘就坐在新郎旁边，争个平等地位。

筛蛋茶 新郎、新娘结婚当天为正酒，家里设婚筵款待宾客。筵席上新郎、新娘要给父母、爷爷、婆婆、外公、外婆、舅公、舅婆、姑公、姑婆、伯父母、叔父母等筛蛋茶，送茶鞋，即两颗煮熟的红鸡蛋，一双量身定做的鞋子。给其他亲朋好友则只筛蛋茶。筛蛋茶时，新郎、新娘要屈膝下礼，称呼长辈吃茶，并由新娘双手端碗将蛋茶送上。吃了蛋茶的长辈、宗亲、亲朋好友都要祝福二人“白头偕老”“早生贵子”等，同时，送上红包，茶钱尽归新娘所有。

三朝回门 婚后三天，新娘携新郎及猪腿、糖、酒等物品，回到新娘家拜谢父母，土家族人称为“回门”。同时新郎也要敬拜岳父、岳母。回门必须当天去、当天回，不能在娘家过夜，意思是新房不能空。若路程较远，当天不能回家，则十天后再回门。三朝回门时，女方父亲要送女儿到男方家，又叫“会亲家”，男方家要设酒席款待，请长辈、宗亲作陪，酒席散后再送女方父亲回家，回门才算结束。

生育习俗

土家族人把生儿育女视为传宗接代的大事，其生儿育女的习俗分为有喜、接生、踩生、报喜、十朝、坐月、满月、百日、抓周、求嗣、寄拜等方面，非常讲究。

有喜 妇女怀孕后叫作“有喜”，也称为“四眼人”。妇女怀孕后就得保胎，应减轻体力劳动，增强营养，有许多禁食、禁视、避讳等禁忌。如在家里禁忌钉钉子、敲板壁、搬床铺、移家具，禁忌室外挖沟垒土等，以免伤害胎儿。孕妇不能横睡在床上，以防横产。孕妇忌讳看别人举行婚礼。孕妇忌看他人婴儿。孕妇忌坐别人家的门槛等。

接生 土家族妇女生产时，要请接生婆“接生”，接生婆进屋后，要焚香、烧纸、祭祀“催生婆”，保佑母子平安。接生时，接生婆要猛踢门槛催生，如果婴儿迟迟生不下来，便给孕妇煮些吃的催生。若婴儿是男孩，就用父亲衣服剪掉扣子以后包裹，若婴儿是女孩，则用母亲衣裙包裹孩子，但忌用女人裤子包裹。婴儿接生完毕后，主人要给接生婆煮一碗鸡蛋吃，以感谢她的辛劳。

踩生 婴儿出生后，第一个外来人到产妇家叫作“踩生”，产妇家人要留踩生人吃鸡蛋、炒米、团馓等。踩生人看望婴儿时，要说“长命富贵”“易养成人”之类的祝福话。主人要确定一个时间请踩生人吃饭，有的还会两家认作“干亲家”。传说小孩长大后脾气、性格都会和踩生人相似。

报喜 婴儿出生后次日，产妇的丈夫要抱一只鸡到岳母家里“报喜”，生男孩抱公鸡，生女孩抱母鸡。岳父母家和女婿商定望月时间，随后告知女方家族亲友祝竹米酒的时间。女婿回家时，岳母要回赠一只鸡，如果抱来的是母鸡，就回赠一只母鸡，如果抱来的是公鸡，就回赠一只公鸡，寓意孩子长大后成双成对。

十朝 婴儿出生后，家里要蒸酒庆贺，称为“蒸十朝”，又称“祝竹米酒”。具体时间要以婴儿性别确定，土家族有“男蒸九，女蒸十”的习俗，即男孩出生后的第九天蒸酒，女孩出生后的第十天蒸酒。外婆家里要准备鸡、鸡蛋、炒米、团馓、红糖及摇篮、窝被、烘罩、衣服、鞋袜、帽子、背带等礼物，带领亲朋好友前来望月，为婴儿送红包。酒席上亲朋好友都要送贺礼祝福。

坐月 产妇分娩后，要在家里坐休一个月，不准出门，不得走进别人屋里，这叫“坐月”。坐月食物主要有鸡肉、鸡蛋、猪肉、炒米、团馓等。坐月有很多禁忌，如产妇产后 3 天内不准出产房门，7 天内不准进灶房，30 天内不准进堂屋，否则就会得罪祖先和灶神。产妇禁吃牛肉、羊肉、鸭肉、鸭蛋。婴儿出生后 7 天不能见天，外人也不得看望产妇，特别是未婚姑娘不能进入产房，怕产妇断奶。不能在太阳下晒婴儿尿布，相传晒了会得罪天神。禁止到婴儿家里点火或借东西。

满月 孩子出生后，洗完澡，包裹时，将双脚一并捆好。婴儿满月当天要给婴儿放脚，即把捆了一个月的婴儿的脚放开，还要举行“出月祭水”仪式，又叫“见水井”。产妇要带上鸡蛋、团馓各 4 个，米 1 碗，抱着婴儿到水井边祭水，用井水洗手，喝井水，并用茶壶装一壶水，回家给婴儿洗澡，寓意洗去灾祸，免生疱疮。婴儿“出月祭水”后，产妇就背婴儿到外婆家去，叫作“出月”。出月前要在婴儿额头上用锅灰画个叉，叫作虎叉，婴儿用窝窝（儿）背笼背着，背笼底下放一只公鸡和一把小刀，点燃布条火把，借以吓走白虎。产妇和婴儿在娘家住上一个月后由丈夫接回家。

百日 小孩出生满百日时，要给小孩喂点煮熟的肥肉吃，叫作“油嘴巴（儿）”，之后小孩就要开始吃饭，吃有油盐的菜。如小孩夜哭不止，就用红纸写上“天皇皇，地皇皇，我家有个夜哭郎，过路君子念一念，一夜睡到大天亮”，贴在路边上，祈求小孩晚上不闹夜，安稳睡觉。

抓周 小孩满周岁时，要举行抓周仪式，外公、外婆要给小孩送贺礼，送玩具用品，父母要为小孩举办生日酒席，并预测小孩将来的爱好。

求嗣 土家族妇女婚后不孕，要请土司“求儿女”，土司在屋外草坪上搭台挂神像，头戴凤冠帽，身穿八幅罗裙，手拿八宝铜铃，披麻布包袱，把事先用糯米粑粑做的“小人”揣在怀里，唱“驾起祥云上天去”，经过“小人国”“女儿国”后，进入“南天门”，到达“天宫”，向天公、天母求得“金童玉女”。整个活动是以主人问、土司答的对唱方式完成的。然后，土司把糯米粑粑拿出来，送给未孕夫妇分吃，就寓意是从天公、天母那里求来的真儿真女。也有向傩神娘娘许愿求子的，未孕夫妇到土王庙许愿后，将祈祷时用的灰碗置于傩神娘娘的神龛之上，生育之后，请土司向土王“解钱”还喜乐神愿。

寄拜 土家族人有给小孩寄拜干爹的习俗，一般先请人给小孩算命，按“金、木、水、火、土”五行，缺少什么就寄拜什么。有的寄拜物，有的寄拜人，如缺木的就寄拜古树，缺水的就寄拜水井，称它们为干爹。寄拜人的就请干爹取个名字，名字中要带有“金、木、水、火、土”五行偏旁部首的字，以对小孩的八字作补充。寄拜人的对象一般要找吃百家饭的人，即寄拜行走江湖的工匠艺人为干爹，以求孩子能易养成人。做干爹的要给干儿子（女儿）赠送碗、调羹、长命锁等，以保平安。

丧葬习俗

境内各民族丧葬均为土葬，个别在外死亡不能抬回来的则在外地安葬，或火葬或土葬。旧时，丧事过程烦琐复杂，进入21世纪，逐渐简化。

接气 老人或病人在病情严重，脉象微弱时，应传孝子们围榻而立。这时要去掉蚊帐，不要罩住病人影响亡者西去升天。孝子中的长男或长女，在老人或病人快要去世之前要坐在病人身后，以胸贴背，双手抱腰，是为“后继有人，传宗接代”之意，千百年来从无改变。

报丧 老人或病人去世，要立即燃放一挂鞭炮，旨在“送亡归天”。同时也为街坊邻居传送信息。大家早知某户人有重病，鞭炮一响，务必前去帮忙，这是土家族地区一条不成文的规矩，就连多年有怨的邻居都不计前嫌，主动上门帮忙办事。另外，要在亡人生前常年敬奉的土地堂前放一把木椅，一是向全寨亲朋和过往行人报丧，二是相传新亡人会坐在椅子上诉说往事，同时告知当坊土地这位“户籍官”，将要辞乡远去。

洗澡穿衣 是为下榻作准备的，必须在床上完成，而且是在亡人刚去世时进行。所谓洗澡，只是象征性的洗澡，用干净布帕洗抹“五心”，即两个脚心、两个手心和心窝。抹洗时要由下而上，先洗脚，再洗心，后洗手，祈祷新亡者“早日升天”。穿戴寿衣有讲究，总的原则穿单不穿双（指件数），50~60 岁的亡者，衣穿 3 件，裤穿 2 件；70 岁亡者，衣穿 4 件，裤穿 3 件；80 岁以上的亡者衣穿 5 件，裤穿 4 件。穿完衣服后还要捆腰线，依亡人年龄大小，按一岁一根青色棉线捆在新亡人腰上。

入木 即入棺、入殓。入木之前要对棺材进行扫尘除灰，将灰尘均匀推平在棺材中后，用酒杯口在灰上印出印迹，一岁一个，有多少岁印多少个。在印迹上铺皮纸，皮纸折成三角形，从头到脚将棺底铺满。再用灯草装入三角形枕头，垫上瓦片，然后用提被、盖被把亡人放入棺木中，用亡人生前穿过的衣服塞满棺木，脸上盖一张纸、一块红布。诸事完备后，合上棺盖，但合而不闭，待众亲辞亡后，才锁棺闭殓。

灵堂设置 首先是贡神，灵堂正中、棺木之前放置方桌，称为法台或供桌。法台上面除放置贡品外，还要放置装满五谷的四方木升，内插圣像和灵牌，棺材上方悬挂救苦救难地藏王圣像，堂屋两边搭高三尺、宽尺余的台子，台子上供奉十殿阎罗神像。每位神像前必放贡品，必供香火、灯亮。其次写彩幡，用黄、蓝、绿、白色彩纸写上功课系列，道家劝善警句，成条幅状，用绳索分挂在灵堂之上。灵堂前悬挂“当大事”三个大字，可排除一切干扰。

选择墓地 为了给亡人选择一个好的安息之处，使后代子孙家发人兴，要请人选择墓地，俗称看地。看地时要带上刀头、香纸、蜡烛、白酒、鞭炮等。当看好山势走向，用罗盘确定墓址时，孝家要在罗盘上放上红包。墓址一经确定，准备挖井时，要摆放刀头，焚香烧纸，点燃蜡烛，祭奠洒酒，还要为周边野坟烧纸焚香，意在希望他（她）们今后在九泉之下相依为伴，和睦相处。井穴挖好后，要燃放鞭炮，以示祝贺。

看日子 老人或病人去世后，在报丧、洗澡、穿衣、入木的同时，要请人看日子。根据亡人生卒年月日时，按阴阳五行相生相克的原理，及既对死者有利又不伤害子孙后代的原则，排定出出殡下葬时间。以此确定法事规格，或“老三朝”“小十王”（3~4 天），或“大十王”“隔夜宿坛”（5~7 天）等，同时还要确定大葬夜的时间，孝家可据此进行安排。

闭殓 亡人入棺后，棺木掩而不盖，闭而不合，要等孝男、孝女全部到齐后，由专人择定时间，引导孝家集体辞亡，再瞻仰亡者最后一面，称为闭殓。闭殓时孝男孝女悲痛欲绝，高声哭喊，但眼泪不准滴进棺木里。待孝家绕棺木一周后，取出盖在亡人脸上的红布，由帮忙人员正式把棺木盖内，用专用寿钉钉牢，并用彩色纸把棺盖缝口糊上。

做十王 即请人做法事，包括念经超度、请圣、报恩、开五方、解结、还愿、散花、行孝礼、辞亡等仪式，土家族人称为“做十王”。做十王就是在传说中的十殿阎罗面前，焚香化钱，诵经祷告，从一殿阎王秦广开始，到十殿阎罗轮转为止，一殿一处的虔诚叩拜，一家一家地躬身告饶，请求宽恕赦免。十王又分“小十王”和“大十王”，“小十王”功课简洁，“大十王”功课繁杂。

吃火把酒 在大葬日，丧葬法事进入尾声，孝家亲朋好友都将在这一天会聚吊唁，孝家要安排丰盛的酒席款待亲朋好友。其中最尊贵的是孝子的外公、外婆以及舅父、舅母等后家亲，他们前来吊唁吃酒，称为吃火把酒，很多地方要等后家亲到了才能开餐，如若提前开餐就是对后家亲不尊敬。因此，孝家对后家亲尊崇备至，招待周到，意在令丧事圆满顺利完成。

烧包袱 在大葬日下午 5 点以后举行，最迟不超过当日晚上 12 点。几天几夜的丧事即将结束，第二天一早灵柩就要上山入土，孝男、孝女与已故父母就此诀别，要为逝者准备封包，并把封包烧毁，称之为“烧包袱”。封包很有讲究，一是格式上有讲究，包面上要写明父母姓名及封包人姓名，背面要写上“封”字，并加盖法印后才能有效。二是数量上有讲究，给正亡做 196 个封包，对于已过世的上三代内外亲先亡，可带一些封包，人均 2~4 个不等，但总数不能超过正亡，最后在选定的场地布置火场，将封包和亡人其他需要烧毁的衣物一并烧毁，烧包袱时焚香烧纸，用公鸡祭奠，烧完后要鸣放鞭炮。

散花解结 解结就是解心结、解罪孽。通过念诵经文，向上天忏悔，为亲人悔罪。解结是在灵堂里进行，无论正孝偏孝，全部在灵位前低头跪拜。由一人手拿一束丝线挽成结，逐人逐排伸向孝子，孝子每人伸手拉一下，喊一声亡人，轮到最后一人时，“结”被拉开。这样从头至尾，重复三次，解结完毕。散花除了念经拜佛外，还有演唱孝歌的习俗，唱“董云卖身葬父”“孟中哭竹山生笋”“王强为母卧寒冰”等二十四孝典故，唱亡者人生经历，唱到感人之处，孝子垂泪，哀声连连。但也不时插上一些嬉闹，叫“讨孝钱”，又叫“讨喜钱”。在一人引导下，孝子手拿燃香，围着棺木打转，每转到灵位正前方，都要躬身作揖，礼毕再走。

哭丧 哭丧是每场法事做完后，亡人的妹妹、女友、女儿、侄女、媳妇等要在灵柩前抱头痛哭，称为“哭丧”。哭丧有的是一人单独哭，也有两人陪同哭，她们多为哭诉亡人的人生经历，与亡人之间的情感往事，腔调哀婉，哭声令人悲痛。

唱孝歌 是一种流传已久的古老的祭祀形式，歌词的内容大都是怀念、悼忘、行孝等方面，既唱人情世故，也唱传说古风。孝歌有五字、七字等句式，唱孝歌时一般由两人对唱，伴奏轻轻击鼓合拍。开唱者什么韵脚，什么句式，接唱者须用同样的韵脚和句式。谁唱输了就停下来，让别的歌师与其较量，如此你来我往，直到拂晓天明。孝歌声调哀婉，催人泪下。

出柩 是丧事活动中的一个重要环节，是在大葬夜第二天清晨举行的。出柩前，请专人在灵堂里举朝匾，念经文，奠酒拜佛，恭请各路仙师前来助阵，护卫亡灵安全上路，拜完各路神仙后，挥舞灵牌，撤走堂前供桌，亮出棺木全身，而后围绕棺木挽结，用公鸡滴血前后画符，点燃大把纸钱。后使帮忙人员在棺木两旁排列，一人严声问道："抬丧男儿雄不雄？"众答："雄"。问："红木棺木起不起？"答："起。"随即命令众人抬起棺椁。这时孝男手抱灵牌、遗像、引魂幡，跪在灵柩前呼喊，孝女跪在灵柩前哭诉，帮忙人员捆扎丧杠，做发丧准备。

送葬 送葬之日是大孝之期，包括孝子、孝媳、孝女、孝婿在内的满门孝子，要在灵柩到达墓地后，给各位帮忙的人员，特别是给抬丧人下跪行礼，既是感谢大家之前的帮助，也是请大家继续帮忙抬岩石、垒土等，称为讨岩头。送葬通常是举族而动，送葬队伍人数之多，前后秩序都有定数。走在前面的人要背芝麻秆、甩"买路钱"，后面是花圈、乐队及手持祭幛布、抱灵牌、遗像、招魂幡的男孝子，紧挨着是灵柩，再往后面是围鼓、唢呐乐队与女孝队伍，送葬的亲朋好友在最后面。每遇过河、爬坎、路险、路窄之处，抬棺队伍行进艰难时，众孝子要一起跪在地上呼喊，待灵柩向前移动后，孝子们才站起来继续往前走，一直送到墓地。

下井安葬 新亡井穴是事先挖好的，棺木抬到墓地后要先"热井"，将一捆芝麻秆放在井内燃烧"接地气"，据说有杀虫蚁，消毒之功效，也有孝家此后全家人生活红红火火，如同芝麻开花节节高之寓意。接着把灰扫平，用小米画八卦，并用小米写下"富贵双全"等字样。然后洒雄黄酒，读文焚契，滴公鸡血，下井事宜基本办妥。在准备下井安葬时，要先扫影，把在井边围观的人群喝退，防止人影留在墓穴。扫影完毕后马上下葬，随着号令声起，众人抬杆、扶柩、垫木棒，用绳索把棺木慢慢放入井中，这时两人跳入井中，一人撒雄黄，一人喷酒，围绕棺木一圈，直至雄黄与酒洒完为止。这时孝子（一般是长子，没有儿子的是长婿）手拿锄头跪在棺盖上，挖一锄喊一声"爹"或

“娘”，连续挖三锄，喊三声，后帮忙人拿起工具，一齐垒土砌岩，安葬完毕后，鸣放鞭炮，孝家一门按原路返回。

立碑 竖碑立石是一件神圣的事，首先要择定良辰吉时举行竣工典礼。当墓碑落成后，要在墓前点燃红蜡烛，烧香、烧纸钱，女儿要献上一段红布挂在墓碑上，称为“上梁”。同时还要献上猪头、公鸡、粑粑，主东要放上红包。然后由岩匠师傅咬破鸡冠滴血涂在墓碑上，并扯一些鸡毛贴在鸡血处，岩匠师傅虔诚地奠酒画符，诵读辞文，感谢历代祖师点化保佑。末了，祝福主东全家世代安康，富贵发达。仪式结束后，鸣放鞭炮，粑粑由在场人员分享，猪头、公鸡送给岩匠师以示感谢。

扶三 又称复山，室内新亡安葬的第三天早上，全体孝家到墓地复墓，称为“三朝复墓”。复墓是丧葬仪式的重要部分，这天孝家要带上刀头、供果、香纸、蜡烛、鞭炮，到墓前祭拜，为新坟添土，清理周边杂草垃圾，燃烧一炉大火，为新坟送亮，并将孝帕布、红布条等物品，丢入火中焚烧，离开时鸣放鞭炮。扶三以后，远处的孝男孝女方可回家。

回煞 是追养亲人的一种形式，回煞时间根据亡人的生辰八字，结合死亡的时间推算而得。具体时间确定后，专人会填写一张祭祀单，再三叮嘱后交给孝家，由孝家自行办理。回煞的日子一般不超过三、六、九，即第三天、第六天或第九天。时辰一般在酉时至子时，孝家一门要参与。回煞的祭祀场面并无特殊，在堂屋摆放一张饭桌，桌上点燃油灯、蜡烛、根香、桌下烧纸化钱。摆上热饭、刀头、酒、茶、菜、果品等亡人最喜欢的东西。

挂社 是在社日里进行的祭祀活动。“社日”的确立是按照民间“五戊为社”的说法，即农历立春后的第五个戊日为社日，挂社就在这天举行。挂社与清明节扫墓挂清一样，它主要是对新亡而言的。新坟称“挂社”，在社日进行，旧坟称“挂清”，在清明节时进行。挂社要连续挂三年，三年过后转为于清明节祭祀。

渔猎习俗

渔猎习俗是指捕鱼和猎获动物的方法与习俗。芙蓉镇是土家族聚居区，在长期的生产、生活中，形成了独特的渔猎方法和风俗习惯，并世代相传，一直保留至今。

施梁片 又称“放鱼梁”，是在小河小溪捕捞鱼的一种捕鱼方法。施梁片（放鱼梁）的操作方法是用长约两米，直径两厘米大小的野山竹编织成宽约一米的竹排（也叫梁片），安放在小河小溪的激流处，一头伸入水中，一头高出水面，搁置在用石头垒成的岩堆上。形成约30度的斜面，成为鱼梁。当鱼顺水漂流被冲上鱼梁后，因鱼梁上方无水，鱼儿无法动弹，捕鱼人可以轻松地将鱼捕获，有时一次可捡得好几条鱼，一天可

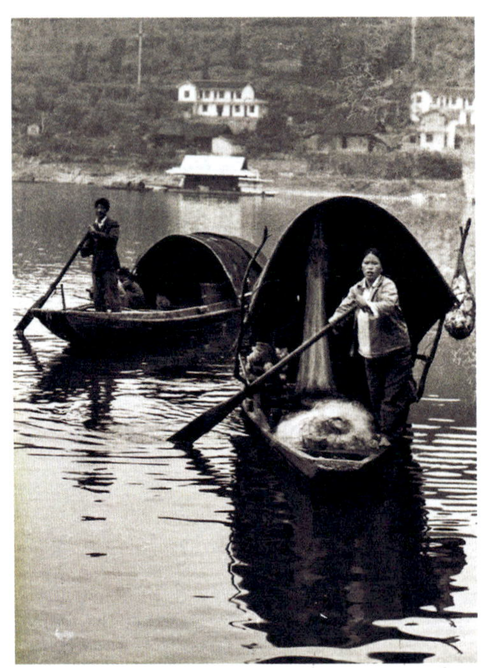

捕鱼归来（2017年） 杨崇贵 提供

捡多次，效果极佳。鱼梁制作简单、安放简便、捕鱼轻松，因制作成本低，如遇涨水冲毁，重新制作安放即可。所以芙蓉镇人都喜欢使用这种方法捕鱼，在营盘溪上经常能看到安放的鱼梁。

拖茅网　又称“赶白板”，是一种简易便捷的捕鱼方法。即编织一块高约 1.5 米，长约 10 米的网片，网片下端安有沉重的锡陀，上端安装一根拉绳，拉绳上间隔吊有玉米叶或白色布条等。一般在沙洲外面的深水区，由两人把网片拉直放入水中，然后从两头一齐把网片快速往浅水岸边拖，边拖边喊，驱赶水中的鱼，一直拖上岸。围在网片中的鱼看见拉绳上的玉米叶、白色布条等，又听到喊叫声，吓得直往岸上跳，捕鱼者便能很轻松地将鱼捕获。有时一次可以拖得多条鱼，而且在不同的水域可以反复拖赶。

端筛　是一种更加简易的捕鱼方法。即用竹篾编织一个形似筛子的渔具，放上一些鱼饵，沉放在鱼经常聚集的水中，待鱼进入筛中后，突然端起，来不及游走的鱼就被成功捕获。一天中可随时随地把筛子沉入水中，不定时端起，一般都有收获。

扎把子　是捕捞小鱼小虾的捕捞方法。即把松柏树枝砍下来以后，扎成一组组“把子”（成捆树枝），放在溪河边或浅水潭里，鱼虾闻到松柏树枝的油香味后，便会自然而然地聚集在把子下，然后用网兜将把子下的鱼虾收集起来，当地称戳鱼虾，有时一个把子可以吸引到很多小鱼、小虾。扎把子一般晚上放，早上收，一早上可以戳很多把把子，收获满满。

闷鱼　是一种原始的捕鱼方法。即在浅滩边上，用石头对准可能藏有鱼的石块重重地砸下，然后迅速把被砸的石块翻开，如藏有鱼，被石头震昏后，会立即浮出水面，便可将鱼捕获，有时一段浅滩上可以连续砸得多条鱼。这种方法就叫作闷鱼，也叫作砸鱼。

封山　是土家山区捕猎者的风俗习惯。当地捕猎者为保护所辖区域内的野生动物，不让外人随意猎取，便实施封山禁猎。而这种封山是一种信仰意念，即在封山时用丝茅草扎个草人，用香纸在十字路口压一个封山码子，并焚香烧纸祈祷，以求保佑所封辖区动物不让外来人捕获，使外来捕猎者一无所获，空手而归。

赶肉　就是捕猎、打猎，是土家族人格外喜欢参与，且是极为刺激的围猎活动。芙蓉镇周围山高林密，野生动物很多，有野猪、麂子、野兔等，因此，爱好打猎的人也很多。赶肉至少需要十余人参与，才能完成放脚（追踪）、布壕、守卡、猎杀等任务，多则几十人，甚至全村、全寨出动，每家都有人参加。赶肉时还要带上几条猎狗，帮助嗅寻猎物，猎狗发现猎物狂吠报警，并追赶撕咬。捕猎者根据发现的猎物踪迹，在必经之路布下壕网，猎物一旦进入壕网，就迅速用梭镖将其刺死。猎物捕获后，要扯下几根脊毛，用火点燃，在原地上转上一圈，称为“散毛”，意为感谢及祈求继续保佑，以便获得更多猎物之意。根据赶肉习俗规定，凡在“散毛”前赶到捕猎现场者，人人有份，都可以参与分配。但“散毛”后赶来的则不能参加。以野猪为例，具体的分配方法是将猪头分给杀死猎物的标枪手，四只猪蹄分给放脚追踪者，猪肉按到场人数，本着见者有份的规矩，平均分配，内脏一般用于“打平火”。

开山 开山是捕猎者要进山捕猎，并希望能有所收获，用一定的形式要求解除封山禁令，称之为“开山”。具体开山的方式与封山的方式相似，既用丝茅草扎一个草人，在十字路口用香纸压一个开山码子，并焚香烧纸祈祷，以求准予捕猎者进山捕猎，保佑获得最佳效果，且安全无恙等。捕猎者只有开山以后，才能进山捕猎。

岁时节庆

芙蓉镇节庆风俗习惯甚浓，既有土家族民族风俗，也有民间传统习惯，腊月二十三开始过小年，到腊月三十过大年，周而复始，月月有节，一年四季沉浸在节日喜庆的气氛之中。

春节 即农历新年，是一年之首，芙蓉镇人非常注重春节。大年初一清晨，家家户户争先燃放爆竹，抢开“财门”，意图一年四季财源广进。早晨，合家要向长辈磕头拜年，长辈要给晚辈“打发钱”。初一不串门，亲朋好友相逢拱手为礼，口称“拜年、拜年、恭喜发财”，互相祝贺。初一不向别人讨账、借东西，初一不向屋外扫地、倒垃圾，意为只进不出，防止家财外流。从除夕到十五，禁讲粗鄙、不吉利的话。初二以后才开始拜年，走亲访友。

元宵节 正月十五为元宵节，元宵节实为灯节，俗有“三十夜的火，十五的灯”之

雄狮闹元宵（2017 年） 杨崇贵 提供

说。芙蓉镇人最爱玩灯，每年正月初五出灯，龙灯游街吃水后，每天晚上龙灯、狮子灯、地花灯、蚌壳灯、彩龙船满街拜年，户户鞭炮迎接，送红包、送粑粑、送糖果等，一直拜到正月十五元宵节。元宵节当天晚上龙灯、狮子灯、地花灯、蚌壳灯、彩龙船等队伍齐聚土司文化广场，一起表演比赛，观灯者人山人海，欢呼声震天，把元宵节的气氛推向高潮，古镇上热闹非凡，充满喜庆祥和、盛世繁荣的景象。

灯会（2017 年） 杨崇贵 提供

三月三　三月三是中国多个少数民族的传统节日，是轩辕黄帝生日的纪念日，因为三月三在清明节前后，草长莺飞，柳绿花繁，是青年男女谈情说爱、唱歌跳舞的好日子，所以当天又是少数民族的情人节，经常举办歌舞活动。另外，芙蓉镇人当天家家户户要用一种野菜——“地米菜”（荠菜）煮鸡蛋，传说吃了用地米菜煮的剥壳鸡蛋后，可以去毒，一年四季不怕蚊虫叮咬，不长疱疮。

清明节　是中国的传统节日，芙蓉镇人非常重视，清明节前后三天（寒食节禁忌），家家户户都要祭祖扫墓。无论家住芙蓉镇，还是远道回来的，都是几代同堂，成群结队上坟祭祖，漫山遍野都是祭祖人群，到处香烟弥漫，鞭炮声连天，其规模超过了除夕上山送亮，成为芙蓉镇具有特色的民俗节日。祭祖除携带祭祀用品外，还要带上剪好的清明吊纸，或用彩色纸扎成的彩球、花环等祀品，在每座坟墓上挂上一簇，称为“挂清”，挂的越多，说明亲人后代多，人丁兴旺，子孙繁衍。在挂清祭奠时，还要将墓地修葺一遍，使墓地保持整洁肃穆。在镇内，这一习俗普遍沿袭。

四月八　是土家族传统节日，称为天牛节。这天牛不劳作，还要给牛洗澡、煮稀饭、割嫩草、吃鸡蛋。人们也趁此机会过节，家家做粑粑、推豆腐、办酒席、邀请亲朋好友一起团聚会餐，共度天牛节。

端午节　是芙蓉镇很有特色的传统节日，从农历五月十三到五月十五，连续三天，要开展各项活动。五月十三祭神游街，人们抬着关公神像，与龙灯、狮子灯、彩龙船、蚌壳灯的队伍一起，沿街游行到河码头，然后开展龙舟预赛，五月十四全天举行龙舟循环赛，五月十五举行龙舟决赛。在这三天里，邻近的古丈、保靖两县龙舟队齐集芙蓉古镇码头，四面八方的百姓都到镇区看热闹。家家户户宾客云集，处处店铺生意兴隆，酉水河两岸挤满翘首观看的群众，绵延数里，水泄不通，盛况空前。另外，当天全镇都要包粽子、吃饺子，烹饪丰盛可口的菜肴，庆贺这一传统的节日。

六月六　“六月六，晒龙袍”，这是流传在芙蓉镇上的一句谚语。农历六月初六，正值盛夏时节，全镇上下，家家户户晒衣服、除霉尘，成为传统习俗。相传六月六是盘古忌日，为了纪念盘古，敬奉祖先，祈求来年风调雨顺、五谷丰登，古镇人们也把六月六视作传统节日，杀鸡宰鸭，称肉买酒，邀请亲朋好友共同庆祝。采摘刚刚成熟的玉米、绿豆等粮食尝新，并在饭上蒸上饱满的谷穗，预示五谷丰登。同时准备鸡、鸭、鱼、肉、粑粑、炒米等丰富多样的食物，款待亲朋好友。在吃饭前还要举行祭祀仪式，把蒸好的谷穗摆在神龛上或挂在大门上，摆上饭、菜、酒敬天地、敬祖先。饭后，全村寨男女老少吹起咚咚喹，打起九子鞭，跳起摆手舞、毛古斯舞，一直跳到深夜才散去。

月半 是指每年的农历七月十三。当天，家人要提前给祖先烧香、烧纸、送盘缠。这天晚上 8 点左右家家焚香烧纸，同时备办神福刀头供奉，拌些水饭，在回来的路上边走边往后洒，不准回头看，直到洒完。

中秋节 芙蓉镇的中秋节过得隆重，家人都要从四面八方赶回家团聚会餐，鸭子拌仔姜或鸭子煮板栗是必不可少的菜肴。晚上，家家都要吃月饼、赏月亮，庆贺全家团圆。

重阳节 重阳节又称登高节，人们会结伴而行，登高望远，秋游赏花等。在芙蓉镇把重阳节也称为老人节，晚辈们会给老人送上一些礼币、衣帽、糖果等礼品，以表达敬老尊贤、百孝为先之意。

打扬尘 是土家族人过年前的一项准备工作。一般在腊月二十四日进行。这天要彻底打扫房屋内外卫生，用长扫帚把屋梁、板壁和屋檐下的扬尘、蜘蛛网丝等打扫干净，称之为打扬尘。同时还要贴上过年对联和年画，干干净净地迎接亲人回家过年。

做豆腐 豆腐是芙蓉镇人过年必不可少的食品，做豆腐也是芙蓉镇人的传统技术。每年腊月二十六日，家家都要做过年豆腐。过年豆腐又大又厚，用火烘干后成为干豆腐，在冷水中浸泡保存，清明节前后都可食用。有的用年豆腐做成霉豆腐，亦称臭豆腐，食之又香又辣，别有风味，是深受欢迎的开胃菜。

打年粑 土家人喜欢吃粑粑，因此，每年过年前都要用糯米、玉米、小米、高粱做些粑粑，做粑粑的大米等粮食要在蒸熟后，放在用石头打凿成的粑粑槽里，由两个身强力壮的人挥舞粑粑锤轮番捶打，把大米杂粮打糯打软后，才能做成圆形、扁状的粑粑，故称打粑粑。打粑粑一般在腊月二十八进行，有“二十八打粑粑”的顺口溜，打粑粑要经过淘米、泡米、蒸熟、打糯、出坨、压扁等多种工序，参与人员众多，人家互相帮忙，轮番上阵，非常热闹，充满和谐喜庆的节日气氛。

过小年 是土家族习俗，即在腊月二十三日过小年，送灶神菩萨上天。其他民族也有过小年的习俗，还有的根据自身历史渊源，选择不同的日子过小年，如“四知堂”杨氏家族与左氏家族的先祖同时受宦官迫害，为免受株连，两家于腊月二十六日早上相邀出逃，后杨左两姓，每年腊月二十六过小年，以纪念两族先人。

土家年 是土家族提前一天过年的习俗。月大腊月二十九，月小腊月二十八，比汉

打年粑（2016年）　　杨崇贵　提供

族提前一天。相传是明嘉靖三十三年（1554），土家族士兵奉朝廷派遣到江浙抗击倭寇，为了让抗倭将士能与家人共叙离别之情，骨肉得以团聚，决定提前一天过年，以赶赴前线作战。结果首战大捷，连战连捷，荣获“东南第一功”荣誉。

过大年　每年腊月三十（月小腊月二十九）称为过年，又称过大年。芙蓉镇人把过年看得非常隆重、神圣，不但过年的物资准备充分，过年的酒席极为丰盛，而且风俗习惯也非常讲究。大年三十上午，家家都把鸡、鸭、鱼、肉等饭菜备好，准备团圆饭。吃团圆饭前先要在堂屋祭拜祖先，饭菜做好后装一碗最上面的热饭，用筷子插上一块约250~500克重的神福刀头放在碗里，摆在堂屋神龛上，点亮红蜡烛，焚香烧纸，奠酒磕头。然后将菜肴摆上餐桌，斟满美酒饮料，全家入席，把大门关好，由一人在门外点燃鞭炮，在热闹的爆竹声中，团圆饭正式开始，大家互相敬酒夹菜，互敬问候，充满了喜庆欢乐。团圆饭后，要上坟祭祖，称为“送亮”“送年饭”。上山时几乎全家出动，带上神福刀头、香纸、蜡烛、供品，一时间人如潮涌，香烟缭绕，爆竹声震天，成为芙蓉镇一大民俗景观。

当天晚上还要烧旺火，守岁抢年。春节零点的钟声还未敲响，古镇上就鞭炮齐鸣，礼花、礼炮腾空而起。流光溢彩，斑斓亮丽，呈现出一派欢乐喜庆的景象。

竞技游戏

芙蓉镇的竞技游戏，源远流长，既有传统活动，也有农耕习俗，有的规模宏大，有的随意简单。随着社会的发展进步，这些竞技游戏也在不断传承发展。

赛龙舟 芙蓉镇有十里长潭，是举办龙舟赛的天然场所。因此，芙蓉镇赛龙舟的历史悠久，是竞争最激烈，观赏性最强，场面最壮观、最热闹的竞技活动。芙蓉镇龙舟长约 15 米，用优质杉木制成，由 18 对桡手、1 个头桡、1 个艄公、1 个鼓手、1 个锣手、1 个旗手组成。赛道在酉水镇域段长约 1500 米，比赛时锣鼓齐鸣，喊声震天，彩旗挥舞，桡浆齐划，竞争异常激烈。每局比赛结束时，获胜方的头桡手要在龙舟返航的行进中在船头倒立起来，用双脚做出各种滑稽的肢体动作，非常有趣。芙蓉镇龙舟赛经常邀请古丈、保靖两县的龙舟队一起竞技。1982 年，湘西土家族苗族自治州人民政府组织永顺、保靖、古丈三县联合举办龙舟赛，农历五月十三日开始，至五月十五日，历时三天，观众达 2 万多人。

赛龙舟（1987 年） 杨崇贵 提供

拔河 是一项传统的体育竞技活动，人们在劳动休息时，随便用一根扁担或竹木棍，两人或多人对拉，众人围着呐喊助威，这是一种原始古朴的娱乐竞赛。受现代体育活动的影响，已经改为采用拉绳子的拔河比赛，成为古镇上各单位体育比赛时必不可少的比赛项目。

斗鸡 鸡是一种古老的家禽品种，斗鸡又是历史悠久的民间娱乐活动。芙蓉镇斗鸡爱好者甚多，开始大家选用体型魁梧、肌肉发达，强悍好斗的鸡相互打斗娱乐，大家围观玩看。随着斗鸡活动日甚，逐渐演变成竞技似的斗鸡比赛，组织方悬赏奖金，斗鸡捉对厮杀，分出胜败输赢。芙蓉镇斗鸡爱好者喂养了许多斗鸡，经常挑选强壮勇猛的斗鸡，参加各地斗鸡活动，屡屡获胜。

斗画眉 画眉体型不大，全身大部分羽毛呈棕褐色，眼圈白色向后延伸形成眉纹。画眉天生爱叫、爱斗，声音清脆委婉。在芙蓉镇很多人都爱养画眉，甚至互相斗画眉。双方把画眉放在一个鸟笼里，看两只画眉互相腾飞跳跃，相互追逐争斗，引来众多爱好者围观。

打三棋 打三棋是一种田间地头的娱乐游戏。打三棋不分场地，随处可下。不用棋具，在地上画一个棋盘，随便捡几个小石子或几节小棍子做棋子，就可以开局。打三棋的棋盘像一个四方形的八阵图，在地上画大、中、小三个方框套在一起，四角用斜线相

下打三棋（2018 年） 周万全 摄

连，四边中间用直线连接，共 20 条横竖斜线，25 个交叉点。下棋者共二人，每人动一次，任意在交叉点上投上一个棋子，不受限制，形似围棋。谁在三点连成一线者算一个胜势，可吃掉对方一个棋子，直到把地盘占满，把对方棋子吃完为胜。打三棋下法简单，但也充满智慧和技巧，比赛时双方斗智斗勇，围观者甚众。有古诗咏打三棋：“芳草萋萋浸碧潭，牧儿驱犊放溪南。断桥片石长松下，一局残棋号打三。”

踩高脚　是一种传统竞技游戏。高脚制作简单，取茶杯粗细、约 1.7 米长的两根杉木棍，在粗的一端一尺多高处，用绳子绑上两块“脚码子”。每根高脚棍像把钩子，一对高脚形似一对双钩。每逢游戏竞技时，人就踩在“脚码子”上，拄着双棍或走，或跑，非常自如，看谁跑得快，站得久。还有“撞拐子”比赛，看谁站得稳，被撞下高脚者为输。踩高脚技艺高超者可踩一米多高的高脚，甚至可上下阶梯，有的还能装扮戏剧人物上街参加游行表演。

荡秋千　是传统的民间体育活动。秋千制作简单，犹如吊篮，在树枝上、门框上拴上两根绳索，下面连上一块木板，人踩在上面就可以荡秋千。在正式比赛时的秋千场地有 20 多米宽，秋千有 10 余米高，以谁荡得最高，荡得次数最多为胜。芙蓉镇荡秋千的历史悠久，非常普及，原镇内小学校园都设有秋千架，课余时学生荡秋千游玩，锻炼身体，并经常开展比赛。

抓子　是一种少年儿童游戏，在芙蓉镇非常普及。抓子儿是用七颗小石子打磨光滑后，做成一副石子。游戏时分为“舀”“抓”“拍”三种竞技姿势，看谁最先完成。“舀”就是把石子放在手背上，往上一颠，手心翻过来接住。从一次一颗到一次两颗、三颗以此渐进，直到把七颗石子全部接住后，就转为“抓”。同样把石子放在手背上，往上一颠，然后在空中把石子抓住，也按一次一颗，而后两颗、三颗渐进，直至全部抓住为止。最后是“拍”，就是把手背上的石子颠得很高，手要在地上拍一下以后，再将空中的石子接住，谁最先接完，谁就是优胜者。抓子既有乐趣，又能锻炼少年儿童的眼、手敏捷能力。

跳房　是一种传统的少年儿童游戏，趣味性、娱乐性极强，可以说芙蓉镇的少年儿童都是玩这个游戏长大的。跳房就是在地上画一个飞机形状的房子，分为 9 格，前面 1、2、3 为单格，4、5 为双格，6 为单格，7、8 为双格，后面画一个弧形，写上“天”字。游戏开始后，小朋友可任意用一个小物件做包，丢在方格内，单格单脚跳，双格双脚跳，直到跳到 9 格后转身往回跳。9 格依次跳完无失误，然后背对着房子把包投向空格内，包落进去的那一格，就是跳房人的房子，下次跳房时可以在房子停顿休息。如包抛出线，脚踩线，在单格内双脚落地等，即为违规，由下一个人开始跳，游戏最后谁占的房子多谁就为胜者。

踢毽子 是一种传统的体育活动。毽子制作简便，只要一小块布，包上一枚古铜钱（眼眼钱）和一截管子，用线缝牢，成为底座，在管子里插上七根或八根雄鸡羽毛既成。踢毽子不用专门场地，随时随处可踢。踢法分为盘、磕、拐、蹦四种，有利于活动关节，加强韧带。一般少年儿童喜欢踢毽子，小学生在学校踢毽子蔚然成风。

抽陀螺 是一种古老的民俗游戏，在芙蓉镇流传甚广。陀螺为木制圆锥形，上大下小。将尖头着地，以鞭绳缠绕螺身，然后旋转放开绳鞭，使陀螺旋转，或用手直接旋转陀螺，待陀螺落地后以绳抽之，使之继续旋转。原古镇上的大人、小孩都爱抽陀螺，互相比赛，看谁的陀螺旋转的时间长。有的还用陀螺“打架”，两个陀螺碰撞后仍然不倒的即为胜者。2010 年后，木制陀螺被塑料电动陀螺所取代。

民间疗法

芙蓉镇民间有许多土方疗法，简单实用，效果较好，主要有打火罐、翻皮子、治蛇咬等。

打火罐 是治疗伤风感冒的土医疗法。一般头痛感冒，就点燃一张纸，迅速放在玻璃瓶中，扣在额头上，瓶中热气急剧收缩，瓶口吸附于皮肤。而且越吸越紧，越吸越痛，最后形成局部充血或瘀血的现象，身上的寒气被吸出，头痛感冒的症状会逐步减轻。若是感冒时有腰痛背酸的感觉，也可以在后背上打火罐治疗。打火罐方法简单，且疗效很好。

刮痧 是治疗因着寒、着冷导致感冒的土医疗法。刮痧时用半碗清水，里面放少许火坑灰，用调羹、铜钱或牛骨等作刮具，沾水在背脊两边和手腕关节处用力刮动，刮出一道道红色带紫的印子。在后背和手腕上刮痧时，可同时在前额、太阳穴上按摩推拿，疗效更佳。

翻皮子 翻皮子是治疗腰酸背痛的土医疗法。翻皮子有很多手法，分为翻、砍、提、剁等。首先把背部的皮肤由下至上、由左至右捏起，然后每捏一处用手掌砍一下，把背部两边皮肤砍遍以后，再用手指关节把肉皮夹住从下到上提拉。直到把皮肤提红提紫，最后两手合掌，在背部上轻轻剁磕，上下移动，慢慢停住。

治蛇咬 每年正月初五，蛇药师要上山采集治疗被蛇咬伤的药材，用三斤（1500克）白酒浸泡，每天喝一口药酒。一般被咬后，民间认为蛇药师只需在伤口上吐一口口水，并用手抹一下，认为这样即可缓解疼痛。若遇剧毒蛇咬伤，则要配置专用蛇咬药，内服外敷方可治愈。治疗剧毒蛇咬伤主要是判断蛇伤部位程度以及蛇的类型，做到对症下药。首先要用凉开水、泉水、肥皂水清洗好伤口，再就是要紧急排毒，然后外敷内服蛇药解毒，最后加速排毒消肿，可用拔火罐筒吸毒，直到伤好痊愈。土家族治疗蛇咬的独特秘方，通过口传心授，代代相传。

信仰禁忌

芙蓉镇历史悠久，信仰禁忌很多，主要是关于崇拜祖先，信奉菩萨、神仙，禁忌邪恶等。

崇拜 芙蓉镇民间崇拜祖先，他们认为祖先是时时刻刻保佑后代子孙的神。因此，每家堂屋里都设有神龛，供奉祖先神位，称为家先。根据各自姓氏，写上“某氏堂上历代祖先”，逢年过节都要大祭祖先，神龛上摆上神福刀头，点红蜡烛，焚香烧纸，叩头，祭拜，显得非常虔诚。每餐吃饭时，都要先用筷子夹点菜放在碗里，上面再将一双筷子插到饭里，等一会再吃，以示对祖先敬意。大年三十吃团圆饭后，全家都要上山祭祖，

祭家先神（2006 年）　　杨崇贵　提供

称为送亮、送年饭。

芙蓉镇民间信奉灶神菩萨，把灶神菩萨同祖先一样敬奉和尊敬，把“九天司命太乙府君”的神位同祖先神位一起供在神龛上，腊月二十三要送灶神菩萨上天。据说灶神菩萨是一家之主，是一位扬善除恶的神。

芙蓉镇民间信奉土地菩萨，俗信认为土地菩萨能保一方平安。因此，每村每寨，每节街上都建有一个土地堂，逢年过节，初一、十五都要敬香，以求辟邪消灾，也要敬土地堂。据传每年农历二月初二是土地菩萨生日，当地百姓都要用香纸、蜡烛、神福刀头、水果等给土地菩萨过生日。

芙蓉镇民间信奉四官菩萨，俗信认为四官菩萨是专门为土家族人看管六畜的神，一般供在堂屋后面的门角边上。土家族人敬四官菩萨时，经常在更深人静时，还要口念祝词。

芙蓉镇民间信奉土老司，土老司又叫“梯玛”。土老司习用迷信、神话、药物给人们求子、求福、解结、消灾、治病和“迁火焰”等。土老司一堂活动从下午太阳下山时开始吹牛角、摇铜铃、舞司刀、唱神歌等，往往直到第二天上午结束。

禁忌

芙蓉镇民间禁忌很多。主要有过年禁忌、行船禁忌和其他禁忌等。

过年禁忌　正月忌头、腊月忌尾，正月初一不准说不吉利的话，不准哭泣、吵架和骂人。带有“病”“痛”“穷”“杀”“不要”“睡了”的话不能讲。正月间忌吃药打针。

行船禁忌 禁止在船上讲“龙”“虎”“鬼”“翻”“打”“倒”“扑”“沉”等不利航行安全的语言，要用意思相近的字词表述。如“打酒”要讲“买酒”“提酒”“舀酒”；东西放倒了，要讲“放反了”；某某地方到了，要讲“某某地方拢了”；禁止女人踩船头，禁止在船头大小便。

其他禁忌 在外地死的人，其尸体禁止抬进堂屋，只能在屋外边停柩待葬。不准乱捡野兽鸟雀拿到家里食用，尤其不能把死鸟带回家，视为不祥之兆。禁止把看见蛇交配的情况告诉别人，认为这是不祥之兆。禁止用脚踩在灶上，不准在灶上烘衣服、裤子、鞋袜和其他脏物。禁止将锄头扛在肩上进屋，禁止挑空水桶、空粪桶进屋（只能用手提着进屋）。禁止将簸箕甸在堂屋，因为这是埋人的不吉利迹象。禁止在屋内吹口哨、随意敲锣打鼓，均为不吉利的象征。出门求医，忌逢搬锄头、带簸箕的人。忌摸男人头、女儿腰，有“男儿头、女儿腰，只能看、不能摸”的说法。

方言土语

土家族没有自己的民族文字，但土语方言很多，来源于生活的方方面面。芙蓉镇的土语方言既有与其他地方相同之处，也有自己的独特语音、语法。

土家语

土家语采用的是一种倒装句式，结构复杂，同时也有土汉结合，涉及农村生产、生活方面，较为完整，但对社会交往等方面涉及较少。芙蓉镇是土家族聚居地区，自古以来就使用土家语言交流沟通，表达情感意识，从事生产生活，主要有以下方面。

土家语语音 土家语语音分声母、韵母、声调，现简介于下：

表 5

声母表

发音部位 \ 声母 \ 发音方法		塞音 不送气	塞音 送气	塞擦音 不送气	塞擦音 送气	擦音	鼻音	边音
双唇音	清	p（b）	ph（p）	—	—	—	—	—
	浊	—	—	—	—	—	m（m）	—
舌尖音 舌尖前音	清	—	—	ts（z）	tsh（c）	s	—	—
	浊	—	—	—	—	z	—	—
舌尖音 舌尖中音	清	t（d）	th（t）	—	—	—	—	—
	浊	—	—	—	—	—	—	l（l）
舌面音	清	—	—	tɕ（j）	tɕh（q）	ɕ（x）	—	—
	浊	—	—	—	—	—	ȵ	—
舌根音	清	k（g）	kh（k）	—	—	x（h）	—	—
	浊	—	—	—	—	ɣ	ŋ（ng）	—

说明：1. 舌面鼻音声母 [ȵ] 只与齐齿呼相拼，与 [l] 声母绝不相混；
2. 括号中为对应的汉语拼音字母

表 6

韵母表

韵母类别 \ 韵母 \ 口呼	开口呼	齐齿呼	合口呼
单韵母	ɿ a o e	i ia io ie	u ua
复韵母	ai ei au eu	 iau iu	uai uei
鼻韵母	an en oŋ	ian in	uan un

说明：[ɿ] 韵母只与 [ts][tsh][s][z] 四个声母相拼

声调表

表 7

调次	调值	调号
第一声	55	˥
第二声	35	˧˥
第三声	21	˨˩
第四声	41	˦˩

说明：永顺土家语方言一共四个声调，每一音节右上角的数码“1”“2”“3”“4”表示声调的第一声、第二声、第三声、第四声

土家语词汇

人称

表 8

汉语	土家语言	汉语	土家语言
人	倮	姑祖母、姑婆	爬佩
大人们	倮颀巴	外祖父、外公	卡肯
男人们	倮巴爹	外祖母、外婆	卡卜
女人们	罗惹业	岳父	业启巴
祖父、爷爷	爬铺	岳母	瓦启巴
祖母、婆婆	阿八	哥	啊可
父亲、爸爸	嗲（老惹）	嫂	查七
母亲、妈妈	矮姐（阿业）	弟	啊矮
伯父	巴起	儿媳	佩
伯母	业起	亲戚	左业
叔父	安拜	姐	啊大
叔母	啊你	姐夫	啊左
女儿	婢	妹	啊冗
侄女	捏可婢	孙子	惹必
姑母	麻骂	孙女	惹婢
姑姑（未婚）	麻妹	丈夫	倮巴
妻子	处业倮	我们	安义
妯娌	左巴	你们	社
女婿	骂必	他们	格则
媒人	图惹	我的	厄阿捏
先生、老师	破嘎	你的	社捏
医生	社左	他的	过捏

续表 8

汉语	土家语言	汉语	土家语言
农民	苦业	我自己	厄阿夺
我	厄阿	你自己	逆夺
你	逆	他自己	过夺
他	过	小孩们	倮必爹

时间

表 9

汉语	土家语言	汉语	土家语言
年	农	过年	期卡
一年	拉农	月	师
今年	农伯	日	捏
明年	那可	今天	乃
后年	米可	明天	闹吉
去年	农农伯	后天	迷捏
前年	太农伯	昨天	朋捏
前天	更捏	明夜	闹吉拍
白天	他捏苦	后夜	迷捏拍
早晨	枣故爹	夜	拍
中午	盘热次	昨夜	朋捏拍
夜里	南测	前夜	更捏拍
黄昏	那月湖	现在	摩擦
黎明	麦熟	从前	低嘎
今夜	乃拍	以后	情捏

劳动

表 10

汉语	土家语言	汉语	土家语言
柴刀	术苦	锄草	蔴嘎
斧头	破客	捡柴	卡突
锄头	里嘎尺	耕地	拍涕切
犁头	里可桶	耕田	食特克切
耙	怕	缝衣服	西巴铺
背笼	恶洒	蒸饭	莽芒桶
斗笠	业铁	洗脸	故涡
蓑衣	则十	砍树	卡蒙嘎
挖地	拍梯嘎	做鞋	撮核日

生活

表 11

汉语	土家语言	汉语	土家语言
米	责	辣椒	帕入谷
大米	司里	酒	热
糯米	且核	甜酒	热帕
饭	直	团馓	沙米
稀饭	卡别	黄豆	乞布
现饭（剩饭）	阿乌	醋	西泽
菜	哈车	鸡蛋	日阿列
盐	那布	鸭蛋	萨列
油	色私	肥肉	死古头
肉	食	瘦肉	食米
猪肉	纸实	腊肉	米卡替
牛肉	戊食	炒菜	哈砗日
羊肉	若食	水桶挑水	借其泽克
鸡肉	日阿食	切菜	哈砗切
鸭肉	萨食	烧火煮饭	咪洛莽芒日
豆腐	爹嘿	打瞌困	业别嘎

家畜家禽

表 12

汉语	土家语言	汉语	土家语言
水牛	望	公羊	若巴
黄牛	戊	母羊	若力嘎
黄牯、公牛	戊巴	仔羊	若必
母牛	戊力嘎	狗子	哈列
牛	骛	鸭	沙
仔牛	骛必	公鸡	日阿巴
猪	彘	母鸡	日阿力嘎
公猪	彘巴	鸡崽	日阿必
母猪	彘力嘎	—	
仔猪	彘必	—	—
羊	若	—	—

土家语语法　土家语语法形象生动，表达力度大，有独特的语法特点，以倒装语为例：

宾语前置句：主语 + 宾语 + 谓语。

例 1：

土家语发音：阿巴（惹）胡。

土家语语序：爸爸酒喝。

普通话：爸爸喝酒。

过西兰卡普答带西。

他西兰卡普织能够。

他会织土家织锦。

例 2：

土家语发音：俺尼毕基卡罗纸实起客嘎（惹）且必胡。

土家语语序：我们土家人猪肉大块吃，酒碗喝。

普通话：我们土家人大块吃肉，大碗喝酒。

例 3：

土家语发音：恶胡扑搓迭毕基卡库渣嘎哈啰油波格刺嗯记！

土家语语序：欢迎朋友们土家族山上面寨子到玩来！

普通话：欢迎朋友们到土家山寨来旅游！

方言 芙蓉镇地处酉水沿岸，对阳平调字有读书浊音现象，凡普通话阳平调的塞音、塞擦音、清声字母，在芙蓉镇都读成浊音声母。如“朋”[péng]，读成[béng]；“田”[tiān]，读成[diǎn]；“陈”[chén]，读成[zén]；“钱”[qián]读成[jiān]；“糖”[táng]读成[dǎng]；“铜”[tóng]读成[dōng]。

生产

表 13

生产方言	表达意思	方言	表达意思
撩柴	砍柴	赶肉	打猎
紧到搞	不停地干	过扯	办事拖沓
搞什么	干什么	把门做事	认真负责
赶场	赶集	一把捞捎	全部、都
掌到	扶到	筛田	耕田
抬	拿	猫头	斧头
刹贴	收拾、打扫	扦担	挑柴草的工具
麻利	动作敏捷、迅速	柴架子	搬柴工具
刹果	收场、扫尾	刀壳子	插柴刀工具
要扬不紧	做事不急、动作慢	擂钵（儿）	研磨石器

表 14

生活

方言	表达意思	方言	表达意思
逮酒	喝酒、赴宴	逻东西	寻找东西
逮仗	打仗	打落	掉了
打壳困	睡觉	神福刀头	祭品肉
瞌睡来了	困乏了	窝窝（儿）	摇篮
扯扑鼾	打呼噜	打平伙	聚餐
吃嵇嵇	小孩吃饭	派赖	肮脏不干净
吃奈奈	小孩吃肉	茅室	厕所
逻人	寻找人	乖	美丽
巴	烫	—	—

表 15

其他

生活方言	表达意思	生活方言	表达意思
不懂哈数	不懂礼节	雀妹儿	蚱蜢
不通皮	不自觉	卫牙死	知了
亡横	不讲道理	挖孔雀儿	猫头鹰
忘魂	忘事、记性不好	确包	滑稽幽默
王眼睛	不记人情、不认人	葛孽	吵架、结仇
如法	好、满意	不葛人	不团结、讨人恨
索利	卫生、干净	安合	刚好、合适
挨场	慢、拖延	老人了	死人了
拐场了	出事了	过生了	人去世了
蛘蛘儿	蜻蜓	手行	各种礼物

谚语

天气类

有钱难买立春晴。

清明要明，谷雨要淋。

清明不明，沙蚊子咬死人。

夏至下九刚，打鱼老儿喝米汤。

五月凉风长大水，六月凉风干断溪。

星子稀，干断溪；星子密，雨滴滴。

一日黄沙三日雨，三日黄沙九日晴。

要晴不得晴，天上要起菩萨云。

要落不得落，天上要起鲤鱼壳。

一九二九，怀中抱手。

三九二十七，老牛冷得擦墙壁。

四九三十六，守牛娃（儿）冷得哭。

五九四十五，牙齿冷打鼓。

六九五十四，软泥巴长倒刺。

七九六十三，行人把衣搬。

八九七十二，守牛娃（儿）吹笛笛（儿）。

九九八十一，蓑衣共斗笠。

时令天相类

十年难逢金满斗，百年难逢岁交春。

一年之计在于春，一日之计在于晨。

立春雨水到，早起早睡觉。

立夏不下，犁耙高挂。

立夏落雨，陈谷烂米。

小满不满，芒种不管。

暑天不热，果实不结。

重阳无雨看十三,十三无雨一冬干。

长齐夏至，短齐冬至。

立秋三日，地凉三尺。

两春夹一冬，十个牛栏九个空。

农业生产类

夏至栽秧不得吃，六十养儿不得力。

要想害虫少，除尽田边草。

积水如积金，保水如保命。

雨水栽树树成林，春分抱鸡鸡成群。

寒露茶子开了口，霜降桐子遍地走。

春插杨柳夏栽桑，正月栽松好时光。

迎风李，背风桃，核桃喜欢半山腰。

立了秋，雨水收，有塘有坝赶快修。

持家理事类

一家之计在于和，一生之计在于勤。

近河不要枉费水，百株果树十亩园。

桃三李四梨五年，枣子当年能卖钱。

发家如同针挑土，败家如同浪淘沙。

生产、生活类

火要空心，人要忠心。

人要心好，树要根好。

坛口封得住，人口封不住。

木怕墨线弹，人怕众人嫌。

朋友不怕多，冤家怕一个。

晴带雨伞，饱带饥粮。

家有一老，如同一宝。

前人不讲古，后人失了谱。

船打大意，火烧邋遢。

歇后语

火烧泥鳅——熟一节吃一节，得过且过

嘴巴沘石灰——吃白

瓮鼻子吃酸菜——哄（很）好

巷子里赶猪——驾直

山上赶肉——见财有份

背鼓上门——找锤打

茶罐做枕头——空想

庙门口的狮子——岩（石头），形容人很呆板

长脚蚊咬菩萨——认错了人

叫花子背不起米——自讨的

高坡打锣——响（想）得宽

火烧芭茅——不死心

矮子爬楼梯——步步高升

吴天芙蓉镇钢笔画系列（二）　　瞿章勋　提供

民间文艺

芙蓉镇是千年古镇，文化底蕴厚重，以土家族为主体的民族文化形成形式多样的民间文艺和民间工艺。民间文艺主要有民间演唱、民间戏剧、土家器乐、土家歌舞、民间工艺和馆藏文化等。其中，土家族梯玛神歌于2008年入选国家级非物质文化遗产保护名录。土家摆手舞、毛古斯等极具土家民族特色的传统舞蹈，经常在镇内开展表演活动。民间工艺主要有土家织锦、竹编等。

民间演唱

民间演唱是土家族人在生活和劳动中，自己创作、自己表演并经过长期筛选、改造、加工和提炼形成的一种文艺演绎方式，内容丰富多彩，在芙蓉镇很受欢迎。

敲花鼓 敲花鼓或打花鼓又称“三鼓棒”，是一种古老的地方曲艺。一般由三人组合，师傅击鼓唱词，一人打锣，一人表演杂耍。表演杂耍的人以抛舞花棒、钢刀、钢叉为主，刀、棒、叉的数量以三个为多见，也有抛五个、七个的。花棒长约 15 厘米，两端用钢丝串上数个铜钱，抛时沙沙作响；钢刀、钢叉的柄上用红布缠紧，扎一条红飘带。表演杂耍的人将三五个棒、或刀、或叉抛向空中，再接住，往复循环，断不落地，动作快而花样多，有“黄龙缠腰”“美女梳头”“苏秦背剑”“古树盘根”“太公钓鱼”“霸王背鞭”“金线吊葫芦”“喜鹊含柴”“黑狗穿裆”“海底摸沙”“跑马射箭”等。其中以“冲天炮”最为惊险，刀、叉、棒抛向空中，几乎擦着屋梁，落下来后又被一个个接住。唱词一般为“五七五”句式，句句押韵。花鼓曲目丰富，旧时演唱通常有四套，即闹春耕、收劁打场、庆丰收、过节拜年。即兴演唱，随口便答。2010 年后，演

打花鼓（2016 年） 杨崇贵 提供

唱的内容有三种：一是传统鼓书，有《花鼓根源》《三打祝家庄》《三打华府》《岳飞传》《杨家将》《劝事文》《二十四孝》等；二是新编花鼓词；三是即兴创作。艺人们往往知识丰富、思维敏捷，三人互相调侃，从天文地理到三皇五帝，以情推理，情理交融，抑恶扬善，扣人心弦，在潜移默化中起到教化民众、净化风气、崇礼守德、弘扬文明的作用。花鼓节奏明快，特点为一拍一击，每小节击锣鼓四次，前三句每唱完一句击锣鼓四拍，每小节唱完击锣鼓十二拍。

打渔鼓 打渔鼓亦叫“拍渔鼓筒”，是外来曲种传入后逐步演变形成的，主要曲目有《三侠五义》《三门街》《回娘家》《渔鼓的由来》等，唱词为七字一句，上下句押韵，以唱为主，中间夹白，语言简洁流畅，道白通俗易懂。道具仅有渔鼓（两尺余竹筒，一头蒙猪尿泡皮）、简板、钹等，演出轻便。镇内著名渔鼓艺人李柏云是永顺南派渔鼓代表，他演技高超，字正腔圆，著名唱段有《贺龙大战十万坪》等，他还带有多名徒弟。渔鼓演唱时，一般在讲白和唱词时，由云板敲击；在句与句之间，唱腔的开头和乐队之间由鼓、钹同击与云板演奏。

九子鞭 九子鞭演唱历史悠久，在芙蓉镇非常流行。九子鞭又叫“金钱板”，用水竹或紫竹配上小钱币制成，竹棍长 1.3 米左右，竹棍两端开长方形小孔，每个小孔吊有 4 枚小铜钱，舞动时小铜钱互相冲击，发出有节奏的响声，与曲调合拍。棍的两端还要系上绣球和红绸飘带，垂吊绸须，使其伴随舞姿飞扬。表演时，一般是两人一对，多者为四对八人，并配有多人参与击鼓、打钹和帮腔，组成一个打九子鞭的队伍。表演者用九子鞭的两端拍打自己手掌、肩膀、脚跟、大腿、腰两侧和臀部，边打边唱边跳，男女互动，舞蹈表演一前一后或一左一右。开展活动时有的挨家挨户进行“朝贺”，也有的在广场上或庭院中表演。其舞姿有“犀牛望月”“观音坐莲”“懒牛伸腰”“盘地龙”“两相好”等，唱词内容涉及“十二月歌”“祝福吉祥”“八仙过海”“风调雨顺”“六畜兴旺”“五谷丰登”等内容。九子鞭注重舞姿节拍，讲究词意新颖。

干龙船 干龙船是一种民间说唱的表演形式。其船身为龙形，长约三尺，船首龙头昂扬，船身龙鳞闪闪，船艄龙尾苍劲有力。船上面有一亭，亭中供有傩神公公和傩神娘娘，船上系有衣帽及红绿蓝等色布条。艺人搬着小船走乡穿寨，每进主人家时，将船搁置堂屋正中，然后手提小锣边打边唱，所唱内容与土地神戏相似。主人除送米赠钱外，还将自己幼儿生辰八字及姓名写在布条上，意求傩神保佑孩子易养成人。因“有龙不入海，有船不过江”一说，故名“干龙船”。又因干龙船是一人表演，故芙蓉镇将表演

干龙船（2017 年）　　杨崇贵　提供

“干龙船”的称为“玩光棍”。

讲古　即说书、讲故事，是民间艺人对小说或民间故事进行再创作和讲演的一种传统语言艺术形式。过去古镇上有两种讲古说书人，一种是受过一定训练，声音洪亮，神完气足，口齿清楚，机智、幽默、诙谐，专门在茶馆里为喝茶人说书讲古，茶馆老板会给说书人送上一定的薪金。若是说书讲古传神，听者津津有味，每天听者满座，茶馆生意兴隆，老板会额外加赏。另一种是把听来的故事，凭着记忆在茶余饭后再给别人说书讲古的人。过去文娱活动较少，夏天晚上乘凉，冬天围炉烤火时，会讲古的人就给大家讲故事消磨时光。讲古讲得精彩的，大家听得入迷，久久不愿散去。所讲故事一般都是长篇小说改编的连本故事，有《杨家将》《呼家将》《说岳》《薛仁贵征东》《薛仁贵征西》《薛刚反唐》《方世玉打擂》等。

上刀梯　土家族有一种巫傩绝技，表演者踩住锋利的刀梯向上攀爬，称为上刀梯。上刀梯器材是一根高 10 米以上的木杆，杆上凿开 36 个孔眼，交错安上 36 把钢刀。钢刀长 67 厘米，刀背厚 0.5 1 厘米，刀刃锋利。刀口朝上，装成刀梯，安装时钢刀加门固紧，四周用拉线把桩杆拉紧，以防动摇。刀梯上端缠系多种颜色的彩布小旗，以增加神秘的氛围。在做过简单仪式后，傩师光着脚踩着刀刃向上攀登，傩师的腰和臀部向后拱起，步伐稳健，镇定自如。攀上顶端，又有节奏的平稳下“山”。观众紧张万分，但傩师抬起脚向观众展示，既然毫发无损，令人惊叹不已。上刀梯的傩技世代相传，现在重大祭祀活动中还经常表演。

下火海　是一种巫傩绝技，经常与上刀梯同台表演。下火海表演时将平常农村耕

下火海（2013 年） 杨崇贵 提供

田、犁地使用的铧口，放在炭火上烧红，然后取出一字排开。这时，巫师光着脚板，口念咒语在通红的铧口上行走，如履平地，场面肃然，触目惊心，神奇至极，精彩的傩技表演让人大开眼界。

抬故事 是芙蓉镇极具特色的民间表演艺术。芙蓉镇把抬故事叫作扎故事，因为首先要扎一组戏剧人物，即按戏剧人物形象进行装扮，然后就抬着这些故事人物上街表演游行。故事戏台为木制，高、宽 1.3 米左右，成八方形，用红、黄、绿等油漆绘制，台上装有铁杆，便于捆绑戏剧人物腰腿或手部，戏剧人物一般由少儿装扮，一是少儿扮相俊俏，二是身体轻盈，便于长距离抬着游行。有些戏剧中有幼儿人物，便找一幼儿装扮，游行时有专人用长杈从后面杈住使其固定，防止幼儿受到恐吓或发生其他意外。整台故事绚丽多彩，生动形象，抬着游街的形式别具一格，吸引人们争相追赶观看。故事装扮的戏剧节目有《盗仙草》《枪挑小梁王》《穆桂英下山》《哪吒闹海》。

民间戏剧

戏剧文化曾是芙蓉古镇的主流文化，古镇居民最钟爱民间戏剧，在古镇流行的戏剧

王村汉戏（2017 年） 杨崇贵 提供

有汉戏、高腔、阳戏和傩戏，其中最为盛行的是汉戏。

汉戏 王村汉戏曾受常德汉戏的影响，于清末民国初期流传盛行。汉戏近似于传统京剧、湖南湘剧等，演员较多，生、旦、净、末、丑行当齐全，吹、拉、弹、唱、打样样皆有。曲牌种类繁多，有南路、北路、倒板、快二流、慢二流。汉戏既可演折子戏，又可演大型连本剧，民间祝寿、节日庆祝，一般都作专场演出。王村汉戏经过长期发展，成立王村汉剧团，阵容强大，节目丰富。1956 年，王村汉剧团成为永顺县境活跃的业余剧团之一。司鼓司琴高手有杨衍绪、王宏益、周立新、蒋同生、杨崇仁等。演员名角有欧家礼、邹盛玉、孙宾、周柏林、张光乾、费时全、黄孝顺、黄发凤等。精彩节目有《龙凤呈祥》《芦花荡》《父子会》《辕门斩子》《沙陀搬兵》《珠帘寨》等。

王村汉戏演员都是戏剧爱好者、志愿者，自愿参加排练演出，不计报酬，随喊随到。每当逢年过节或者其他庆典，都会在公馆坪、文昌阁、文化广场举行公开演出，每年 50 场左右。镇内的戏迷很多，闹台锣鼓一响，全街上下的观众扶老携幼，蜂拥而至。人们不时为台上的精彩表演而喝彩，掌声、鞭炮声不断，有的还“打赏钱”。对表演中出现的纰漏和瑕疵，观众也会喝“倒彩”。

芙蓉镇高腔 即永顺高腔，又称辰河高腔，清末民国初期由泸溪浦市传入镇内。高腔人物行当齐全，唱腔高亢，戏词严谨，韵律委婉，曲牌有《铁如风》《香锣带》等 300 余首。乐器以云板指挥节奏，以唢呐、锣、鼓伴奏，热闹非凡。高腔戏的主要剧目有《目莲救母》《大审白玉霜》《白兔记》《拜月记》《两河关》《樊梨花斩子》《昭君和番》等 200 余出。镇内每遇白会都要请高腔戏坐唱，简称“打围鼓”“唱坐堂”。在重大节庆活动中也组织登台表演，深受人们欢迎。2009 年，永顺高腔被列入湘西州非物质文化遗

汉戏坐唱（2018 年） 蒲忠胜 摄

产保护名录，传承人芙蓉镇人向付。

阳戏 阳戏是民间小剧种之一，清咸丰年间（1851—1861）传入。阳戏剧善演小生、小旦、小丑"三小戏"，生、旦、净、丑行当齐全，道白用本地方言，通俗易懂。曲牌以"正宫调"为主，分一、二、三流，还有"蛤蟆调""金钱调""小丑调""悦调""倒板"等。伴奏以弦乐大筒为主琴，加用二胡、三弦、唢呐，打击乐多用花灯戏锣鼓谱眼。上演剧目有《梁祝姻缘》《宝莲灯》《孟姜女》《柜中缘》等。唱腔有平嗓平腔唱和真假嗓结合唱，唱腔婉转，悠扬动听。芙蓉镇没有阳戏剧团和阳戏演员，但爱看阳戏的戏迷很多，每年都要集资邀请外地阳戏剧团到镇上演出，少则十几天，多则一个月之久。演出期间，每到下午，镇上阳戏迷就自带凳子早早来到广场上选好位置，附近村寨戏迷则是开着摩托车、三轮车到演出广场观看。

傩戏 傩戏是历史、民俗、民间宗教和原始戏剧的综合体。傩戏以面具为艺术造型的重要手段，内容多与宗教、鬼神有关。芙蓉镇受土家族宗教民俗习惯影响，对傩戏也比较钟爱。傩戏平常演出较少，只有在春节期间 2~3 人相邀，戴着面具唱土地神，走乡串寨，送祝福，送吉祥，讨打发（主人送钱、送粑粑等）。唱词既有固定唱段，也有即兴表演，诙谐幽默，颇受欢迎。

土家器乐

土家器乐是土家族独有的民族器乐，现一般流行的有打溜子、咚咚喹、吹牛角、吹木叶等。这些器乐的发现和流行与求神祭祀、民间舞蹈、劳动生活有着密切联系。乐器有的用于宗教、礼仪场合，有的用于日常生活娱乐之中，给人们带来喜庆和欢乐。

打溜子 又称“打家伙”，是土家族广为流传的一种古老的民间器乐合奏，是土家族独有的艺术形式。打溜子由四人组成，配以头钹、二钹、马锣儿、大锣四件打击乐

土家打溜子（2012年） 杨崇贵 提供

咚咚喹演奏（2016 年） 杨崇贵 提供

器，风格古朴，节奏明快，旋律优美，曲调多变，被称为“土家族”的交响乐。2005 年 5 月 26 日，土家族打溜子被列入第一批国家级非物质文化遗产保护名录。

打溜子曲牌有 100 余种，主要分为三类：反映现实生活的有《打马过桥》《状元游街》《大纺车》《小纺车》《闹年关》《扭插秧》等；模仿禽兽动物的鸣叫和动物形象的有《八哥洗澡》《画眉跳杆》《喜鹊闹梅》《鲤鱼飚滩》《老牛擦痒》《燕拍翅》等；描绘传说中的神话故事的有《双龙出洞》《凤凰点头》《八仙过海》《观音坐莲》等。

咚咚喹 咚咚喹是土家族极其古老的民间簧管气鸣乐器，在土家族农村比较盛行。清代有一首《竹枝词》赞到：“流水淙淙白云飞，翠色重重笼四围，王村五姑齐吹奏，婉转悠扬咚咚喹。”咚咚喹用当地小山竹做成，取材方便，制作简单，以直径约 0.5 厘米的小竹管为管体，长 10~14 厘米，一端留节，距节 1.5 厘米处削一开口，活片为簧，管身开三或四个音孔即成。三孔咚咚喹的筒音有“宫”和“徵”，四孔管是在三孔管基础上加一孔而成。演奏时，右手按下三孔，奏旋律，左手食指按上方第一孔，专打节奏。咚咚喹曲调欢快跳跃，专用曲牌有《咚咚喹》《巴列咚》《呆都哩》《乃哟乃》《拉帕克》等 20 多种，有词有曲，吹唱结合，唱词内容以土家语儿歌为主。2008 年，入选第二批国家级非物质文化遗产保护名录。

吹牛角 牛角为唇振气鸣乐器，在土家族地区非常盛行。吹牛角的历史久远，起源于原始狩猎的巫觋活动等。牛角吹口细，喇叭口大，能吹出音响，而且音量很大。在秦汉时期，牛角在军中仪仗和鼓乐中使用，后来发展成古代战争中的冲锋号角，守村护寨传递信号。现吹牛角逐渐成为土家族举行祭祀活动、宗教民俗活动和大型庆典活动的一种乐器表演。每当土家族举办“舍巴节”祭祖庆典时，或土老司给人们求子、求福、解结、消灾、治病、求雨和“迁火焰”等，都先要吹响牛角，恭请神明。然后摇铜铃，舞司刀，唱神歌，烘托出庄重、肃穆的气氛。牛角既可独奏，又能与皮鼓等器乐合奏。吹牛角时用左手托抱角底置于胸前，口含簧片吹气鼓簧发音，右手掌在角门开闭，可奏各种节奏。

吹木叶 吹木叶是土家族人的一种古老的民间艺术，吹奏者选用椭圆形树叶，通过各种吹奏技巧而奏出欢乐的乐曲。芙蓉镇很多人喜欢吹木叶，也会吹木叶。

吹木叶起源很早，有很多美丽的传说，都与男女谈情说爱有关。他们可用木叶吹奏出几十种曲调，表达出悲欢离合，男情女愿的爱慕之情，你吹一首，她回一首，双方用木叶传情，两人越吹越近，最后走到一起。因此，便产生“高山木叶起成堆，可惜哥哥不会吹，哪时吹得木叶叫，只用木叶不用媒”的情歌。

吹木叶，要选择优良树种，通常采用橘、柚、枫、冬青无毒的树叶，叶片结构匀称，正背两面都应光滑，以柔韧适度、不老不嫩的叶子为佳。太嫩的叶子软，不易发音；老的叶子硬，音色不柔美。叶子的大小对吹奏效果也有也很大的关系，一般以叶长 5.5 厘米，中间叶宽 2.2 厘米的比较适宜。

演奏时，先要把叶片上积聚的灰尘轻抹干净，将叶片正面横贴于嘴唇，用右手或左手食指、中指稍微岔开，轻轻贴住叶片背面，拇指反向托住叶片下缘，使食指、中指按住叶片上缘稍稍高于下唇，运用适当气流吹动叶边，使叶片振动发音。木叶就是簧片，口腔犹如共鸣箱，双手可帮助起到共鸣作用，通过嘴劲、口形、舌尖的控制，手指绷紧或放松叶片的各种技巧，改变叶片的振动频率，可奏出高低、强弱不同的音响。

吹树皮号 树皮号是土家族独具特色的民间器乐。树皮号多取自山野路旁的树皮，能奏出各种曲调，且能模仿各种鸟啼，其声清越婉转，别有情趣。选用易剥皮的油桐树、杉树或椿树枝条，用刀划成螺旋状，剥开，然后把树皮均匀地卷成一个喇叭筒，将大的一头用布条捆好，端口小的一头插入绵竹管作为吹口，树皮号制作完成，可吹奏出浑厚悠扬的声音。土家族祭祖仪式上，在吹牛角号的同时，也吹奏树皮号，氛围更加庄重肃穆。

土家歌舞

境内土家族民间歌舞，多产生于祭祀鬼神的原始宗教信仰和人们与自然界斗争及日常生产生活之中。其美学造型分三类：首先是展示不同情境和情思的寄善宣意的造型；其次是寓意生灵的造型；再次是美观实用的造型。这些美学造型体现着历经多重文化洗礼的丰厚的艺术精神积淀。

土家族挖土锣鼓歌 历史上，境内土家族在长期的农耕时代，粮食生产以玉米、小米等旱粮作物为主。旱粮种植每年需要翻耕土地，挖土很辛苦，土家人在挖土劳动中形成挖土歌，表现形式是一边生产劳动，一边敲锣打鼓，唱歌助兴，鼓舞劳动干劲。具体唱法是两个歌手对唱，他们站在劳动阵列前面，一人打鼓，一人打锣，相互轮唱，一次唱两三个小时。歌的内容广泛，有唱历史故事、人物传说，也有唱生产知识、为人处世等。有的则可进行即兴演唱，且演唱生动灵活，别致有趣。如表扬老者："今天是他打头阵，好像黄忠破曹营。老将打马往前走，后生哥哥长劲跟。"表扬以外，亦有批评，如批评在劳动中偷懒耍滑者："挖土哥哥要展劲，勾起脑壳往前行。莫到那里紧站到，免得锄把生了根。"2009 年，土家族挖土锣鼓歌入选湘西土家族苗族自治州非物质文化遗产保护名录，传承人芙蓉镇人郑木生。

土家族迎客歌 土家族迎客歌是礼仪歌曲，形式内容多样，有成人迎客歌和儿童迎客歌。进入 21 世纪，土家族迎客歌被搬上文艺表演舞台，开展演唱比赛，深受观众欢迎。

附：土家族迎客歌（节选）

（一）

树上的喜鹊叫了，树上的喜鹊叫了，树上的喜鹊叫了；

土家的贵客到了，土家的贵客到了，土家的贵客到了；
打起溜子请进来，打起溜子请进来，打起溜子请进来；
放起鞭炮迎进来，放起鞭炮迎进来，放起鞭炮迎进来。

（二）

朋友啊朋友，欢迎你到土家来，这里鲜花为你开，阿妹把苞谷烧端出来，阿哥把毛古斯跳起来，锣鼓敲起来，唢呐吹起来，让我们一起跳起来。

朋友啊朋友，欢迎你到土家来，这里美景等你来，阿妹把山歌唱起来，阿哥咚咚喹吹起来，花兜兜穿起来，情歌对起来，让我们一起乐起来。

土家敬酒歌 土家敬酒歌是一种土家族酒文化，表现土家族人热情好客的民俗风情。土家敬酒内容丰富，形式多样，富有情趣。

附：土家敬酒歌（节选）

（一）

土家山寨（嘛）风格多呀，贵客（那个）来了（哎）请上坐。
先敬一碗（嘛）苞谷酒呀，再唱（那个）一曲（呀）敬酒歌。
请你喝，请你喝，喝。
一杯酒敬（个）一枝花呀，贵客（那个）好好（哎）把酒饮。
虽是粗茶（嘛）和淡饭啦，杯杯（那个）薄酒（哎）表心意。
请你喝，请你喝，喝。

土家族青年歌手大奖赛（2016 年） 杨崇贵 提供

二杯酒敬（个）百花开呀，百花（那个）开放哎贵客来。
客来山寨（嘛）也增辉呀，二杯（那个）喜酒（哎）表情怀。
请你喝，请你喝，喝。
三杯酒敬（个）情谊深呀，良辰（那个）美酒（哎）逢知己。
酒逢知己（嘛）千杯少啊，再敬（那个）一杯（哎）增情义。
请你喝，请你喝，喝。
四杯敬酒（个）四季财呀，祝你（那个）财源（哎）滚滚来。
心宽体健（嘛）事业旺啊，一步（那个）一步（哎）上高台。
请你喝，请你喝，喝。
酒已敬完（嘛）请客添呀，祝愿（那个）生活（哎）像美酒。
永远芳香（嘛）永甘甜啊，祝你（那个）幸福（哎）万万年。
请你喝，请你喝，喝。

（二）

一碗酒喝个正月正，贵客来了把酒斟，土家山好人更好，碗碗土酒不醉人。

二碗酒喝个底朝天，好似蛟龙把水翻，脸上莫怕飘红霞，土酒下肚赛神仙。

三月喝个三月三，清明谷雨紧相连，山寨处处山歌起，贵客接调喝三碗。

八月喝个八月八，土家幺妹要出嫁，娘教女儿织卡普，八碗土酒添锦花。

十碗酒喝个十月十，土家十碗添醉意，贵客醉住吊脚楼，良宵美景甜如蜜。

奇山秀水妙环球，酒寨歌乡一望收，吊脚楼上枕一夜，十年做梦也风流。

腊月喝个腊月腊，幺妹吹打到婆家，酒请贵客去送亲，明年又请你送茶。

苞谷土酒火辣辣，土家山寨美如画，吊脚楼上敬酒歌，恭贺贵客好年华。

《梯玛神歌》

梯玛，土家族语意为“敬神的人”，俗称“土老司”，是土家人祭祖求子、驱瘟避邪活动的主持人。《梯玛神歌》是土老司主持仪式活动时，用土家语吟唱的古歌。内容涵盖土家族的历史、民族的迁徙、天文地理、信仰禁忌、生产劳动、生活习俗等，对土

土家梯玛上刀梯（2012 年）
杨崇贵　提供

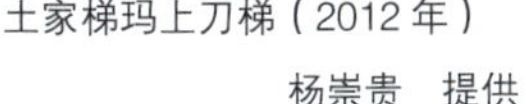

土家梯玛祭祀——扫堂（2012 年）
杨崇贵　提供

土家梯吹牛角——起马（2012 年）
杨崇贵　提供

家族人文社会影响深远。《梯玛神歌》是土家族长篇史诗，它是集诗、歌、乐、舞于一体的庞大艺术载体，由于梯玛在舞蹈中的主要舞具是铜铃，故又称之为“八宝铜铃舞”。2008 年，入选国家级非物质文化遗产保护名录，传承人芙蓉镇人向云淼。

梯玛既指土家族的一种原始宗教仪式，又是巫师的土家语称呼，即敬神的人。梯玛在土家人的心目中是沟通人神之间的“神秘使者”。梯玛既能向神表达人的诉求，又能向人转达神的旨意；既是神的代言人，又是人的代言人。由于土家族有语言无文字，无论梯玛代人求神还是代神传言，都只能用语言表达而不能用文字陈述。《梯玛神歌》只能在世代土家人心口相传。

《梯玛神歌》目录　《梯玛神歌》篇幅宏大，结构严谨，长达 50 章 148 节，其目录包括《报家先》《安正堂》《腊月堂》《三月堂》《挂神堂》《开天辟地》《请师父》《访堂大庙》《报梯玛》《请先师》《请四都衙门》《请天子爷爷》《请九都衙门》《办传货》《奉主家》《赏众》《起兵》《备马》《起马》《迺家先》《文和事钱》《敬九月堂》《踩十二板桥》《捉魂》《过乾搭地界九大坡》《七月堂》《摘花世界》《过堂》《过店》《过十二重门》《摆和事钱》《和事堂回程》《渡阴河》《二过九月堂》《宵夜请神》《讨保佑》《讨兵》《退正月堂》《讨打发》《仿两口子仪事》《告兵》《捉马》《拜男拜女》《奠酒》《求子问卦》《七板桥》《搭十二板桥》《苦连亭》《交天钱》《杰洛翻案》。

山歌　土家族山歌是土家族人在长期的历史发展进程中，在特定的山地自然环境中形成并传唱，以传递土家族历史记忆、社会发展、民族感情、民风习俗、生产生活等信息内容的歌曲总称。有较为固定的歌词，但更多的是即兴演唱，特别是山歌对唱时，你问我答，唱历史人物，唱民情风俗，唱爱情故事，内容包罗万象。

芙蓉镇是土家族聚居地，也是山歌之乡，这里的人民自古以来都爱唱山歌，喜用唱山歌的形式宣泄感情。山歌高亢悠扬，热情奔放，生动活泼，含蓄曲折，语言朴实，富有极强的艺术感染力。土家人以山歌传情，以山歌言志，以山歌评美丑，以山歌教化子弟，因而千古流传，经久不衰。至今每逢镇上农贸市场赶集，男女老少选一个场地，摆上音响，就互相对唱起来，一方唱罢，另一方登场，参与者多达几十人，甚至上百人，非常有趣，唱山歌成为芙蓉镇内一道独特的风景线。

附：山歌词（节选）

韭菜开花细绒绒，有心恋郎莫怕穷，只要二人情谊深，冷水泡茶慢慢浓。
天上无油月自亮，井底无风水自凉，好妹不要娘打扮，身上有麝自然香。
妹妹门前一根槐，手攀槐树望郎来，娘问女儿望什么，我望槐花几时开。
桐子开花一口钟，二人相爱莫漏风，燕子衔泥口要紧，蚕儿吐丝在肚中。
隔河看见妹穿青，郎想过河怕水深，打个岩头试深浅，唱着山歌试妹心。
郎爱妹来妹爱郎，二人相爱在肚肠，桐花红在心窝里，荷包装麝里头香。
细细麻索紧紧搓，做双鞋子送情哥，情哥莫嫌鞋子丑，瞒着爹娘打黑摸。
青布帕子五尺长，挽过疙瘩丢过墙，千里不准疙瘩散，万年不准妹丢郎。
小妹是个正经人，小郎是个缠绵藤，三天两天缠一次，看你正经不正经。

哭嫁歌 哭嫁，亦称“哭出嫁”，是新娘出嫁时一种哭唱仪式活动。哭嫁是土家族独具特色的婚俗活动之一，待嫁的姑娘似歌非歌，似哭非哭，似说非说，哭唱长达月余。土家族人特别看重待嫁姑娘哭嫁，土家族哭嫁历史悠久，有《竹枝词》描述到：“你今上轿哭声哀，父母情深丢不开，婶嫂齐声低劝到，我们都从过中来。”土家哭嫁歌内容丰富、篇幅浩繁，主要内容包括《哭开声》《哭爹娘》《哭哥嫂》《别妹妹》《骂媒人》《哭开脸》《哭梳头》《哭戴花》《哭穿露水衣》《哭离娘席》《辞祖宗》和《哭上轿》，此外还包括《哭木匠》《哭八仙》《哭十二月花》《哭十杯酒》。

哭嫁歌的“哭”，是新娘为表达离别之情，对父母养育之恩难以报答的遗憾，对即

迎亲（2012年）

将融入陌生家庭的惶恐不安。而新娘父母、姊妹及亲朋好友则表达对新娘难舍难分的牵肠之情，也有对新娘日后做人的殷切劝告和衷心祝福。哭嫁歌抒情性极强，曲调低沉，哀婉动人。哭嫁歌真实地反映了土家婚恋和当地风土民情，具有独特魅力。

土家族哭嫁（2012年）　　杨崇贵　提供

哭丧歌 又叫唱孝歌，是土家族丧葬习俗之一，一般在大葬夜进行。千秋以来的咏叹，合成有板有眼的曲调，形成如今的“孝歌”。唱孝歌没有固定人员，遇有老人过世，会唱者闻丧而至，组成歌班，其间领唱、应唱、合唱、对唱交替进行。领唱者开头歌十分关键，要切准主题。唱孝歌有开导孝家，劝慰世人之功效与责任，针对性极强。比如：“讣告粘贴如崩山，孝家一门珠泪涟，从古到今谁无死，彭祖高寿也枉然。”另外孝歌还有启迪后人，为亡人歌功颂德的双重义务，比如：“亡者生前心地宽，修桥铺路总当先，那年灾遇乞讨者，慈心收养到成年。”唱孝歌最重要的是教化子女不忘父母养育之恩，要知恩图报，百善孝为先。其中以哭母亲十月怀胎的辛苦之情内容具体，而又悲痛。比如：

正月怀胎在娘身，懵里懵懂不知音。
好似浮萍水上漂，不知根脚深不深。
二月怀胎略知音，千斤担子挂在心。
如同一场病魔缠，恶心呕吐头发昏。
三月怀胎三月三，昼夜瞒人暗求酸。
茶不思来饭不想，一日三餐碗不端。
四月怀胎腰腿酸，胎儿腹中趋人变。
营养全是娘血浆，无怨无悔心也甘。
五月怀胎分男女，七孔八窍变齐全。
生男生女不要紧，只图母子都平安。
六月怀胎三伏天，酷暑难熬如坐监。
为让胎儿安然睡，手中蒲扇摇不断。
七月怀胎全身汗，腹中胎儿手脚乱。
手攀肺来脚蹬肝，如同针头刺心间。
八月怀胎肚难看，裙如蚊帐挂胸前。
弯腰驼背几费力，低头容易抬头难。
九月怀胎重阳边，胎儿腹中闹翻天。
为娘实在难支撑，行也难来坐也难。
十月怀胎产期满，临盆喜忧各参半。
儿奔生来娘奔死，祈求观音赐平安。

摆手舞 是反映土家族古老风俗的民间舞蹈。每年土家族“舍巴节”或正月初一到十五，男女老少都要集合在摆手堂前共跳摆手舞。清代文人彭施铎《竹枝词》描述的“福石城中锦作窝，土王宫畔水生波，红灯万盏人千叠，一片缠绵摆手歌”，可见当年摆手舞盛况空前。

土家族摆手舞集歌、舞、乐、剧于一体，表现开天辟地、人类繁衍、民族迁徙、狩猎农耕等广泛而丰富的历史和社会生活内容。摆手舞舞姿大方、粗犷，动作有100多套，形式上有单摆、双摆、回旋摆等动作。舞蹈分为大摆手和小摆手，大摆手于祭祀族群始祖或于开展重大庆典活动时表演，规模浩大；小摆手主要祭祀祖先，规模较小。其音乐包括声乐伴唱和器乐伴奏两部分，声乐主要有起腔歌和摆手歌，器乐主要是鼓和锣，曲目往往根据舞蹈的内容及动作而一曲多变。摆手舞的动作特点是顺拐、屈膝、颤动、下沉，表现风格雄健有力，自由豪迈。

土家族摆手舞生活气息浓厚，舞蹈优美，足以表现土家族人豪放的特色。摆手舞有“东方迪斯科”之称，2006年6月7日，土家族摆手舞被列入第一批国家级非物质文化遗产保护名录。2010年后，芙蓉镇把摆手舞作为迎接嘉宾、举行庆典的必演节目，同时还列入中小学必修课，通过对中小学生进行专业培训，并组织表演活动等方式，保护摆手舞文化，以世代相传。

毛古斯舞 是土家族古老而原始的舞蹈，土家族语称“古司拔铺”，汉语多称为“毛古斯舞”，是舞蹈界和戏剧界公认的中国舞蹈及戏剧的最远源头和“活化石”。毛

土家摆手舞（2012年） 县史志办 提供

古斯舞是一种具有人物、对白、简单的故事情节和一定的表演程序的原始戏剧舞蹈，既有舞蹈的特征，又有戏剧的表现性，两者杂糅交织，浑然一体。毛古斯舞动作特点别具一格，表演者屈膝，浑身抖动，全身茅草唰唰作响，头上五条大辫子左右不停摆动，表演中碎步进退，左右跳摆，摇头抖肩。有“做阳春”“狩猎”“捕鱼”“抢亲”“读书”五大曲目。该舞蹈最突出的特色在于服饰的风格，表演者身穿草衣树皮，古老大方，极具原始人风情。毛古斯舞真实地再现了父系社会至五代时期土家族人的渔猎、农耕生活及婚姻习俗状况，2006 年 5 月 20 日，土家族毛古斯舞被列入第一批国家级非物质文化遗产保护名录。

铜铃舞　又称八宝铜铃舞，是一种祭祀舞蹈，意在颂祖，祷告先人，祈求阖家幸福。八宝铜铃原是土司主持祭祀仪式用的“法器”之一。铜铃安有木柄，上刻一

毛古斯舞表演（2016 年）　县史志办　提供

土家铜铃舞表演（2018 年）　田婷　提供

花灯戏（2017 年）　杨崇贵　提供

马头，长30厘米，木柄左右两端各有三颗铜铃。系铜铃的五色丝带选用马的鬃毛，象征着土司做法事时骑着一匹宝马。跳八宝铜铃舞时，土司头戴凤冠，身穿八幅罗裙，头裹红丝帕，腰插短刀，手持牛角，左手拿八宝铜铃，边摇边舞，边唱梯玛神歌。土司翩翩起舞时，八幅罗裙撒开，如同孔雀开屏。铜铃舞分坐式和立式两种，有“摇铃喂马”“逗马”“跨马”“奔马”“赛马”“下马”和“上天堂”“下地狱”“过天桥”“打秋千”等动作，舞蹈丰富多变，再现了土家族祖先骑马迁徙、征战的情景。

铜铃舞保持了土家族舞蹈风格，在舞蹈时，双膝稍曲，顺拐摇铃，颤抖摆扭。要求动作技巧很高，动作难度大，风格特点浓。八宝铜铃舞在芙蓉镇旅游节庆及祭祀活动中都是必演节目。

地花灯 又名花灯戏，是流于芙蓉镇的一种民间小戏剧种，是由民间歌舞、花灯、茶灯、地火鼓等发展而成的。演员一旦一丑，头戴丝帕小帽，脚穿布鞋，手拿彩色折扇，二人对唱表演。表演时旦角踩碎步入场，分别左右做亮相动作，站立时用丁字步，后接小花脸上场，接下来走一个圆场做亮相动作结束表演。丑角从相反方向入场，也先做一套亮相动作，动作比旦角阳刚，不断有踢腿、立马步、站弓箭步等大幅动作。在胡琴、锣鼓、笛箫的伴奏下，口唱词曲，翩翩起舞。唱词多为反映民间男女爱情、伦理道德、风土人情，词语通俗易懂，诙谐幽默，朗朗上口。琴笛箫伴奏悠扬婉转，爽朗明快。花灯演员在演唱过程中感情炽热，活泼欢快，眉目传情，其折扇的挥动更是千变万化，令人赏心悦目。芙蓉镇每逢节庆活动，地花灯都是必不可少的节目。

蚌壳灯 是一种中国传统灯舞，由三人装扮表演，再辅以乐队伴奏的街头小戏。表演时一名少女饰“蚌壳精”藏身于蚌壳中，双手抓住蚌壳作翕张动作，另一人扮渔翁作观蚌、理网、撒网、涉水、捞摸等动作，擒捉蚌壳，网打手抱均不得。蚌壳精扇动蚌壳时而夹住打渔人的头，时而夹住打渔人的手脚戏耍，直至被擒。蚌壳用竹篾扎制，外糊彩纸或蒙彩布，四周镶以红色布边。蚌壳灯表演时以民间吹打乐器二胡、笛子伴奏，曲牌常为民间流传的《八板》，表演时还有一人在一旁助兴，一起表演“鹬蚌相争，渔翁得利”的情节，形象生动，寓意深刻。蚌壳灯在芙蓉镇是最受欢迎的一个保留节目，从古至今，久演不衰。

彩龙船 是外来文化和地域文化融合而成的街头歌舞。它以一艘用彩布扎成的龙船为道具，一人在前面引领，不时做出各种滑稽、幽默的动作。两名划船手做着荡桨、拉纤、撬船的各种动作，使彩龙船在演出中呈现出前进、后退、旋转等各种航向变化。彩

彩龙船表演（2017 年）　杨崇贵　提供

龙灯表演“龙吃水”（2017 年）　杨崇贵　提供

龙船的表演既表现了在波涛中行进的惊险、浅滩上行进的艰难和平静中行进的欢快，也表现出人们对美好生活的喜悦与满足。表演时配以演员伴舞，锣鼓器乐伴奏，显得格外热烈奔放。

龙灯　又称龙舞，是一种古老的中国民俗舞蹈，反映古人对龙的崇拜。相传龙是吉祥的象征，因此民间每逢春节、元宵节、灯会、庙会及丰收年，都需要举行舞龙灯活动。芙蓉镇龙灯长 15 米左右，用竹、木、纸、布扎成，节数不等，均为单数。龙头、龙身、龙尾用竹篾扎成，用布匹色彩描绘成龙皮。由 20 多人组成龙灯队，鳌鱼、虾子灯引领，围鼓伴奏，每年正月初五出灯，白天逐户发送拜帖，晚上走街串户表演。在激越的锣鼓声中，在龙宝的引领下，龙灯翻转腾挪，表演出“二龙戏珠”“双龙出水”“火龙腾飞”“蟠龙闹海”等绝技动作。看得观众热血沸腾，齐声叫好。商家大户不吝花费巨资购买烟花爆竹去“烧花”，霎时响声震天，烟花缭绕。玩龙灯的汉子脱光上衣，裸露身体，高喊：“要花、要花”，接受烧花洗礼，甚至把燃放着的鞭炮抢来挂在身上，显示出土家族人的勇敢强悍，令人叫绝。春节时，龙灯一直舞到正月十五元宵节才结束。

狮子灯　是一种大型的中华民族传统祭祀性舞蹈，也是民间的传统文化活动。芙蓉镇的狮子灯舞蹈场面大，动作套路多，表演者不仅要有娴熟的基本功，而且要配合默契。狮子灯上场舞者少则几人，多者十几人，头戴面具，手舞兵器，动作粗犷，幅度大，具有晃胯、扭腰等特点。有些动作属于即兴表演，还有转身、走步、武打等动作。狮子灯的表演也精彩绝伦，在宽敞的场地上，重叠起九张八仙桌，四周供群众观赏，在激昂的锣鼓声中，威武雄壮的狮子开始表演，时而摇头摆尾，时而张嘴弄舌，时而翻滚挠痒，当狮子跃上九张八仙桌，并在上面腾挪飞跃时，表演达到高潮，吸引众人目光。

土家织锦（2012 年） 蒲忠胜 提供

民间工艺

芙蓉镇也是民间工艺之乡，传承和发展有许多民间工艺技术，不但能制作一般的生产生活用品，而且还能制作出精妙绝伦的艺术纪念品，成为收藏馈赠的珍品。

土家织锦 民间称为“打花”，传统织锦多作铺盖用，土家语称为“西兰卡普”，意为“土花铺盖”或“打花铺盖”，是中国少数民族五大名锦之一。土家织锦是土家文化的精髓，一直沿用上千年历史的“腰裹斜织机”，采用“通经断纬”工艺手编而成。

土家姑娘在木质斜式织机上，以棉纱为经线，五彩丝线、毛线为纬线，用一只牛角或金属挑刀，眼看背面，手织正面。织锦图案有 200 多种，其纹饰内容最早出现的是钩花，从四钩到单八钩、双八钩、单十二钩、双十二钩、二十四钩，直至四十八钩。后有动植物图案，如猴子花、燕子花、锦鸡花、杜鹃花、石必（小兽）花、马必（小马）花、白菜花、枫叶花、莲花等。还有综合图案纹饰，如“龙凤呈祥”“凤穿牡丹”“鲤鱼跳龙门”“福禄寿喜”等。在色彩调配上颇有讲究，喜用对比色，用黑白衬托钩提。多种钩状、锯齿状、梳齿状、缝合状、连锁等边饰，加上各种多角形小花作为点缀，又以黑色衬底，以白色镶边，主次纹样因黑白衬托得界限分明，连成一体。2006 年，土家织锦被列入第一批国家级非物质文化遗产保护名录。土家织锦美观整齐，结实耐用，色彩秀丽，自然生动，纹样多以菱形结构及斜线条为主，讲究几何对称。土家织锦还可制成服饰、旅游袋、沙发套、坐垫、壁挂等，美不胜收。

挑花 土家族妇女挑花技艺流传久远，是土家族珍贵的手艺。土家族挑花不用画图，全凭绣女想象，直纹平面上按照布纹的经纬十字交叉点，飞针走线，运用自如，能挑出以动物、植物、天象、文字为题材的花纹图案。挑花以十字针法为主，配以直针、空针、牵针、双面针法。

挑花按色彩分为素挑和彩挑。素挑为白色底布挑黑色花样，或黑色底布挑白色花样，也有选青布或蓝布作底布，挑红色或绿色花样的。彩挑以青布作底色统筹白线挑绣的主体骨架，填桃红、朱红、橘黄、中黄，形成暖色基调，点缀粉绿、墨绿，使画面暖而不燥，线条繁复和谐。挑花法分有单面挑和双面挑，单面挑只挑出平布上的正面，双面挑则用特技针法挑正反两面一样的图案。

绣花 是在加工好的织物上以针引线，按照设计要求进行穿刺，将绣线组织成各种花纹、图像和文字的一种技艺。绣花多用作衣裤、围裙、门帘、床围、桌布、帐帘、荷包、枕头、褡裢、手帕、头巾、鞋垫等装饰，也用来做服装花边或胸花等。绣花方法是先将要绣的花，用纸剪成花样，贴在绣花底布上，然后照着纸样用丝线绣刺。绣成之后，丝线便把底样蒙盖在里面，图案突出，充满立体感。

竹编 竹编技艺历史悠久，是传统手工艺的典型代表，2009 年被列入省级非物质文

竹编（2018 年） 蒲忠胜 摄

化遗产保护名录。

竹编工艺是土家编织艺术中品种最多、工艺最精的一个门类，分起底、编造、锁口三道工序。在编织过程中，以经纬编结法为主。芙蓉镇土家竹编工艺可分为扁篾类、丝篾类、并合类三种。扁篾类是用钢刀取篾，要细匀如麻线。丝篾类有篾簟、花篮、背篓、捞斗、甑架、斗笠、鸟笼、饭篓、摇篮等。并合类用竹片、竹条、扁篾或者圆竹合编编织，有竹桌、竹椅、竹凳、躺椅、书架、花架、竹床等。

藤编 以藤芯为骨架，采用藤皮或藤芯编织而成。藤编一般经过打藤、拣藤、洗藤、拗藤、削藤、漂白、染色、编织、上漆等工序。藤编品种有藤笪、藤席、藤家具、藤织件四类。藤笪是将藤芯、藤皮编成长幅的成品，编制结构多为八角结构，用于室内装饰。藤席是用细藤芯编制，有床席、枕席、大席及沙发座套等。藤制家具有桌、椅、沙发、凳、床、柜、茶几、箱、屏风等。藤织件包括日用器具、玩具、装饰品等，如手提篮、罐盒、灯座、镜架、书架、茶杯套、花盆套等。

棕编 是用棕丝制成的工艺品，选材较精。棕编季节性强，多在春秋季编制提包，夏季编制鞋、帽等。棕编的品种主要有蓑衣、鞋、扇、包、斗篷、垫、盒、玩具等。提包多用胡椒眼技法，即将等距排列的经线相交叉成为菱形，再用两根纬线穿于菱形四角。鞋、扇类产品采用密编法；帽、席多用人字纹；蓑衣则是用棕丝和棕绳、棕片制作而成。

草编 是以各种草茎、麦秸为材料，经手工编织而成的工艺品。草编有草鞋、草

藤编（2012年） 杨崇贵 摄

帽、提袋、地毯等，其中草杂件类又细分为糖果盒、首饰盒、面包盒、茶垫、靠垫、餐垫、门帘、壁挂、信插、花盆套、拖鞋、草扇、草席等。草编有结、辫、捻、搓、拧、串、盘等多种编织技法，草编制品以草鞋为主。

民间工匠

芙蓉镇自古以来就是楚蜀通津码头，交通方便，是人才汇聚的地方，其中不乏能工巧匠，涵盖各行各业，中华人民共和国成立后曾经把这些工匠组织起来，成立铁木业社、缝纫社、理发店等合作组织，从事各种加工制造业。境内工匠主要有木匠、铁匠、篾匠、岩匠、瓦匠、裁缝等。

木匠 分为大料木匠和小料木匠及圆桶木匠。大料木匠以修造房屋为主，主持上梁仪式，即开梁口、唱上梁词、踩门等。小料木匠主要打造家居和房屋装修，对门、窗、栏杆、神龛、瓦檐等进行雕镂。嫁妆由小料木匠打制。土家雕花嫁妆通常有雕花牙床、屏风、挂屏、花柜、箱柜、衣柜、米柜、碗柜、书案、太师椅、靠椅、洗脸架、梳妆台、梳妆盒、茶几、八仙桌、金瓜脸盆、金瓜马桶等。圆桶桶匠以制作圆形木质用品为主，打造水桶、背水桶、豆腐桶、脸盆、脚盆、盆盖、甑子、粪桶、猪草桶、修猪盆等。

铁匠 是指以铁为原料，进行铁器制作和加工的工匠。芙蓉镇生产、生活所用的柴刀、镰刀、犁、耙、锄头、凿子、斧头、刨子等均出自铁匠之手。

铁匠一般都在家设铁匠铺，铺内有风箱、火炉，用于烧铁；有铁砧用于锤制；有水窖，用于淬火。铁匠打制铁器，胸前挂有兽皮防护兜，以防灼伤皮肤和烧坏衣服。小件制作一人可以捶打，大件制作需两人合作（另一人一般为徒弟或助手），其中一人（即师傅）用大铁钳翻转物件，并用小铁锤指点大锤锤打位置，另一人则挥大锤锤打。铁器制作的关键技术是把握好铁器夹钢和烧制程度的淬火工艺。

篾匠 是以竹子为材料，加工编织各种竹器的工匠艺人。土家族地区竹子资源丰

篾匠（2017 年）　杨崇贵　提供

富，土家族人就地取材，用竹子编织生产、生活用具成为传统工艺。篾匠就是运用其精湛的编织技艺，将竹子编织成凉席、凉床、竹凳、背篓、撮箕、箩筐、簸箕、筛子、晒簟等竹制品。篾匠制作竹器时用料非常讲究，篾条要分成青篾、黄篾、厚篾、薄篾、窄篾、粗篾、细篾等。特别是编织细背篓、针线篮等精美物件，用篾细如麻线。做工也极为讲究，形成“精选料、特细丝、紧贴胎、密藏头、色彩艳”的技艺特色。

石匠　芙蓉镇称“岩匠”，是指以石材为主要加工原料，将其加工成生产、生活器具的工匠。境内石材丰富，质地优良，广泛采用石材用于建造房屋、道路、牌坊、桥梁、墓碑、家具等方面。房屋中的磉墩、拦枋岩、门柱、门楣、门磴、石狮、阶石，用于粮油加工的石碾、石磨、石碓，用于印染的石槽、石磙，用于生活的石桌、石凳、水缸、擂钵、粑粑槽、猪草缸等，均出自岩匠之手。石匠工艺较难的有旱碾的制作和石桥的修建，土家人的石桥工艺独特，桥之大小随地势而定，桥之曲直由匠心而出。一座座石拱桥横跨溪河两岸，构成一幅幅“小桥、流水、人家”的风景画。

机匠　就是织布匠。在农耕时代布匹缺乏，只能依靠当地机匠织布，织出来的布称为“家机布”，用以制作各种衣物。机匠织布的工具就是一台脚踏织布机和一只木梭，他可以坐在家里进行来料加工，也可以搬着织布机，走乡穿户上门织布。织布时，机匠在织布机上安好经线，两只脚踩在织布机下的两个踏板上，一踩一松，经线也随着上下交叉变动，经线每上下变换一次，机匠就把装有纬线的梭子在经线中左右各穿梭一次，然后用布机的扣板敲打一下纬线，将纬线打紧，如此往复不断地穿梭，在

"嘎嘎"的布机鸣叫声中，洁白的布匹宛如月光般倾泻而出，早上拿出来的棉纱，晚上就能变成布匹。

弹匠 也称弹花匠，是指弹制棉絮（也叫棉被）的民间工匠。传统的弹匠是用专用的弹弓先将棉花的纤维弹开，使其松软均匀，然后铺成一床床棉絮，用专用工具压平。弹棉絮工序烦琐复杂，首先要将棉花弹活，丝缕理清，才能搂成棉被形状；然后铺底线、拉面线，并稍微压实，翻转定型，点缀花草，书写主人姓名；再后就可拉另一面的网线，并扎四角，再用木磨盘来回压紧即可。弹匠工具很有特色，有一把专门的弹棉花的弹弓，通过木槌敲击弹弦来沾取棉花，把棉花拼成方形，亦可用于整理棉花。

染匠 也叫染布匠，是专门以染布为生的手艺人。成衣还未发展前，基于不浪费的原则，人们对衣服布料都物尽其用，假如对穿过的衣服颜色不满意，就会让染匠重新漂染，把褪了色的衣服再染成深色，染匠染布的工具简单，一个火炉，一个染缸，几种基本颜料，就能替客人完成染布。以前，人多穿蓝色衣服，土法染蓝特别流行。土靛染布的步骤是：下靛后用棍子搅动缸水，用缸碗看颜色深浅；染布，在缸中悬挂一个网状"红罩子"，把要染的布浸在里边，20 分钟取出，将水分压出，摊开晾干，布由黄变绿，由绿变蓝。

第一次染出的浅蓝色，晾干后再染一次就深一层，愈染愈深，由浅而深的颜色依次是月白色、二蓝、深蓝、缸青，最深的蓝色近于黑色。布染好后，为使染好的布匹亮色发光，染匠要把布放在一个碾槽上，踩着近似"U"字形，重约 100 千克的石碾，在上面左右晃动碾压，开始速度很慢，晃动的幅度也小，然后不断提速，增大幅度，越碾越快，碾子越晃越高，好像踩着一块晃板在"U"形赛道表演一样，堪称一门绝技。

瓦匠 分为做瓦的瓦匠及盖瓦和捡瓦的瓦匠，也有封砖砌墙的瓦匠。做瓦的瓦匠是以泥巴为制作原料，将其制作成瓦型的工匠。制作小青瓦，要先踩好瓦泥，在转动的瓦坯架子上罩上瓦坯模子，然后切割一片长方形的泥片，敷于瓦坯模子上，做好瓦坯。瓦坯阴干后，置于瓦窑中烧制即成。盖瓦的瓦匠即给建新屋盖瓦的工匠，捡瓦的瓦匠即给旧房子捡瓦的工匠。盖瓦的瓦匠最难的是粉檐垛脊，用石灰和纸筋处理屋檐及小槽缝口；屋脊用瓦与砖封砌而成，有的用瓦做脊，在屋脊中间做出"一品当朝""五谷丰登""堆金积玉"等形状，在屋脊两头做出莲花、龙头等图案。封砖砌墙的瓦匠是用砖浆砌封火墙，或用砖浆封砌砖房、楼房，芙蓉镇把这种做泥工或泥水匠的人，也俗称瓦匠。

漆匠　是对木匠制作完成的木器具进行髹漆的工匠。木器具制作完成后，需要进行油漆才能更加平整、光滑、明亮。涂漆工艺一般先从打底开始，也称打漆胚胎，嵌平洼缝、刮直丝缕，然后用砂纸磨去棱角，以前没有砂纸则采用传统的方式，即用砖进行水磨；再用木贼草将边角细微处打磨平整；接着开始第一次刷漆，然后再做二次加刷，最后再打磨。髹漆需刷多次，每次干后再刷，如此反复，直至流光，光可鉴人为止。当漆器完成后，特别使用当地土漆（生漆）的漆具会有冷清芳香，漆液转色后光亮如镜，有很强的美感。

皮匠　是指用皮革制作物件的工人或者修理匠，一般制作皮鞋、皮袄、马鞍、皮质鼓面等。芙蓉镇以前的皮匠是以加工兽皮，制作皮袄、皮鞋等皮具为主。皮匠在加工皮具时，先要把皮革用芒硝（又叫皮硝）泡软，再用专用削皮刀，把皮革反复削刮后，使皮革干净、平整、光滑、柔软。皮革泡软后皮匠用专用刀具划割剪裁，制作皮袄、皮鞋。皮具加工都为手工制作，做皮鞋时，皮匠用一个锥子，先锥穿鞋底与鞋面，再用两根猪脊毛穿引内外两根线绳并拉紧，皮鞋缝好后，还要用木质楦头把皮鞋里面空处填满并扎紧，使皮鞋定型饱满。

劁猪匠　也叫“阉猪匠”，是劁去牲畜的睾丸或卵巢的匠人。劁猪匠经常是一人吹着羊角号走村串寨劁猪阉鸡。凡需要劁猪阉鸡者，听到羊角号后就把劁猪匠请进屋，劁猪匠把要劁的猪或要阉的鸡固定住后，在要劁的部位用水一抹，用一把小刀准确、熟练的进行操作，然后在伤口上再用水一抹，就把被劁割的猪、鸡放开。被劁割的猪、鸡不需要打针敷药，伤口也不发炎，劁割得准确、干净的猪、鸡生长速度明显加快。

剃头匠　就是替人剃头，还兼给顾客刮脸、刮胡子、掏耳朵等的理发师。过去剃头业有两种经营方式，一种是坐店经营，一种是挑担下乡，走街串巷。后一种出门随身一担剃头挑子，挑子一头是洗头铜盆，铜盆那端有一个架子悬挂毛巾、刀布等，下面有一个圆桶，内装炭火小炉；另一头是坐凳，凳侧有抽屉，内盛剃头用具，中华人民共和国成立后，王村成立理发店，走街串巷的剃头匠都进店经营。进入 20 世纪 80 年代，个体理发也开始设店经营。剃头匠很讲究礼节，有很多行话与行业禁忌。出家僧人来剃头，不能说“剃头”要讲“请师父下山落发”。剃头匠不能喝酒，不能吃葱、蒜等带刺激气味的食物。民间忌讳正月剃头，有“正月不剃头”之说。镇内剃头匠都各自练就了几门绝活，有的能给顾客刮眼角、刮内眼皮；有的会刮鼻孔、掏耳朵；有的善用刀背敲颈部，在前额太阳穴上推拿按摩。

雕匠　是指从事木质雕刻的艺人。土家族木雕流传久远，从事雕刻艺术的工匠众多，而且创造出许多精湛的雕刻技艺。在雕刻工艺操作上有图稿设计、打坯、修光等程序。技艺高超的雕匠，不用图稿就能直接雕刻。当创作一幅作品时，他们凭着记忆，一边听人讲解内容，一边就能画出图稿来，然后进行雕刻。雕匠既能雕刻大型物件如菩萨、人物，建筑物上的斗、拱和隔扇等，家具中的滴水牙床、马尾桌子、太师椅子等，又能雕刻小的物件，如印章、印盒等。雕刻出的人物形象生动，景物层次丰富，又有来龙去脉，重叠而含蓄，无不体现出木雕的神采。

铧口匠　就是用生铁水浇筑铧口的工匠，又称为“泻匠”。铧口就是安装在犁上用来破土的铁片，俗称犁头，是山区农民耕地、犁田必不可少的工具。土法制作技艺在芙蓉镇称为“倒铧口”。掌握倒铧口技能的师傅用特制熔炉将各种废旧生铁熔化成水，然后将铁水倒入用石头打造的模具内，经冷却后形成铧口。倒铧口前要修补好模具，每倒一次铧口都会对模具造成一些损伤，出现一些缺口，泻匠师傅采用泥巴和牛粪掺和后进行修补，使模具保持完整平顺，保证下一次倒出来的铧口完好无缺。倒铧口的另一项关键技术是要掌握好铁水熔化的温度和程度，当铁水溶好后，用一根马桑树杆在炉火中快速撬动，把木炭杂质撬出，然后迅速把铁水倒入模具内。

蓑衣匠　蓑衣是独特、原始、古朴的雨具，其特点是透风、透气，经久耐用，为镇内家庭所必备。制作蓑衣的工匠就叫蓑衣匠。制作蓑衣时，蓑衣匠用长铁针穿一根棕索，把一块块棕片连接起来，宽度要能遮掩住整个身体，再在肩上制作两个像老鹰的“翅膀”，将蓑衣做得滴水不漏，且穿着美观。非常适用雨中劳动。蓑衣制作工艺简单，但要投师学艺成为蓑衣匠后，才能掌握其技巧。

蓑衣匠（2008 年）　　杨崇贵　提供

裁缝 就是缝纫匠，古代叫作“缝衣匠”。裁缝是指裁剪、缝制衣服，包括代以制作或拆改衣服为职业的人。裁缝从业形式分为开设店铺和做上门工两种。衣服的制作一般要经过量身、选布、画线、裁剪、锁边、缝纫、钉扣、熨烙等工序。芙蓉镇从事裁缝业的人很多，20 世纪 50 年代初期成立“王村缝纫社”，从业者 40 多人，主要从事服装加工、布匹印染、皮革制作等业务。80 年代后，很多裁缝师傅招收徒弟，开店经营。

民俗表演

芙蓉镇是土家族聚居地，八百年土司文化在这里传承，民族风情浓郁。芙蓉镇又是国家 AAAA 级旅游景区，民俗表演推陈出新，天天都有民俗节目上演，令人赏心悦目，流连忘返。

舍巴节 又叫“社巴节”，是土家族传统节日中极其隆重的一个综合性节日。舍巴节又是土家族传统祭祀节日，有着严格的祭祀仪式、独特的祭祀方式和丰富的表达内涵。节日期间通常表演毛古斯、摆手舞、梯玛神歌、打溜子、咚咚喹等。

舍巴节一般在每年正月举行，也有三月或五月举行的，有时秋季庆丰收也举办舍巴节。2008—2018 年，中共永顺县委、县人民政府在芙蓉镇多次举办“中国（湘西）土家族舍巴节”，活动以摆手舞为载体，以表现土家族开天辟地、人类繁衍、民族迁徙、神话传说、生产生活，以及信仰祭祀等为内容，演绎土家族浓郁的民俗风情，传承土家族的民族文化。2012 年 4 月 23 日，湖南电视台、湘西电视台等新闻媒体对当天举办的“中国（湘西）土家族舍巴节”进行全程报道。

附：中国（湘西）土家族舍巴节纪实

2012 年 4 月 23 日，“中国（湘西）土家族舍巴节”在芙蓉镇土司广场举行，广场上彩球腾空，龙凤旗招展，来自永顺县芙蓉镇、松柏镇、高坪乡，古丈县的红石林镇、断龙乡两县五乡镇上千名演员和从四面八方赶来的观众、旅游宾客把土司广场围得水泄不通。上午在浑厚雄壮的土号、牛角号声中拉开了舍巴节帷幕，首先登场的梯玛（土老司）头戴凤冠帽子，身穿八幅罗裙，吹起牛角，一手执司刀，一手拿八宝铜铃，边唱边舞走向场中。紧挨其后的是祭祀队伍，他们端着香案、牛头、猪头、羊头、供果等祭品，表演各种祭祀动作，走到摆手堂前，举行祭祀仪式，祭天、祭地、祭土司。祭祀礼毕后，表演活动开始，先后表演了毛古斯舞、八宝铜铃舞，再现了五代时期的原始艺术和传统祭祀舞的粗犷奔放。接着又表演了龙灯、狮子灯、地花灯、蚌壳灯等民间歌舞，演唱了酉水船工号子、拖木号子、劳动挖土歌等非物质文化遗产节目。表演结束后举行了声势浩荡的五里长街大游行，令沿街市民、旅游宾客驻足观看，大加赞赏。

下午在观音阁翼南广场举行巫傩绝技表演，先由梯玛（土老司）摇着铜铃，舞着司刀，唱着梯玛神歌，请神、敬神。接着表演上刀梯（上刀山）、踩铧口（下火海）、口中吞火吐火、神仙称米等巫傩绝技，令人惊叹不已。表演结束后，在广场举办了丰盛的牛头宴，宴请应邀而来的四方嘉宾。牛头宴是土家族接待贵宾的盛大礼仪宴会，也是土家族祭奉上苍，礼待贵宾的盛宴。牛头肉鲜嫩湿润，令人唇齿留香，被誉为土家族土司王朝的“国宴”。受邀宴请的嘉宾赞不绝口，称此次活动既饱了眼福，又饱了口福。晚上在土司广场举行盛大的篝火晚会，先由千名表演人员举着火把进行篝火游行，游行队伍从土司广场出发，经土王桥、土王行宫，穿王村瀑布，到廊桥码头，再绕古街回到土司广场。火把绵延数里，像一条火龙盘旋在古镇上，穿越在瀑布里，蔚为壮观。晚会在土家摆手舞的开场歌“嗬嗬也，嗬哟”的歌声中开始，以芙蓉镇摆手队为主的摆手舞表演者身着盛装，围成内外三圈，在锣鼓声中跳起了“砍火畲”“撒小米”“种苞谷”“栽秧”“打谷”“打粑粑”“庆团圆”“闹元宵”等舞蹈动作。广场上篝火越烧越旺，摆手舞越跳越激情，最后表演者手拉着手，形成了一个大圆圈，围着篝火打转，而且越转越快，在“来来来，大家一起来”的歌声中，晚会圆满结束。

山歌擂台赛 芙蓉镇有爱唱山歌、赛山歌的优良传统。2011 年 5 月 1 日，芙蓉镇政府联合芙蓉镇旅游景点圈总公司举办首届“永顺、古丈、保靖三县山歌擂台赛”，历时三天。擂台赛设在土司广场，近百名选手同台赛歌，十里八乡的观众赶来聆听观看。擂台赛没有题材限制，由选手即兴演唱，一起比实力、比智慧、比歌喉，整个擂台赛充满艺术性、趣味性。

年俗表演 芙蓉镇过年习俗浓厚，自古就有“过了腊八就是年，二十三送灶神，二十四打扬尘，二十五杀年猪，二十六做豆腐，二十七炒炒米，二十八打粑粑，二十九样样有，三十庆团圆”的顺口溜，还有玩龙灯等活动。2013 年春节前夕，中央电视台在芙蓉镇现场采访录制杀年猪、推豆腐、炒炒米、炸团馓、打粑粑的全过程。正月初一（2 月 10 日），现场直播土司广场上的灯舞汇聚，以及龙灯、狮子灯、蚌壳灯、地花灯、彩龙船等载歌载舞的精彩画面，把坐落在瀑布上的千年古镇——芙蓉镇的过年习俗推向全国，推向世界。

文化主题馆藏

1989—2018 年，芙蓉镇先后建成湘西民俗风光馆、芙蓉镇电影海报馆、湘西红色文化主题馆，把厚重的传统文化、现代文化、红色文化珍藏于馆中，让国内外人士都能领略其独特魅力。

湘西民俗风光馆

湘西民族风光馆，又名溪州铜柱馆，人们简称其为“风光馆”，1989 年 10 月 15 日建立，馆址建在原“福音堂”内，馆名匾牌由中国书法家协会名誉主席、中国著名书法家启功题写。风光馆藏有实物、图片和塑像，地方历史、民族气息浓厚。

风光馆馆藏实物 镇馆之宝——溪州铜柱，于 1961 年被列为第一批全国重点保护文物，是土司彭士愁和楚王马希范歃血联盟的见证。铜柱原立于会溪坪，1970 年修建凤

湘西民俗风光馆（2018 年）　　杨崇贵　提供

滩水电站，搬迁至王村花果山，为更好地保护溪州铜柱，1989 年风光馆建成后，溪州铜柱被迁至馆内收藏。

土家雕花牙床。雕花牙床是土家族人的结婚用床。牙床制作考究，木制屏障精雕细刻，有龙凤、花卉、镂空棂格装饰，用生漆油髹，着金粉及其他颜料，色彩斑斓、雍容华贵，更展示出土家工匠的精湛技艺。

土家族结婚花轿。花轿高约两米，宽约一米，呈四方形，宝盖顶，四方翘角，用缀有丝绦的红布盖顶。轿门前一幅“金屋人间藏二美，银河天上渡双星”对联，表达了对新婚夫妇的美好祝福。轿背后写有“李广将军箭在此”，相传可避邪镇煞，轿两边装有喜字窗格，绘有“双凤朝阳”“百花争艳”图案。

土家雕花家具。有雕花圆桌、雕花太师椅、雕花洗脸盆架、雕花碗柜、雕花衣帽鞋架、雕花送礼抬货架等。雕花家具涵盖生产生活方方面面，件件家具都精雕细刻，有的刻上花卉鸟兽，有的刻有人物故事，形态各异，栩栩如生，令人叹为观止。

土家族、苗族织绣衣物。有土家织锦壁挂，土家绣花衣服、花鞋、帐帘等。有苗族绣花衣服、小孩背袋、腰带等。每件织品都鲜艳秀丽，图案新颖，充分体现土家族、苗族妇女的心灵手巧和聪明睿智。

馆藏图片　旅游景区景点简介了芙蓉镇古镇风貌、老司城历史遗迹、猛洞河天下第一漂、不二门石门天凿、小溪自然风光、塔卧红色记忆等丰富多彩的旅游资源。

民俗风情介绍。有旱碾、榨油作坊、纺纱、织锦、舂碓工具等实物介绍，以及打粑粑、起屋、打铁、篾编、木雕等情景展示。

土司文化介绍。有“子孙永享”牌坊、功德碑、石马、铁钟、土司官印、土司墓葬群、溪州铜柱铭文及其译文等文物古迹。

馆藏塑像　土司群像。有彭士愁、向老官人、田好汉以及土家兵丁塑像，表现出土家族人对他们的尊崇。

歃血为盟浮雕像。记录了彭士愁与马希范歃血为盟的情景，是对土家族历史的形象记录。

芙蓉镇电影海报馆

芙蓉镇电影海报馆位于三拱桥老街上，由著名电影导演谢晋题写馆名，所展示是新中国成立后的电影海报故事简介，部分经典藏品国内存量极少，且作为以海报展示为主的展示馆湖南仅此一家。王村因谢晋与电影结缘，芙蓉镇因电影而扬名。游览古镇品读电影收藏，将会产生另一种意境。电影海报馆有以下展示内容。

电影《芙蓉镇》《芙蓉镇》原著及作者古华简介。古华，1942 年出生于湖南嘉禾县的一个小山村，1981 年在人民出版社出版小说《芙蓉镇》。作者也因此誉满文坛。

《芙蓉镇》电影导演谢晋简介。谢晋（1923—2008），浙江省绍兴市上虞区人，1986 年，谢晋所拍摄的《芙蓉镇》在国际国内上演后获得一系列大奖，这部电影也把芙蓉镇推向了世界。

《芙蓉镇》电影演员刘晓庆简介。刘晓庆，重庆涪陵人，1975 年走上银幕，凭借电影《芙蓉镇》她获得第七届中国电影金鸡奖最佳故事片奖、最佳女主角奖。

《芙蓉镇》电影拍摄成功后的简介。《芙蓉镇》拍摄成功后，芙蓉古镇誉满中外，中外游人蜂拥而至，在芙蓉古镇中体验千年古镇的风情，参观电影《芙蓉镇》外景点。电影中的米豆腐成为芙蓉的特色小吃，也成为一部电影拉动一方经济的典范。

老电影海报简介 电影海报馆展示有《白毛女》《林则徐》《青春之歌》《五朵金花》《小兵张嘎》《甲午风云》《红色娘子军》《冰山上的来客》《英雄儿女》《闪闪的红星》《小花》《芙蓉镇》等。其中《芙蓉镇》主要反映“芙蓉镇”几个人物在“文化大革命”期间的活动和命运，在当时引起很大争议，但谢晋力排众议，完成了这部具有里程碑意义的作品，推动了思想解放和对那一段岁月的思考。

芙蓉镇电影海报（2018 年） 杨崇贵 提供

电影海报馆还介绍了《南征北战》《智取华山》《渡江侦察记》《山间铃响马帮来》《平原游击队》《董存瑞》《上甘岭》《铁道游击队》《边

寨烽火》《女篮五号》《英雄虎胆》《永不消逝的电波》《狼牙山五壮士》《雷锋》等故事情节。

湘西红色文化主题馆

湘西红色文化主题馆位于商合街105号，是2017年7月1日为纪念中国共产党成立96周年，铭记贺龙元帅领导的红二、红六军团在湘鄂川黔浴血奋战的丰功伟绩，缅怀先烈、砥砺前行而建立的。馆内珍藏着珍贵的党史资料、红色读物及红军使用过的各种实物，给人们留下永恒的红色记忆。书籍、读物有《马克思恩格斯全集》《毛泽东选集》《邓小平文选》《共产党宣言》《论持久战》《矛盾论》《实践论》《中国共产党第十一届三中全会公报》《关于建国以来党的若干历史问题的决议》《中国共产党章程》。藏品实物有手枪、步枪、梭镖、大刀、望远镜、电话机、医疗器械、药碾、药锤等。馆内藏有《中共湘鄂川黔边区临时省委通知（第一号）》、中共湘鄂川黔边临时省委决议、中共湘鄂川黔边革命委员会颁发的《没收和分配土地的暂行条例》等珍贵的党史文献资料，大部分为文件原件。

红色标语、布告照片 展示有在塔卧湘鄂川黔省委旧址壁板上保留有红军标语："驱除帝国主义出中国""只有苏维埃才是民族革命战争的领导者""反对国民党出卖中国""争取独立自由领土完整的苏维埃中国"。在连洞谢家祠堂外的墙壁上用土红书写的10个2米高的大字："彻底粉碎敌人五次围剿"的标语令人惊叹，永远不能忘怀。

延安边区军民合作股票 1942年，边区军民合作社为吸收社会资金，发展边区生产，支援前线作战，发放有五股收执股票，每股2元，由陕甘宁边区政府主席林伯渠签发。

藏品实物（2017年） 张入化 提供

艺文杂记

芙蓉镇历史悠久，人杰地灵。秀美的山水风光，浓郁的民族风情，孕育出灿烂的民族文化。历史上许多精彩的传说和故事，耐人寻味，令人陶醉。经典的历史记录，让人留下无尽的遐想。因为镇区是水陆交通要津，又是风景名胜之地，达官贵人、文人墨客多会于此，千百年来，留下许多美文佳作和美好的记忆。这里选录的几篇文字，从中可以探寻芙蓉镇土家族民族文化的痕迹。

民间传说

双溶洲的传说 相传有一年，永顺一府台到辰州赴任，乘船路过溪州铜柱之地，府台停船上岸观赏溪州铜柱，他听说铜柱是“九火铜”铸成，再炼一火即可成金，便起贪心，想拿走铜柱帽子和铜柱中间的铜钱。他大着胆子，将铜柱帽子和铜钱装运上船，起锚航行，顺流而下。哪知天不由人，航行不远，突然电闪雷鸣，狂风大作，暴雨倾盆而下，河水陡涨，小船在恶浪中颠簸，眼看就要沉没。府台心知这是贪心作怪，上天不容，他急中生智，立即将铜柱帽子、铜钱抛入河中，仓皇而逃。但是船行不久，遇到险滩，舟翻人亡。而铜柱帽子沉入水底之后，河水骤然四射，河中开出一朵荷花，逐渐升起，化为一个沙洲，铜钱化为洲上的卵石。小洲把滔滔酉水分为两条航道，左岸是大溶，是下水主航道，右岸是小溶，是上水航道。后来这个滩叫作双溶滩，洲就叫作“双溶洲”。而这个沙洲也非常神奇，水枯洲不长，水涨洲不淹，始终保持双溶航道。

向老官人 向老官人，原名叫乜库赖，是土家族的英雄，他能说会道，出口成章，相传还能呼风唤雨，有一身扎实的硬功夫。

据说有一年，龙马嘴一带出了一个怪物，兴风作乱，危及百姓，当地群众请来一位土老司都降服不了这个怪物。土司出了榜文，谁能降妖，封官赐爵。向老官人法术高超、武艺过人，经历一番激烈搏斗，降住此妖，此妖原来是匹日行千里夜行八百的白龙马。土司闻之大喜，将降妖有功的向老官人封为军师要职，统领上八府的领土。从此，人们都敬佩他，再不叫他“乜库赖”，都尊称他为向老官人。

向老官人出了名，连皇帝也知道了，想亲自见见他，命令土司进贡时把他带来。向老官人带着虎皮、蜂蜜、药材等土特产到了京城。皇帝问向老官人：“听说上八府很穷，没有金银财宝，所以你就拿这些土特产来进贡，是不是？”向老官人笑着说：“陛下呀，不是我们那里没有金银财宝，这些土货，吃了不生病，穿了能延寿，有钱难买，比金银财宝贵重的多哩！要说金银财宝，我们那里八府、六洞，洞洞满金银，还有龙和凤，富足的很哟！”皇帝又问：“向爱卿家里呢？”向老官人回答：“启禀陛下，臣的家里嘛，算不得什么，不过是八十人背柴，七十人挑水，千根柱头落地，万个门户出入，风扫地，月点灯，猪弹琴，狗拉弓，三只盐船下河老鹰滩上打丢一只，三天缺少盐吃。”皇帝暗暗吃惊，又问：“你家有这么多人，有吃的吗？”向老官人回答说：“吃的要什么紧，有东葛仓、西蕨仓，仓仓积粮如山，三斤半钥匙开仓，要粮只管借不管还。”向老官人的家里，其实穷得要命，他八十岁的父亲，每天背柴；七十岁的母亲，每天挑水；一间烂茅屋，天通地漏；有只狗瘦的像弯弓；一只母猪饿的天天喊；喂的三只鸭，被老鹰抓去一只，没有蛋卖，家里三天没吃到盐；靠三斤半的挖锄，东挖葛、西挖蕨度日。皇帝不懂向老官人的哑谜，见他对答如流，信以为真。又问：“你们那虽然富足，但是没有人才。”向老官人更神气地说：“人才吵，上八府，下七府，府府有能人，能文又能武，下海搏蛟龙，上山能捉虎，呼风唤的雨，神仙都服输。”他们正谈得起劲，突然宫女飞奔来报后宫失火！皇帝惊慌失措，向老官人说：“陛下休慌，这是小事。”他站起来向后宫喷了三口茶水，坐下来说：“无事，陛下安心喝酒。”皇帝哪里肯信，这时只见宫女又跑来禀报，说刚才下了几阵大雨，火被淋熄了。皇帝听了，惊得伸着舌头，好一阵缩不进去。

皇帝见向老官人相貌不凡，又有了不起的本事，想留他在朝保江山，安社稷。就诚恳地对向老官人说：“我这次要你来，就是要你在朝为官，和我同享荣华富贵，你看如何？”向老官人摇头不肯。皇帝又说：“难道我这金碧辉煌的金銮宝殿，还比不上你那好吗？”向老官人说：“你这金銮殿再好，也不如我那里的万宝山好。你这里的人，只会吃饭，做不来事，我们那里的人，勤劳勇敢，天天挖金挖银。”皇帝再三挽留，向老官人只是不肯。皇帝见他有本事，怕他将来成为和自己争江山夺社稷的后患，决定把他除掉。向老官人离开京城那天，皇帝亲自到午朝门外送行。皇帝手捧一瓶御酒，装作十分诚恳的样子，对向老官人说：“这是外国进贡的好酒，你带回去，让你们那里的人一起尝尝味。”向老官人是个直心肠，又爱喝酒，一点也没推辞，接过御酒，揣在怀里，跃上白龙马，双手一拱，离了京城。

向老官人骑着龙马，来到沅陵白马渡。当时正是烈日炎炎的六月，他渴的嘴里都冒了青烟，闻到怀中御酒的喷喷香味，再也挨不住了，从怀中取出御酒，揭开盖子，就在马上咕噜噜喝了两口，酒一下喉，就感到天旋地转，肚痛难熬，走不上一里路，七孔流血，死在马上。向老官人惨遭皇帝毒手，死而不服，要到皇帝那里去问罪，尸体伏在马上不倒下来。他的马很懂人性，就带着向老官人的尸体，眼泪滔滔地跑到京城。皇帝做贼心虚，见白龙马驮着向老官人回来，骇得要死，对向老官人说："给你做七七四十九天超度道场，满朝文武披麻戴孝送葬。"他见向老官人尸体还是不倒。又说："你管阴，我管阳，封你为八部大神。你管阴享万代香火，与天同寿，日月同明，我管阳就是这一代的事。"这样向老官人才点了点头，他的白龙马嘶叫一声把他驮到水八洞。传说水八洞的白岩，就是向老官人的白龙马所变，他的一只脚还跨在白龙马上。

田好汉 在"土王祠"的塑像，右边的塑像就是田好汉，他是土司的武官，高个子，力气大，武艺高强。

相传田好汉在家做阳春时，耕田嫌牛走得慢，用肩扛着牛，手提着犁走。做生意，能将黄豆捏出油，行船能将竹篙捏成细篾条，行侠仗义，路见不平就出手。在修建老司城时，他见民工抬岩辛苦，他把1000多斤重的岩石轻快地搬到工地，民工几个月要做的工，他一天就干完了，老司城的大岩石都是他搬来的，为修老司城立了大功。

田好汉在家做阳春时，发明了砍树挖岩用的千斤重的砍刀和割茅打草用的能削铁如泥的弯刀，在田好汉与吴著冲的搏斗中，他把砍刀与弯刀结合起来，发明了"钩镰枪"。

传说吴著冲有一双肉翅膀，能腾云驾雾，而田好汉用钩镰枪砍断了吴著冲的翅膀，将其杀死，为土司立下战功，成为土司定乾坤的虎将。

史载溪州土兵的钩镰枪有很强的远距离杀伤敌人的功能，在抗倭战斗中使倭寇闻风丧胆，发挥了很重要的作用。

田好汉这一传说人物追溯其历史原型，应是《酉阳杂俎》中记载的，西汉五溪夷首领田疆的史迹（田姓是溪州历史久远的古姓），田好汉这一形象体现了土家族的崇德尚武精神。

科洞毛人 民间传说中的科洞毛人是土司麾下的镇乱大将军。他力大无穷，粗大的金丝楠可以连根拔起，浑身汗毛，又黑又粗，既无姓也无名，靠打柴、捕猎为生。因为家住在猛洞河边的科洞，人称其为"科洞毛人"。

树有根，水有源，人有缘。科洞毛人为何会力大无穷，就是因为他的家乡科洞有股清亮的龙泉水，四季长流，永不枯竭，喝这股水，就有一龙二虎三豹四功五福六顺七能八德九牛十全之力，就能攻无不克。

科洞毛人雕塑（2018 年） 张入化 摄

科洞毛人，忠厚善良，为人仗义，维护一方乡民的平安吉祥。当时科洞这地方有一恶虎，经常夜晚伤人，科洞毛人趁夜色守在山坳上，待恶虎来时，一声大吼，山摇地动，搬起一壁山石，朝猛虎砸去，为民除了虎害。这巨石在猛洞河畔砸出了一个平坝，这就是虎治坪，其后此处地名演变为抚志坪。乡民都称赞他为“毕兹卡罗岔”，意思是土家英雄，土司更封他为镇乱大将军。

有一次，官兵入侵溪州，想抢走猛洞河镇河之宝溪州铜柱。面对气势汹汹的官兵沿酉水乘船而来，科洞毛人站在高山上，用滚石檑木把官军的战船砸翻，形成了猛洞河上的雷公滩，使溪州铜柱耀千年。

“科洞毛人”这一民间传说，昭示着土家人对猛洞河山水的养育之恩的感谢，猛洞山水就是土家之源。“毛人”的家乡“科洞”，山毓水秀，连山襟水，长虹卧波，猛洞河漂流的启漂景点为国家 AAAA 级旅游景区。

鲁力嘎巴 鲁力嘎巴，传说是土司的悍将，勇猛无比。五代时，彭士愁在溪州开疆拓土，来到猛洞河，这里山陡崖险，河流湍急，无法过河。于是鲁力嘎巴用双手劈掉黑

鲁力嘎巴举石头（2018 年） 张入化 摄

山山脉的一堵崖壁，用手搬来三块二十见方（20 平方米）的嶙峋石幔，使天堑变通途。劈开崖壁的地方叫作鲁纳坡，成为土家人宜居的秀美山寨。安放的三块石幔之处就是猛洞河的三角岩。猛洞河水从石幔中穿空而出，波峰与波谷齐观，急流与清泉共鸣，形成令人称奇的景观。

彭士愁与马希范溪州之战时，鲁力嘎巴困守保山寨，他用山寨的千斤巨石作为礌石武器，打了一场礌石战，使楚军寸步难行，伤亡惨重，楚军的决胜指挥使廖匡齐在礌石战中毙命。最后只好立铜柱签和约。

其实，鲁力嘎巴并不是人名，鲁力嘎巴是土家语，鲁力原意为“大山中的老虎”，而嘎巴是“岩石”。这一人物形象昭示着土家民族的精神——吃得苦，霸得蛮，有着使不完用不尽的力量源泉。土家族世居武陵山喀斯特地区，高山水险，自然条件恶劣。武陵山振兴正需要这种“天行健，君子自强不息”的奋斗精神。所以土家人把“鲁力嘎巴”作为土家先祖八部大神的代表。

西兰卡普的故事 传说很久很久以前，土家山寨有个叫“西兰”的姑娘，最会织土花铺盖。她织的花儿香得起，惹得蜜蜂飞来嗡嗡叫；她织的鸟儿飞得起，惹得四方八面的鸟儿飞来贴着织锦喳喳叫；她织的鱼儿漂得起，惹得猫儿围着织锦咪咪叫。

山上的花、河边的花十样百样都被她织完了，她问姑姑：“还有什么花呀？”姑姑说：“没有了没有了，我所见的花都被你织完了。”她问婶娘：“还有什么花呀？”婶娘说：“没有什么花了。”

有一天，西兰碰到一位白胡子公公站在后园的白果树下，慈祥地对她说：“姑娘，你怎么不织白果花呢？白果花才真的漂亮呢！”西兰从未见过这位老爷爷，她惊奇地问：“白果真的会开花？”白胡子公公说：“当然开，只是开在深更半夜，寅时开，卯时谢，要有诚意和耐心的人才能看到。”

西兰照着白胡子老公公的话做了，每晚夜深人静时，便独自走进后园，坐在树下等白果开花。等了一夜又一夜，还是没见白果开花。

这事让嘴尖的嫂嫂看到，她向丈夫搬弄是非地说：“西兰每天半夜三更守在后园，不晓得她等哪个男人？”人有脸，树有皮，当哥哥的当然不希望自己的妹妹丢人现眼，于是暗地里跟踪西兰。

这天半夜，西兰照样走到白果树下。在圣洁的月光下，白果花果然开了。一树树，一朵朵，像雪一样洁白，像玉一样无瑕，香在半夜里，开在月光下。西兰很高兴，摘了几枝准备回房挑灯夜织，把这美丽的花织进织锦里。突然，一把斧头朝她劈来……

原来，听了老婆小话的哥哥，一气之下喝得大醉，拿把斧头冒冒失失地连夜寻来，果然看见西兰一个人站在树下，便不问青红皂白地挥斧砍来。西兰倒下了，鲜血染红了白果花。她死后化做西兰鸟，日夜哀鸣：“枝头喊喊喳喳，后园白果开花，查切（土家语：嫂子）是非小话，哥哥错把我杀……”

为了纪念这位为追求美好生活而献身的土家织女，乡亲们从此以西兰为名，将土家织锦命名为“西兰卡普”。

“咚咚喹”的传说 从前，古镇营盘溪边住着一户人家，家里一位老翁带着一个孙女，以捕鱼打猎为生。孙女婷婷芳龄十八，美若天仙（人们叫她渔家仙姑），与爷爷过着与世无争的悠闲生活。每当晨曦初露，河面上就飘来婷婷的歌声：“咚咚喹咚咚喹，溪口码头吹又吹，驾船阿哥去常德，缠头丝帕早带回。”婷婷的歌声刚停，对岸划船郎接了歌声回应：“咚咚喹咚咚喹，早吹晚吹等哥回，七十二道险滩过，常德丝帕定带回。”

接这歌声正是婷婷的意中人石龙，他练就一身好武功，更是驾船的一把好手，堪称酉水河的“浪里白条”。婷婷的爷爷假装没有听见孙女与石龙的对歌，心里却盘算着腊月就给他俩把婚事办了。

可是好景不长，当地大财主早就垂涎婷婷的美貌，趁秋冬枯水季节，全权委托石龙送最后一批桐油到常德销售，而且要连夜启程。石龙心生疑惑，销售桐油季节应在每年的三四月份，为什么非要在枯水季节去销售呢？但石龙还是安排伙计备足生活用品，给他们讲了沿途滩险行船要注意的事项，并安排商船当晚在王村河码头停靠休息，到古镇街上江西会馆看汉戏表演。次日当商船即将行至罗依溪箭潭口第一个险滩时，在桅杆上探望的伙计发现箭潭口安有倒须壕（一种水上工事），立即下桅杆告知石龙。石龙不慌不忙，令驾长好好稳舵，自己则镇定指挥商船进漕挂高取矮、绕离暗礁、避开西流水，商船在波浪中险象环生地穿行，终于化险为夷，安全驶过了箭潭口险滩。石龙想：这七十二道险滩，处处危机重重，一定要谨慎驾驶，将财主的桐油安全运往常德，早点回来见自己的心上人。

当石龙历经艰险，将桐油运至常德打开商船交货时，他惊呆了：桶内封装的竟然是河水，哪是桐油呀！原来财主早已与当地老板暗中勾结，状告石龙偷梁换柱，在途中将桐油卖掉，再装上水去骗常德的桐油老板。商船在河码头起航时，石龙没有验货，只想把桐油安全运抵常德交给财主，什么运费、货款都是管事全权办理，自己则认为只要将货物安全运抵就万事大吉了。此时石龙有理也说不清，整船的桐油价值十几万银圆，怎么都赔偿不起，他吃了牢狱官司，被发配到武汉修筑河堤做苦役，直至病死。

就在石龙开船出口之后，财主得知婷婷的爷爷到列夕回龙庵赶庙会去了，婷婷在家补网守船，同时财主安排驻常德的官事带信来，说运货商船已过了凤滩，财主认为时机已到，欣喜若狂，立即命人捉拿婷婷，达到霸占婷婷的目的。婷婷抵死不从，手中紧握斑竹叉竿拼命抵抗，叉竿上磨出的眼孔发出“咚咚”的怒吼声，帮婷婷助威。但终因寡不敌众，婷婷跳入河中为心爱的人殉情，变成了“渔家仙姑”，终日屹立河边，等待石龙的归来。斑竹叉竿亦变成了一根金竹深埋在营盘溪河边，后来竟然长成酉水河两岸的斑竹、白竹、水竹、赤竹、楠竹、梁山竹。每当夜深人静，瀑布湾的竹声与涛声交织在一起，好似婷婷在含着斑竹叉竿磨出的眼孔吹出的音乐，呼唤自己的心上人，其声音时而低沉、时而高亢、时而清脆、时而哭泣，好像在叙说“毕兹卡”的历史足迹和人生变迁。

这里的村民为纪念婷婷和赞颂她对爱情的忠贞不渝，就用竹子做成“咚咚喹”吹奏。尤其是在阿哥阿妹邀约的恋爱日子，在舍巴节模拟的音符似“相思鸟”呼应对答，借助“咚咚喹”将情化声，引来情侣相倾，牵上姻缘五彩思（丝）线，收到情歌所达不到的效果。在民间更加深受妇女与孩子们的喜爱。人们将竹子编织成背篓、筛子、晒簟、摇篮等生活用具，每当使用时，就自然想到“渔家仙姑”的传说故事。待婷婷的爷爷参加庙会归来，才得知孙女婷婷投河殉情，爷爷也不去投靠亲友，而终日以船为伴，渡送古镇王村与对岸河西的村民和学生。当地村民侍候婷婷的爷爷就像对待自己的亲人一样，送油送米，添衣置被，直至老人寿终正寝。

时至今日，当地还流传着这样的歌谣：“爷爷摆渡八十八，早晚接送学生伢；一生相依船为伴，造福溪口瀑布湾。”不仅如此，这里的乡间大嫂们每当遇到自己的孩子啼哭时，就对着摇篮吹咚咚喹，一边哼唱：“酉水河、酉水河、渔家仙姑快快来，终日不见石龙影，抬眼望见将军岩。”孩子们一听，就渐渐睡着了，“咚咚喹”就这样在营盘溪、瀑布湾一带传承了几百年。

凉水井传说 在公馆坪，有一股长流不息的泉水，哪怕干旱三年六个月，亮晶晶的泉水照样往外流，供给附近千家百姓受用。这股水只有一根丝线粗细，流入一个岩窝里，任凭挑水人汲取，岩窝内的水总是满满的，舀也舀不干。

有一年，四川秀山县王员外夫人突然暴病死亡，一家人放声大哭。这时门外走进来两个天仙般的姑娘，问明情由，直奔灵柩旁安慰王员外。王员外听罢停止悲声，破涕为笑，将二位小姐请至客厅上茶后说道：“二位小姐只要能使我夫人起死回生，愿将万贯家财酬谢二位”。一位姑娘说：“我姐妹二人非贪财之人，只因与你夫人有缘，碰上了我姐妹二人，请员外开棺。”两位姑娘随员外来到灵堂，叫人打开棺盖，刚才说话那位姑娘从腰间取出葫芦，扭开葫芦盖，将葫芦内清亮的药水滴入夫人嘴内。片刻间夫人渐渐睁开双眼，双手一撑，站立起来，一家人转悲为喜，拜谢两位姑娘。员外见两位姑娘不肯纳礼，问道：“请问二位仙家哪方人氏，高姓大名”。姑娘从袖内飘出一块白绫，告辞出门。王员外捡起白绫，只见上面写着几行清秀工整的毛笔字：“家住酉水边，王村凉水井，白芝和藤兰，便是我们名。”

王员外和夫人乘了大轿来到王村，到处打听，都不知道凉水井在什么地方，更不晓得白芝、藤兰住在哪里。王员外从河码头问到五里牌，又转身问到公馆坪，没有找到救命恩人，回馆驿又将此事向馆驿人员说了，并拿出那块白绫，一新科举人看后啊了一声，手拉员外来到一个小水井旁，指着高大的柏树和缠在树干上的大青藤说："两位姑娘莫非就是千年的柏树和青藤所化？"经他这一提醒，王员外恍然大悟。忙将几匹红绫挂在柏树青藤上，又放了几箩筐鞭炮，烧了几担香纸。晚上白芝和青藤给员外托梦，要他将岩窝扩大，修成水井，取名凉水井。员外照着两位姑娘的吩咐，请来手艺高超的岩匠，修了水井，并请那位举人在水井门楣上书写"凉水井"三字。从此，凉水井百年不枯干，千年不变味，一直流到今天。

金鸭井的传说 王村街中那口井叫金鸭井，井水又清又凉，可供全街几千人饮用。用这井水煮饭炒菜、清香可口，做豆腐嫩白好吃，蒸酒清爽香冽。相传长期饮用这井水，会心灵手巧，心明眼亮，容光焕发。

原先王村街上没有井，人们喝水、用水都要到酉水河去背。有首民歌唱出背水之苦："背桶栽的两根索，背水要下酉水河。肩膀磨成猴屁股，岩板踩成灯盏窝。"有一年天旱几个月都没下雨，酉水也断流了。王村百姓到酉水滩上挖坑取水，后来坑里也挖不出水来，许多人渴死了。酉水河岸上有个老梯玛（土巫师），本领高强，法力无边，心地慈善，他实在看不下百姓的痛苦，就钻到瀑布下面的龙潭，闯进龙宫，让龙王洒点雨，解除百姓们的干渴之苦。龙王由于没有玉皇大帝的圣旨，也不敢降雨，老梯玛吃过饭后，在龙王的后花园里发现一个池塘，决定将池塘的水引到王村街上。他打定主意，摇身一变，变成一只大金鸭，有三尺高，扁嘴像一把大铁锹。金鸭子用嘴将池塘戳开，戳呀戳呀，第二天早晨白花花的清凉井水就在街上涌了出来，老百姓见了水一个个欢天喜地，舀背挑忙个不停，大家喝够了水，忽然听见井后的深洞里有"吧、吧、吧"的声音，大家一听就听出来是老梯玛的声音，忙躬身一看，只见一只金光闪闪的大金鸭，正在用扁嘴把水路戳宽，还张开嘴向大家"呷呷呷"地叫个不停，眼睛里还含着泪，大家这才知道老梯玛为解救大家干渴之苦，再也不能还原成人了。这就是金鸭井的来历。由于金鸭井的水是从龙王的池塘里流出来的，所以比其他地方的井水更清凉，更干净，也从来没有干涸过。

王村米豆腐的传说 太平军经过长途行军，十分疲劳，加上水土不服，在王村驻扎后，军中突然害起痢疾来。军中缺医少药，病情无法控制，翼王焦急万分。中午翼王正在军营里翻看入川地图，有些疲倦，忽然进来一个白胡子老头，拄着一根长烟杆，一见翼王，便问："王爷面带愁容，有什么为难之事？"翼王把军中害痢疾的事情说了一遍，并问附近有什么好医生？白胡子老头笑着说："王爷不用担心，要想士卒平安无事，只需吃蓝石雪粉碧玉果。”翼王忙问什么是“蓝石雪粉碧玉果”，但白胡子老头忽然不见了，原来是一个梦。翼王对于这个梦十分不解，就到街上漫步，低头沉思，并念叨着“蓝石雪粉碧玉果”的名字，当他信步来到一家米豆腐摊子边，看到缸里装着米豆腐粒，颗颗洁白如玉，有所启发，忙问摆摊的老人：“这是碧玉果么？”老人笑着说：“什么碧玉果？米豆腐颗粒嘛！是把大米泡在石灰水里，然后磨成浆熬成的哩。”翼王沉思一会，恍然大悟，青石头做成石灰，正是蓝石雪粉，碧玉果就是米豆腐。便买了这个摊子上的米豆腐粒，让患病士兵吃，痢疾果然好了。百姓听说翼王买米豆腐治痢疾的事，便家家户户做了米豆腐送到军营，军中的病情很快得到控制，太平军不久就恢复体力离开王村，经龙山进入四川。经过这次医治太平军将士的病症后，人们才晓得米豆腐还是医治肚泄、头痛、发烧的良药，是夏令的最好食品，从此，米豆腐成了王村的特制食品之一。

站将军和卧将军 王村营盘溪洞坎下有两个大石头，右岸的大石头高有两丈余，周围五个人也合抱不拢，头部、上下体分明，像一个威武雄壮的巨人，站立河岸，人称“站将军”；对岸的那块石头，体积十分庞大，也像一个巨人，身躯歪斜，躺在河岸边，人称“卧将军”。离巨石上游两三丈远，是当年王村通会溪坪、施溶溪的大道，每天过往的人很多，河对岸建有一座摆手堂，是王村土家族人敬祖先、跳摆手舞的地方。每年初一、十五人们都过河到摆手堂焚香敬神，一到正月，人们齐集那里，跳摆手舞，唱摆手歌，要玩十天半月。只是这里溪流湍急，人们过河困难，于是就想架桥，由于桥基不巩固，两岸又没有抵山，桥刚修好就被冲垮，反复了七七四十九次，还是没修好这座桥。相传，玉皇大帝被王村人修桥精神所感动，就派两个神将，在营盘溪上修建一座石桥，并限定修好后，不等鸡鸣，就要赶回天庭。两位神将听了玉帝的安排，运用神功，从百里外的五角坪运来最好的建材石料，下基石，量墨线，一座雄伟坚固的大石桥在鸡鸣之前就修好了，他们实在太辛苦，一位神将要求休息一下，结果睡得太死，另一位神将在鸡鸣之前，怎么也叫不醒他的伙伴，错过了返回天庭的时间，两人都化成了大石头，永远留在营盘溪守候在石桥的两侧，保佑王村百姓幸福安康。王村百姓还真把两个石头当成了神石，每当逢年过节，或祈福消灾时，人们都要给他们披上红布，焚香叩拜。还有人拜石头为干爹，取名“岩头”“岩二”“岩三”，祈求易养成人，长命百岁。

八部大神 传说，八部大神是罗公罗娘的八个兄弟，他们有非常大的本领，帮助他们的妹夫打退了外敌的侵略，他们的妹夫是个皇帝，请八个哥哥出征时，讲尽了好话，说是打退了敌人后给八个哥哥分封疆土，可是当敌人打退后，妹夫就不理睬八个哥哥了。八个哥哥无家可归，和妹夫商量借个安身之处，妹夫总是推三推四不肯借。这样八个哥哥只好带着一肚子气转回老家。他们越想越气，越气越恨。于是叫燕子带个火种把妹夫的金銮殿放火烧了。这熊熊大火一烧，妹妹喊天叫地地大哭起来。妹妹的哭声传到了八个哥哥的耳朵里，八个哥哥同妹妹总有同胞之情，便动了不忍之心，由大哥向金銮殿喷了三口水，把大火扑灭了。金銮殿烧了一半，留了一半，后来妹夫请钦天监人一谋算，才晓得是八个哥哥放的火、灭的火，后来妹夫封八个兄弟为八部大神。八兄弟成神，威灵显应，保佑土家人，家发人兴。年年所跳的摆手舞就是要敬八部大神。

碑序

溪州铜柱铭文（选录）

天策上将军、江南诸道都统、楚王希范。

天策府学士、江南诸道都统、掌书记、通议大夫、检校尚书、左仆射兼御史大夫、上柱国、赐紫金鱼袋李弘皋撰。

粤以天福五年，岁在庚子、夏五月，楚王召天策府学士李弘皋谓曰："我烈祖昭灵王，汉建武十八年，平征侧于龙编，树铜柱于象浦。其铭曰：'金人汗出，铁马蹄坚，子孙相连，九九百年。'是知吾祖宗之庆，胤绪绵远，则九九百年之运，昌于南夏者乎？今五溪初宁，郡帅内附。古者天子铭德，诸侯计功，大夫称伐，必有刊勒，垂诸简编；将立标题，式昭恩信。敢继前烈，为吾纪焉。"弘皋承教濡毫，载叙厥事：

盖闻牂牁接境，盘瓠遗风，因六子以分居，入五溪而聚族。上古以之要服，中古渐尔羁縻，洎帅号精夫，相名洟氏。汉则宋均置吏，稍静溪山，唐则杨思兴师，遂开辰、锦。迩来豪右，时恣陆梁，去就在心，否臧由己。

溪州彭士愁，世传郡印，家总州兵，布惠立威，识恩知劝，故能历三四代，长千万夫。非德教之所加，岂简书而可畏？亦无辜于大国，亦不虐於小民，多自生知，因而善

处。无何忽乘间隙，俄至动摇。我王每示含弘，尝加姑息。渐为边患，深入郊圻；剽掠耕桑，侵暴辰、澧；疆吏告逼，郡人失宁。非萌作孽之心，偶昧戢兵之法；焉知纵火，果至自焚。

时晋天子肇创丕基，倚注雄德，以文皇帝之徽号，继武穆王之令谟，册命我王开天策府。天人降止，备物在庭。方振声明，又当昭泰。眷言僻陋，可俟绥怀。而边鄙上言，各请效命。王乃以静江军指挥使刘勍，率诸部将，付以偏师。钲鼓之声，震动溪谷。彼乃弃州保崄，结寨凭高，唯有鸟飞，谓无人到。而刘勍虔遵庙算，密运神机，跨壑披崖，临危下瞰。梯冲既合，水泉无汲引之门；樵采莫通，粮糗乏转输之路。固甘衿甲，岂暇投戈？彭师杲为父输诚，束身纳款。我王愍其通变，受降招携。崇侯感德以归

王村瀑布（2016年） 蒲忠胜 提供

周，孟获畏威而事蜀。

王曰："古者叛而伐之，服而柔之，不夺其财，不贪其土。前王典故，后代蓍龟。吾伐叛怀柔，敢无师古；夺财贪地，实所不为。"乃依前奏，授彭士愁溪州刺史，就加检校太保。诸子将吏，成复职员；锡赉有差，俾安其土。仍颁廪粟，大赈贫民，乃迁州城，下于平岸。溪之将佐，衔恩向化，请立柱以誓焉。

于戏，王者之师，贵谋贱战，兵不染锷，士无告劳。肃清五溪，震詟百越，致平疆理，保乂邦家。尔宜无扰耕桑，无焚庐舍，无害樵牧，无阻川涂，勿矜激濑飞湍，勿恃悬崖绝壁。荷君亲之厚施，我不征求；感天地之至仁，尔怀宁抚。苟违诫誓，是昧神祇；垂于子孙，庇尔族类。铁碑可立，敢忘贤哲之踪；铜柱堪铭，愿奉祖宗之德。弘皋仰遵王命，谨作颂焉。其词曰：

昭灵铸柱垂英烈，手执干戈征百越，
我王铸柱庇黔黎，指画风雷开五溪。
五溪之崄不足恃，我旅争登若平地，
五溪之众不足凭，我师轻蹑如春冰。
溪人畏威仍感惠，纳质归明求立誓，
誓山川兮告鬼神，保子孙兮千万春。

推诚奉节弘义功臣、天策府都尉、武安军节度副使、判内外诸司事、永州团练使、光禄大夫、检校太傅、使持节永州诸军事、行永州刺史、兼御史大夫、上柱国、扶风县开国侯食邑一千户马希广奉教监临铸造。

天福五年正月十九日，溪州刺史彭士愁与五姓归明，众具件状，饮血求誓。楚王略其词，镌于柱之一隅。

右据状，溪州静边都，自古以来，代无违背。天福四年九月，蒙王庭发军收讨不顺之人，当都愿将本管诸团百姓军人及父祖本分田场土产，归明王化。当州大乡、三亭两县，苦无税课，归顺之后，请祇依旧额供输。不许管界团保军人百姓，乱入诸州四界，劫掠詃盗，逃走户人。凡是王庭差纲，收买溪货，并都幕采伐土产，不许辄有庇占。其五姓主首，州县职掌有罪，本都申上科惩。如别无罪名，请不降官军攻讨。若有违誓约，甘请准前差发大军诛伐。一心归顺王化，永事明庭。上对三十三天明神，下将宣祇为证者。

王曰："尔能恭顺，我无科徭；本州赋租，自为供赡；本都兵士，亦不抽差。永无金革之虞，克保耕桑之业。皇天后土，山川鬼神，吾之推诚，可以玄鉴。"

飞水寨一角（2016年）　　蒲忠胜　提供

禁示碑（2018 年）　　杨崇贵　摄

荷花池禁示碑

禁示碑

特授湖南永顺府永顺县卓翼候升加二级秦为严禁事照得隶役之设。原以供差遣效力奔走，岂容计图，便安非分，僭妄本县访问。近日该差等，每遇承差下乡勾摄公事，无论地之远近，竟有乘骑坐轿滋扰之事。正在示禁间，该绅士等禀请示禁，前来合行。严禁为此示衙役人等，知悉嗣后等，奉票下乡，均应正身亲往，不得乘骑坐轿及私令白役替往。致有任意籍索攘害之事，倘敢阳奉阴违，仍蹈前辙，经访闻或被告，发定即从严辨惩，绝不姑容，凛之慎，之毋违特示。

碑记

该碑系清道光二十八年（公元一八四八年）永顺府永顺县正堂秦卓异撰文。碑文记载：衙役下乡均应正身，不得乘骑坐轿，任意扰害。倘阳奉阴违，若经查出或告发，定从严惩，绝不姑容。原碑立于铜瓦废弃古道边，为保护抢迁于此，供世人观瞻。

湘西州芙蓉镇景点圈管委会

二〇一一年仲秋

土知州城堡碑文

祉舍屋基原属旧治世业，届在邻境；弃荒多载，及先考公相其地可以营室，乃修葺之，瓦石砌补，垒基使高，将为城堡，以备邻寇之不虞也，工已办，蒙祖恩擢录为总裁，遂往司，公冗未果，命舜等继埋之，令舜等不敢忘先志，勉力趋事。

始于岁之桂月告成，敢志诸石，以明继述意也时。

雍正四年八月朔毅旦

彭启舜

彭启国

石匠　孙嗣　光宁

楹联

凉水井联

朱熹

一窍有泉通地脉，

四时无雨滴天浆。

贞节牌坊联

节比霜清垂内侧，

孝为火德焕幽光。

摆手堂联

守斯土抚斯土斯土黎民感恩戴德同歌摆手，

封八蛮佑八蛮八蛮疆土风调雨顺共庆丰年。

土王桥联

楚界铭文盟誓土司八百年江山如画，
海疆卫国抗倭东南第一战功绩永垂。

听涛山庄联

欧家春撰

依芙蓉镇领十八罗汉迎客迎宾迎盛会，
旁猛洞水览百年画廊陶性陶情陶诸君。

半边街联

杨和平

半边牌楼半边街，半截裤子半边鞋；
半山半水半牧渔，半农半商半柜台。

土王祠联

李泽炳

一战固家邦开疆拓土三千里，
永禳怀德泽播惠施恩八百年。

土王行宫联

颀石

半山楼廓戳云穿雾风韵古，
一水飞泻曳竹摇松画意新。

芙蓉镇大门联

此地独钟灵，历千秋岁月依然有王者风，王者范；
芙蓉方吐艳，迎四海宾朋正适宜客之旅，客之居。

芙蓉苑联

彭秀模

影剧增辉一朵芙蓉初出水，

酉阳焕彩千年历史又重光。

王村河码头城门联

浪石

湘鄂古道马帮挥鞭越涧翻山横穿武陵连三郡，

楚蜀通津舟楫竞发绕礁劈浪盘踞酉水第一关。

酉水画廊联

李泽炳

一水流时，满江渔火随兴去。

千帆过处，四海宾朋趁兴来。

诗文

明清铜柱诗

铜柱秋风

周惠畴

黄金铸就几千年，胜迹曾闻父老传。

眼底诸峰皆委地，山中一柱独擎天。

影横西涧龙惊蛰，光照南山鹤不眠。

碧草白沙相对晚，凉飔两袖袭诗仙。

溪州铜柱二首

唐仁汇

蛮烟瘴雨马前空，日月初开一片铜。
高挂酉山云向北，俯临辰水浪朝东。
倚天紫气分长剑，扑地苍崖拥短虹。
想见土酋环柱泣，铙歌鼓吹满西风。

当年王号窃南陬，姓字居然在上头。
半壁云山悬霸业，千秋峒户控溪州。
中原无主乾坤破，竖子成名乳臭留。
土宇只今天作界，不须铜柱补金瓯。

王村

刘年

过些年，我会回到王村的后山
种一厢辣椒，一厢浆果，一厢韭菜
喜欢土地的诚实，锄头的简单，四季的守信
累了，就去石崖上坐一坐
那里可以看到深青的酉水
我会迎风流泪
有时候，是因为吃了生椒
有时候，是因为看久了落日
有一次，是因为看到你，提着拉杆箱
下了船，在码头上问路

王村镇的银匠[①]

刘年

瓦背上，月亮，像刚刚抛光的银
想起了花溪
肌肤在水里，透着光泽
仿佛，女人是纯银的骨
铁砧上，银，女人一样软
很容易就弯成满月的形状
他们说，纯银的手镯，比精钢的手铐
更能锁住一个女人
银圈不小心跌落，顺着青石板
叮叮当当，滚出两丈多远
这让我再次想到了花溪

一个人的湘西辞典之芙蓉镇[②]

彭学明

芙蓉镇，也叫王村，在湘西永顺县，与古丈县坐龙峡景区隔河相望，是一座具有两千多年历史的古镇。因谢晋电影《芙蓉镇》在此拍摄，改名芙蓉镇。芙蓉镇自古就是水上重要通道，上通川黔，下达洞庭长江，有“楚蜀通津”之称。

其实并无几棵芙蓉，只因古华、谢晋和刘晓庆在这里轰轰烈烈地闹了一场大戏，它便响响地，名正言顺地有了这个名字。

大河、木排、渔船、轮渡、悠悠的船工号子，都静静浮在水面，看蓝天、白云、太阳和飞鸟，看乌篷船踩着水波缓缓荡去。排工们把衣服脱了，在木排上光溜溜地站着，痴痴地望着船上正在绣着织锦的土家女子，却不知衣服被水漂了很远，那女子也飞快地瞟了他们一眼，脸“刷”地红了，针刺进了手指。

山镇就美美地在河岸坐着，吊脚楼依次码上去，从河谷到山顶，或木或砖，红红绿

---

① 发表于《人民文学》，2015 年第 4 期。

② 录自《一个人的湘西辞典》。

绿，灰灰白白，远远望去，像数排悬在山腰上的鸟笼。一条青石板路拾级而上，只那么轻轻一剪，这山腰上密密的吊脚楼，便齐刷刷地闪立在两旁。整个山镇便像一本厚重的古书，对半翻着，那剪开的空隙，就成了一条幽深的街巷，有如书中夹蓿的一根丝线。

街巷宛转如蛇行，刚刚走过的，回首一望，却又没了；以为尽了，一上前，却又有一节铺开。两边的门对开着，各自在阶沿上摆个小摊，卖粉条、烟果、米豆腐和茶水。或支一个小炉，炸灯盏窝、白糖饺。这镇里的米豆腐是出了名的，雪白雪白，晶亮晶亮，泡上辣椒、酸姜、酱油、肉丝等等，能香上十里地。镇子上已卖了几十个世纪，胡玉音也卖了好几个月，秦书田吃过，谷燕山吃过，黎满庚和所有的俏男子都吃过。镇腰上，一道沟壑平添。小溪潺潺流水，鱼虾悠闲地游弋，女人静静地洗着，红的被单、绿的裙子、白的衬衣、黄的拖鞋，一件件仰天摊晒，承受着阳光明朗的亲吻。她们洗着说着，突然一阵哄笑，惊飞了一群戏水的野白鸽。那烫发的便红了脸，向对方恨恨地浇一身溪水。旁边的几个娃崽傻笑着，脱光了屁股晒太阳。小溪一路欢笑着跑去，没跑多远，一堵深渊挡住，只好慌不择路，勇敢地从断崖上跳下去。这跳下的雄姿，便就是瀑布。瀑布隆隆响着，远望是一面巨大的素色门帘，近瞧是无数撒泼的碎米雪粒。撩开这透明的水晶珠帘，会不会有一座猴王的仙洞呢？

花果山是有的，就在瀑布旁边，葡萄、橘子、桃子、梨子，满满一山。孙悟空不美，当不了这里的猴王。倒是土司王为了使其疆土不受侵犯，率兵御敌，划地为城，在这里美了好几个世纪。于是修了亭子，立了铜柱，在柱上刻下了土司王及其土文化的历史。于是有许许多多的人来此访祖寻根。

有了这吊脚楼、铜柱、瀑布，还有福音堂、凉水井、猛洞河，刘晓庆才装扮了胡玉音来这里卖米豆腐，谢晋才带了秦癫子来这里扫街，黄永玉才带了钩鼻子来这里吹牛。

山镇一下子成了新闻，成了报纸，成了一张特别邮票和敞口信封。于是，在人们的记忆里，有了这不多但却好看的芙蓉，有了这湘西深处古朴而又崭新的山镇……

王村一夜[①]

查干

人有时候难以料理自己的心绪。在白天，这种状态时有发生。山水阳光、树木花草

① 发表于《民族文学》，2006年第12期。

以及各类人等不断地映入眼帘，搅得你无法集中精力去想明白那些值得你倾心的事物。

夜晚，则有些不同。你可以将白天的伪装，譬如违心的庄严、微笑以及亲昵状，全部脱了去，就如扔手套。这时，你会感到轻松，也会感到脆弱和无力。然而，此时的你才是你自己，你漂泊无定的灵魂，这时与你近于咫尺，口吐真言，不再掩饰。

在湘西王村，我度过了这样的一个夜晚——不眠的又是诗意的，更是迷失了自我的夜晚。

天将黄昏的时候，笔会车队终于到达了叫作“听涛山庄”的，一听就令你心跳的所在。

那是一座依山傍水又颇具南国特色的幽静居处。我抢先向召集人龙小姐提出申请，想住进那间最高处的幽屋。她笑着慨然允许并嘱咐我不要着急，慢慢往上爬，那一间一定是你的了。

诗人舒婷眼含妒忌地说，你倒鬼机灵。我诡谲地一笑，便自得而去。

酉水悠悠，果然在眼下淌着。烟水中的王村，朦胧着依山而居，使人想起山城重庆。

那些墨顶白墙的吊脚楼群，好似离岸的渔家，提着红灯笼带一身水气在走。而波光上的乌篷船，水虫也似的在水面上玩着花样。涟漪，一层又一层地扩展开去，直直推向远方天际。

如此水乡又在傍晚时分，谁不说这不是一幅泼墨大胆的山水画呢？而王村这一幅，则幽静而更带几份仙气在。

佳屋背后是一座松柏青竹掩映的小山。公元940年的那一件历史遗物——溪州铜柱，就在那里。这不得不让人去遐想，历史长河里那些帆影和棹声、渔歌和月色。

据说王村，昔为土司重镇。不料一部电影《芙蓉镇》的拍摄，竟使它大出风光盛名远播而来。

之后，就有了这既时尚又现代的又一名——芙蓉镇。而强悍女子刘晓庆那一脸伶俐的笑和那晨间飘散的米豆腐清香，从此，永远地留在了这里。再过百年千年，或许也会有人前来探访此地，而这里的人，也同样不无自豪地讲讲这一段史话。

是啊，人之好奇和最易追惜的心波，总是会与年轮、时间同步增长的，也因为如此，那些属于历史的枝枝蔓蔓，才又日益地葳蕤不凋。

此刻，我独自凭眺于听涛山庄的飞檐之下，竟有些——回归感。

如我半生旱鸭子的北国粗人，竟然神奇地回忆起这南国水乡的一些些细微而具体的生活情节来，自觉惊讶。诸如渔网、乌篷船、鸬鹚等都在记忆的脑屏上一一映现并跳动起来。这，究竟是怎么回事？有什么东西在眼窝里打转，但我不敢使那物猝然落地，唯恐惊退了这夜的前生的追忆。

的确，这一片土地与我，并不陌生。她的晨钟暮鼓、渔歌号子以及她那些随风而动的蓝色头帕，都这般地熟稔和亲近。

那些隔世的亲情、恋情、友情居然都深印在这窄窄的、长长的青石板小路上，虽生满了苔藓，但仍在等我来造访、重拾、拂尘。

现在，有一股探秘心态占据着我的内里，怂恿着我，鼓励着我，我茫然地走下高高的石阶。

涛声在右，山影在左，我独自踽踽而行。夜，沉静如潭。

仿佛有那样一扇风雨浚蚀的古老柴门，在等我去轻轻叩开，然而我有些不敢。在那里谁人在酣睡？与我，又有何干系？是族亲？还是渔友？贸然闯入不合礼数，只有半依临水栏杆，怅然站定，让水气缓缓弥漫肺腑，让彻骨的寂寞与我同醒。

说来我自己都有些不敢相信，此刻的我究竟是谁？从何而来？又往何处去？为何？在楚地湘天寻寻又觅觅？

我的英气骄气在此刻，竟荡然无存。这既陌生又倍感亲切的水乡之夜，使我这般的脆弱和无力。

这真是一纸难以猜透的谜语，自以为一生清醒的我，都在此夜迷失了自己。这是一种什么样的幻觉？又由谁来为我阐释这一切呢？

夜，静温如禅。不远处传来鱼跳夜水的啪啪声，与此同时有一种幻觉出现，刚刚跳水的，仿佛不是鱼，而是从远水赶来的诗句，正要挪动脚步时，她幽幽地爬上岸来，与我撞个满怀。

夜，使我得到了什么？

夜，又使我失去了什么？

忽有一股落寞感，由心底涌起。是的，这一生还有一种东西，使我煌然怵然，那就是一种距离感，它遥远而又不可目测，就是心测也是妄然。想入不得入，想近不得近。而为何，这淼淼酉水边，又遽然消失了呢？终于，我有了认知和悟性，这或许就是一种——回归、抑或不是。

山风湿湿地掠过，一片银杏叶飘落下来，我弯腰，将其拾起，抽笔便涂写了两句：

“秋日一片银杏叶 / 扇灭多少远地情？”就又随户送入酉水，由它漂去？

什么叫灵呢？就是纯生命吧？

有人高论，缺憾有时比圆满更美。但愿如此，假使她把我此时的心境牵引到一个停泊处，我就信她是一句，至理名言。

“秋风吹渭水，落叶满长安。”湘地秋风先于我，亦悲似壮地进行在这夜的酉水边，在完成着她应有的使命。

不能不感激王村，伴我度过了这幽深而又迷失了自我的夜晚。

我得记起这淡淡的水也似的忧伤。记起这无果而返的青石板小路。记起这隔世的记忆瞬息地复活和哀然地离去。

王村，今夜你是纯情的，就如漂满酉水的落红一片。

芙蓉镇里新风光[①]

周吉富

从湘西芙蓉镇回来以后，我做的第一件事，便是从网上搜索电影《芙蓉镇》。电影里的主角是影星刘晓庆扮演的胡玉英。剧中，她因制卖米豆腐致富而成为名人，也因为致富而挨批。我们正是因为对芙蓉镇的这点了解，才和成千上万的游客一样，涌向了芙蓉镇。

在芙蓉镇，我们置身于电影的拍摄基地，仿佛回到了那个特定的年代，耳边响起闹哄哄的批斗声，眼前幻化出胡玉英挂着破鞋雨中声声谢罪的形象，也仿佛闻到了米豆腐的香气。

芙蓉镇一行，彻底改变了我们旧有的想法。芙蓉镇因电影出名，可芙蓉镇绝不仅仅有电影。芙蓉镇，原名王村，是中国最普通的一个村庄。几人合抱的大树，见证着王村历史的悠久。在湘西，我们很容易看到风雨桥，在王村也有一处。这座命名为土王桥的风雨桥，虽然没有凤凰城那座体量大，但也体现着偏安一方的土司王的王者气派。桥两端四柱上的盘龙矫健刚强，足见土司王的雄心与壮志。桥下流水冲击着硕大的白色卵石，桥两岸是吊脚楼。远处，随着山势的逶迤，楼宇层层，点染在翠绿的山水间，尽展质朴和宁静。

① 发表于《人民日报》（海外版），2016 年 3 月 31 日第 10 版。

芙蓉镇三面环水，沿山而建。一条酉水通洞庭达川黔，使它繁荣。沿江一面，建在绝壁上的吊脚楼，据说曾是土司王的兵营。在这里驻兵，真是一夫当关，万夫莫开。当你正在惊叹吊脚楼时，隐隐听到水流的轰鸣声。转过一个山角，看到几匹白练从栉比的翘角楼群中涌出。这是世界奇观，瀑布从街市中涌出，激荡到一个平台上，然后，再汇入几股来水，组成更大的瀑群，喷涌泻出于悬崖。更为奇特的是，在水帘下，我们可以沿着一条天然形成的甬道，穿行在帘幕与崖壁之间，此时，万斛瀑水在眼前飞珠溅玉而身不湿。

古镇窄窄的街道，每一小段，就会有几个阶梯，引人向上。因此，街道两旁的房子总是错落有致，产生一种韵律之美。我们从那些山墙上、房柱上，总能看到久远的记忆痕迹。不知是拍摄电影《芙蓉镇》时留下的，还是原来的真迹。电影主人公所住的房子，现在还是一处米豆腐作坊，生意该是不错的。啜一碗米豆腐，仿佛回到了那个年代。松酥的姜糖吃一片，满口纯香。其他各种现场制作的小吃，也成为风景。街市上行走的，是穿着民族服饰的男男女女。他们的背篓里，是各种货物，还有熟睡的小孩。

当外面的世界被工业文明尽数淘洗时，在湘西的崇山峻岭中，依然存在着这样一个古老又有民族特色的小镇，真是一件不容易的事。

再识芙蓉镇[①]

寇兴耀

知道芙蓉镇，自然是因了谢晋导演的电影《芙蓉镇》。不久前我驾车去了湖南省湘西州永顺县的芙蓉镇。

芙蓉镇本名叫王村，是个有2000多年历史的古镇。谢晋的电影播出后，这里成了旅游热点，游客冲着“芙蓉镇”三字而来，王村一度也改名芙蓉镇。但无论是当地乡民，还是旅游者，似乎更习惯称呼王村，于是古镇现在依然还叫着王村。

街口的几家饭店都有“刘晓庆米豆腐”的招牌，有刘晓庆《芙蓉镇》中的剧照。米豆腐是用米粉糊糊一滴滴下进沸水锅里，煮熟捞出来就成的，蝌蚪大小，柔白细润，像是山西的面鱼。吃法是可以加调料拌着吃，可以沏进鲜汤就碗喝。买一碗尝尝，光光滑

① 发表于《人民日报》（海外版），2011年12月13日第8版。

滑，没及细嚼就哧溜溜钻进了肚里。

王村虽然改回了王村的本名，传统的“王村米豆腐”却依然傍着“芙蓉镇”中女明星的大名诱惑游客。

旅游大巴都往前面的主入口开去，我们想看看河岸风光，顺着沿猛洞河的僻静老巷进镇。王村的街巷是个大大的“Y”形，上面岔开的两条主巷，一条通向主入口，已经开发，满是买旅游纪念品的，店铺比肩，游客接踵，繁华为闹市；一条是我们进入的，尚未开发，保持着居民的原始生活状态。下面的街巷则通往酉水码头。水运的便利，带来了集市贸易的繁荣，造就了王村的“半农半商半柜台”。

古镇临街的都是木结构瓦房，每家之间用砖砌起一堵马头墙。屋顶斜坡超大，屋顶大，容易伸出宽宽的房檐，房檐下雨天照样可以做生意。于是街两面，是一扇扇能够打开或摘下的门板，是护栏犹存的货架，展示着当年街市的繁茂。眼前房屋的油漆都已被岁月销蚀成了灰灰的烟尘色。门大都关闭着，走老远路，只见到一位大嫂在门前利用胶鞋底的摩擦力剥玉米，两位大妈在阳光下晒挂面，三位老太门里门外对坐着唠闲话。老街安静得像打盹晒太阳的老人。

街巷每走一段便下几级台阶，慢慢行去，花香扑来，原来路左有座天主教堂，现在成了王村一小的校舍，院里几株碗口粗的丹桂，满树嫩绿金黄。教堂斜对面，山石间涌出一泓清泉，砌一方浅井容纳。井亭上有匾“西汉古井”。

王村散记[①]

吴正锋

去年底，省作协采风团一行从吉首出发，驱车来到永顺县王村镇。

据史料记载，王村镇为施容土司旧地，它是酉水的一个重要码头，上通川黔，下达辰州，享有“溪州通津”之美誉。由于民国时期此地商业的兴盛，王村当时还有“小南京”称号。酉水从王村脚下通过，它像一条蓝色的飘带，在群山中蜿蜒。它又像一位母亲，孕育了这里的土家文明。

沿着水泥阶梯，拾级而上，一直通向山顶。迎面而来的是一株株挂满了椪柑的树枝，硕大的椪柑缀系在枝头，丹朱明黄，耀人眼目。漫山遍野全是种植的椪柑，到处是

---

① 发表于《湖南日报》副刊，2015 年 7 月 4 日。

枝叶的墨绿，果实的金黄，在阳光下闪动。工作人员告诉我们，这些椪柑大多数为出口商品，远销海外，经济效益可观。

来到古镇中心一座土家族吊脚楼前，热情的土家姑娘身着民族服饰，手里举着一条长长的土家族拦门织锦。小伙子们，个个精神抖擞，吹起了土家长号。号声刚停，姑娘们又一齐嘹亮地唱起土家族民歌，以热烈的歌声欢迎我们，并呈上清冽的土家米酒。米酒沁人心脾，让我们感受到土家人的热情好客。

沿着青石板路，我们又来到古朴、简陋的溪州铜柱博物馆。铜柱高 4 米，直径 40 厘米，周边呈八边形，每一边 15 厘米。由于铜柱的中心为空的，故整个铜柱才 2500 多公斤。铜柱共八面，每一面都刻有文字，虽经千年风雨，字迹依然清晰完好，2300 余字的铭文，记录的是一段关于土家族民族自治的盟约。五代十国纷争不断，土家族首领彭瑊统一了酉水流域土家族各部落，910 年，他被当时的南楚马殷政权册封为溪州刺史。939 年，世袭溪州刺史的土家族首领彭士愁为了反抗南楚马希范政权的统治，与之发生激烈的军事冲突。虽然彭士愁的军队遭受军事失利，但也给南楚军队以重大伤亡，在溪州土司彭士愁表示一心归顺后，楚王当即决定："尔能恭顺，我无科徭，本州赋租，自为供赡，本土兵士，亦不抽差。永无金戈之虞，克保耕桑之业。"双方盟誓为约，立柱为信。彭氏土司王朝连续承袭 28 代，土家人得享 800 余年没有战乱的相对安定的生活，直到清王朝雍正六年（1728 年）"改土归流"，终止了溪州的土司制度，彭氏政权方告结束。铜柱的树立，客观上起到了"无扰耕桑，无焚庐舍，无害樵牧，无阻川途"的积极作用。追古思今，让我们倍感民族平等、民族团结、民族交流与融合的重要性。

我们徜徉在颇显僻静的王村老街，街两面的小店依山起伏、鳞次栉比、错落有致。沈从文曾在他的小说《小砦》中对王村有过描写，而《芙蓉镇》的拍摄也是在这条老街上。酉水河静静地在山下流淌，它是土家族文明的摇篮，而王村老街则是土家族文明的书记员，它记载着土家族民族文化的兴起与发展，繁荣与变迁。

歌　赋　画

挂在瀑布上的千年古镇

词、曲：金彪，演唱：王珂迩

青石板上的脚印
走过经年过往
吊脚楼上的姑娘
还在等待她的情郎
谁的织锦化成
天边最美的彩霞
酉水舟楫来来往往
知向何方
千年古镇挂在瀑布上
谁家女儿
住进了我的心房
青山在思念长
你是我心中
不变的渴望
千年古镇挂在瀑布上
出水芙蓉
美丽了我的梦想
千万里越千年
你是我心中永远的故乡

营盘溪的流水
把约定捎给远方
米豆腐的香甜
让人想起奶奶的模样
一柱擎天洗尽
铅华定格成神话
一练飞瀑神采飞扬
那是岁月的陈酿
千年古镇挂在瀑布上
谁家女儿
住进了我的心房
青山在思念长
你是我心中
不变的渴望
千年古镇挂在瀑布上
出水芙蓉
美丽了我的梦想
千万里越千年
你是我心中永远的故乡

王村赋

秦志云

今朝芙蓉，昔日王村，山明水秀，福泽后人；攘猛洞而汇酉水，接湘鄂以扼武陵；因繁华而闻名遐迩，且畅通而享誉古今；遂成湘黔之锁钥，犹畅蜀楚之通津；五里长街，商贾云集。三春杨柳，绿浪穿莺；吊脚临溪水，瀑布动雷声；长潭映初月，没线银钩钓金鲤。平桥眺晚霞，无烟烈火燃暮云；松林晴雪，闲来看鹤逐云上。铜壶滴漏，静读小窗至更深；龙洞烟雨，雨生烟时烟生雨。远寺钟声，声随钟起钟随声；梧桐夜雨，雨敲枝叶数疏密。天产十字，字令清浊显分明；如斯八景，美哉王村。

平湖荡舟兮，喜渔樵唱晚。小径信步兮，醉花气袭人；游王宫兮，羡富丽堂皇而显

花果山上铜柱亭（1985 年） 杨崇贵 提供

威仪。瞻铜柱兮，感先辈丰功以启后昆；荷花池畔，晨掬清露。土家源里，夕品香茗；尝竹筒烧酒，看岚光烟云；仰古镇第一坊，慕贞节传乡邻；三步跨两拱，神工自天成；盘古开天挥巨斧，削开石顽化将军；名满天下第一螺，晓庆豆腐展风情；号子喊动猛洞水，山歌唱进北京城；高腔汉剧，渔鼓龙灯；儒释道三教融通多信士，传教师教堂布道传圣经；熙熙聚五洲客，攘攘纳四海宾；胜境不寂寞，古街常欢腾。情人摆手，王驾出巡；江山入画，风物传神；感慨良久，援笔成文。叹吾学浅，难以尽陈。遂作斯赋，略表丹忱。

“2017 写意潇湘”芙蓉镇画作

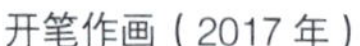

开笔作画（2017 年） 瞿章勋 提供

画师作品（2017 年）　　瞿章勋　提供

范迪安，男，福建人。1973 年参加工作，2017 年任中央美术学院院长，并兼任中国美术协会主席。他长期从事中国美术研究工作，发表美术研究与评论文章上百万字，油画作品参加多次展览。2017 年，他领衔全国画师开展“2017 写意蒲湘”移师芙蓉镇，体验生活 3 天，创作出“挂在瀑布上的千年古镇”等多幅作品。

徐鹏友作画芙蓉古镇

徐鹏友作品《挂在瀑布上的千年古镇》（2017 年）　　瞿章勋　提供

徐鹏友，男，湖南永顺人。自幼酷爱国画山水，1983 年开始拜师学画，作品入省展。2016 年，任中国国画家协会理事、湖南省美术家协会会员。徐鹏友长期在芙蓉镇体验生活，创作出《挂在瀑布上的千年古镇》《溪州古镇》《土家民居》等作品，部分作品被国内外人士收藏。

徐鹏友在芙蓉镇作画（2015 年）　　瞿章勋　提供

吴天芙蓉镇钢笔画

吴天芙蓉镇钢笔画系列（三）　　　　瞿章勋　提供

吴天，山东青岛人，供职于广州光芒艺术设计有限公司。曾参加过第 9 届全国运动会和第 7 届全国中学生运动会等大型运动会开幕式的舞台美术设计。2014 年开始接触写实钢笔画，热衷于古民居、古建筑写生创作。2017 年 7 月，他在芙蓉镇体验生活半个月之久，绘画出一组湘西印象——“挂在瀑布上的千年古镇”钢笔画，作品在芙蓉镇街头展出，观看者赞不绝口。

吴天芙蓉镇钢笔画系列（四） 瞿章勋 提供

美食特产

芙蓉镇地理位置优越，气候宜人，山清水秀，盛产美食特产。土家族人勤劳聪慧，在长期的生产生活实践中，创造出了独特的饮食文化，有的成为日常生活中的美味佳肴，有的成为馈赠珍品，有的则成为特色产业。镇域丰富的饮食文化，既助推了地方经济的发展，又是民族文化研究者前往“探秘”的地方。

土家主食

芙蓉镇土家主食品种很多，以大米饭为主，也有小米饭、苞谷（玉米）米饭，以及大米拌小米、绿豆饭。土家主食使用的烹饪器具和加工方法不同，其呈现的味道也不尽相同。

甑子饭 甑是一种木制圆桶形蒸饭工具，甑内有一个甑垫将米和水隔开，甑垫有几条缝隙，便于蒸汽入甑而米又不会遗漏。蒸饭时把淘洗好的大米用灶锅开水焯到半熟，滤干水分后，轻轻地放进甑里，用大火将灶锅的水烧开，靠蒸汽将大米蒸熟。甑是用天然油质杉树制作，不吸潮气，不含水分，经久耐用而且轻便，可令蒸制的米饭香味绵长，馥郁芳香。甑有大有小，小的可以蒸 2.5~5 千克大米，能供一般家庭；大的甑可以蒸 20~30 千克大米，可供百人食用，一般为宴席等多人聚餐及过年打粑粑时使用。用甑蒸饭没有锅巴，能够避免“饭少锅巴多，除了锅巴没有饭”的现象。

鼎罐饭 鼎罐饭就是将盛有适量冷水的生铁铸成的鼎罐，架在铁三脚撑架上，先将水烧开，然后把淘洗干净的大米放进鼎罐内，盖上盖子再煮一会儿，水再次烧开后，稍煮一会儿，就把米汤滗干，再盖上盖子焖上几分钟，待冒大气后，把鼎罐端下，放在火坑边上煨，每隔几分钟把鼎罐转动一下，变个方向，直到把饭煨熟，锅巴煨得焦黄脆香。用鼎罐煮绿豆稀饭也深受土家人和外地客人喜爱。

甑子饭（2015 年） 周万全 摄

灶锅饭 灶锅饭是在灶上用锅子煮的饭，在灶锅里放上适量的冷水，用大火把水烧开，然后把淘洗干净的大米放进灶锅里，搅拌均匀后，盖上锅盖，待水再次烧开后把米汤滗干，再盖上锅盖，并用布条或毛巾把锅盖边沿团团围住，防止漏气。然后把明火撤去，用余火焖饭，约30分钟左右即可焖熟，而且锅巴焦黄脆香，很多人都爱吃这种锅巴，经常互相争抢，又互相分享，甚为有趣。

竹筒饭 土家人就地取材，将山中的楠竹或桂竹砍倒，做成一节一节的竹筒，削整圆滑，然后在竹筒一端打眼，装进适量的大米和水，放在火堆上烤熟或在锅里煮熟，用餐时剖开竹筒取出米饭，即可食用。竹筒饭带有竹子的清香，别有一番风味。

社饭 社饭主要在社日进行烹制。土家族人于社日在乡间路边或山上采摘鲜嫩的蒿菜，洗净剁碎，揉尽苦水，放在锅里与腊肉丁、野胡葱炒香。然后把黏米煮到半熟时，再将二分之一的糯米倒入锅内与黏米一起煮熟，接着把事先炒香的野蒿菜、野胡葱、腊肉丁放在锅里与黏米、糯米搅拌均匀，再盖上锅盖焖熟，社饭食之有多种香味扑鼻，油而不腻，清香可口。

特色菜肴

牛头宴 是土家族规格最高的盛会，祭奉上苍、族上大典、礼待贵客时均会大设牛头宴，它被誉为土司的“国宴”。土家牛头宴又叫“开大宴”，制作和食用方法是选用优质牛头，整只蒸熟后，烹饪各种香辣配料，连同大铁锅一起端上席面，并配以泡红辣椒、酸肉、蒿子粑、腊肉等菜肴。入席的长者或尊贵的客人先用小刀切割牛头上的肉食用，然后大家一起分享竹筒米酒，食用各种菜肴，体验远古时期土家族人打猎归来饱餐一顿的喜悦。

土家腊肉 是土家族具有代表性的佳肴之一。每年冬至前后家家户户杀年猪，用食盐、花椒腌制，然后挂在炕上用火熏烤烘干，即成为土家腊肉。腊肉肉香色美，便于贮藏。腊肉既是芙蓉镇人招待贵客、嘉宾必用的主菜，也是上等的馈赠礼品。

牛头宴（2012 年） 杨崇贵 提供

土家炕腊肉（2018 年） 蒲忠胜 提供

辣子鸡 土家族人选用当地放养的优质土鸡，将鸡肉剁成细小的鸡丁，先用植物油把鸡肉炒黄炒香，然后拌以一定数量的干辣椒或鲜辣椒，再佐以花椒、生姜、葱、蒜、食盐等配料，用水烹饪焖蒸后，鸡肉既香脆又酥松，更具有浓郁的麻辣香味，是颇受欢迎的一道土家菜肴。

太极头 食材选用鲜活的黄鳝鱼，放在滚烫的油锅里用油煎炸，鳝鱼下锅后立即盖上锅盖，鳝鱼即刻烫死并盘成一团，形似民间传说的阴阳太极图。盘成一团的黄鳝鱼加少量土家腊肉片经过油煎烹饪后，肉味香嫩，非常可口，独具风味。尤其食用方法特别，食用时用筷子夹住鳝鱼鱼头，用牙齿咬住鳝鱼头部脊椎骨往尾部撕拉，半边鳝鱼肉骨就撕扯下来，一边吃一边去除骨刺。第二口从鳝鱼颈部撕下腹部肉，剩下鱼头和内脏扔掉即可，食之干净无半点浪费。

泥鳅钻豆腐 是芙蓉镇上的传统名菜，有着悠久的历史。其制作方法是泥鳅在水中放养三至五天，让泥鳅排完粪便、泥土，用水清洗干净，在锅中放入一些清水，乘泥鳅饥饿之机，在水中放少许猪油，打几颗鸡蛋，待泥鳅把猪油鸡蛋吃完后，再放少许冷水和几块嫩豆腐并盖上锅盖，用文火慢慢加热，泥鳅奔逃钻进豆腐内，然后用旺火烧制，把泥鳅豆腐煮熟，再配以香油、食盐、酱油、辣椒、姜末、葱、蒜，架在火锅上边炊边吃，味道可口鲜美。

清炖黄颡鱼 黄颡鱼，又名黄刺骨、黄骨头鱼，是芙蓉镇盛产的鱼类。黄颡鱼肉质细嫩，味道鲜美，无肌间刺，营养丰富，极受消费者欢迎。芙蓉镇有句名言叫作“黄刺骨煮汤浓妥了”，说明清炖黄颡鱼味道之鲜。具体做法是把黄颡鱼清洗干净，剁成均匀小块，把铁锅烧热，倒油、放入姜片，爆香后放入黄颡鱼，煎出香味，然后加入料酒，轻轻翻炒后把鱼倒入砂锅，最好加放一些豆腐，用文火慢炖15分钟左右，再加入食盐、葱、蒜等调味品，鱼汤非常鲜美，鱼肉、豆腐更加鲜嫩。

红烧桂花鱼 桂花鱼，又称为鳜鱼，是芙蓉镇优质鱼类，鱼身漂亮，有墨色花纹，肉质细嫩，味道鲜美。桂花鱼烹饪方式多样，红烧、清蒸、炸、炖、溜均可，是鱼中佳品。红烧桂花鱼的加工方法是把鱼剖开清洗干净后，放在锅内用油两面煎炸成焦黄色，然后用少量白醋去腥味，再拌以食盐、酱油、姜片、酸辣椒等调料，加水用大火煮开后转小火焖熟，再加葱、蒜等，即可盛出食用。鱼肉不仅鲜嫩，而且汤香味辣，非常可口，现今成为芙蓉镇特色菜肴之一。

“天下第一螺” 是一道具有当地特色的美味佳肴。芙蓉镇田螺个大、肉嫩、味鲜，用各种香料、配料烹饪，非常可口，被誉为“天下第一螺”。具体制作方法是：把田螺在清水中放养三至五天，让其将泥沙吐完，然后用清水、盐水反复擦搓清洗，使田螺个个晶莹透亮。然后将田螺尾部断掉并清洗干净，把锅烧热，放上青油、桂皮、花椒、八角、生姜、辣椒和田螺一起翻炒，直至炒香后，再放上白醋去醒味，加上酱油和水用旺火煮熟，撒下葱蒜即可食用。

“天下第一螺”（2016年） 杨崇贵 提供

酸菜

酸菜是土家族人长期生产生活中研制出来的传统菜肴，土家人把鱼肉、蔬菜、野菜加工腌制成各种各样的酸菜食品，既酸辣可口，又生津开胃，是佐餐下饭佳品。

酸肉 酸肉是酸菜系列之首，此菜色黄香辣，略有酸味，肥而不腻，浓汁厚芡，别有风味。具体制作和加工方法是：采用新鲜五花猪肉，洗净滤干水分，切成片状，先用食盐、花椒腌制，再加糯米粉与猪肉拌匀后盛入密封的坛子内，腌半个月后即成酸肉。加工时用油把酸肉和米粉、辣椒分别炒香炒好，然后合并，再倒少量清汤焖干，放上葱蒜即可食用。

酸鱼　土家族特色菜肴。酸鱼制作方法是将鲜鱼洗净剖开，去除内脏，先用食盐、花椒粉腌制，然后再加黏米粉与鱼拌匀，一层层放置酸坛内，最后把坛口压紧、压实、密封。坛口有一个盛水凹槽，盖上坛盖后加水与空气隔离，酸鱼腌制一个月便可发酵而成。出坛的酸鱼色彩暗红，酸香诱人，口感坚实中带细嫩，可以生吃，也可煎炒，是开胃下饭、下酒的好菜。

水酸菜　用大蔸菜茎、叶，青菜叶，白菜叶和萝卜茎、叶加工而成。水酸菜加工制作方法简单，把菜洗净后，放在开水中焯一下后即刻取出，放在有酸水的坛子里，保持一定的温度，一般一个晚上就成为酸菜，即可加工食用。

酸辣子　选用新鲜红辣椒加工制作而成。酸辣子有两种制作方法，一是用整个鲜辣椒洗净后晾干，拌匀食盐，密封贮放在坛子里，一个月后即成酸辣子，可以生吃或用油煎炒吃。二是把鲜辣椒洗净晾干后用刀剁碎，拌匀食盐，密封贮存在坛子里，一个月后即成酸辣子，既可以拌饭生吃，也可以作调料用于下面、煮鲜鱼、炒藕片、炒土豆丝等。无论哪种吃法，都酸辣开胃。

苞谷酸　是选用新鲜玉米（苞谷）和新鲜红辣椒作为原料，先将辣椒洗净晾干切成一厘米小节，再将玉米脱粒粉碎去壳，然后将辣椒与玉米粉一起放入粉碎机粉碎，拌和

酸肉（2018 年）

杨崇贵　提供

酸辣子（2018 年）　周万全　摄

均匀后装进坛子里，把坛口扎紧扎实，盖紧密封，一个月后即成苞谷酸。食用时用油煎炒，拌上食盐，既酸辣又芳香，而且可以长时间存放，随时烹饪食用。

大头酸　大头酸采用一种叫大蔸菜的蔬菜制作而成。大蔸菜头大叶多，洗净晾干后，大蔸菜头和叶子可分别制作出两种不同的大头酸，一种是用菜头切成颗粒，叫大头颗颗（儿）酸，一种是把菜叶剁细，叫大头叶叶（儿）酸。两种酸菜分别贮放在坛子里密封，半个月后即可以食用，成品色彩金黄，脆嫩微酸，清香爽口，生津开胃，为佐餐下饭佳品。

萝卜酸　用萝卜头加工而成。萝卜洗净后切成萝卜丝或萝卜颗粒，放在酸水坛子里泡 1~2 天后即可食用，味道酸而脆。也有将萝卜切成丝，趁晴天晒干八成水分，再装坛密封一个月后即成金黄酸甜、韧性十足的干萝卜酸菜，是生津开胃的佳品。

茄子酸　茄子酸即使用茄子加工制作的酸菜。茄子洗后切成丝，在水中把茄子籽洗掉，甩干水分，并晒 1~2 天，贮放在坛子里密封，一个月后即可加工食用，味道酸、口感韧。还有一种制作方法，即把整个茄子洗净后放枯萎，抹些食盐贮放在坛子里，把坛口密封好，一个月以后就可以食用。食用时把茄子切成丝，用油炒，加辣椒等，其味一样。

胡葱酸　胡葱酸是用山上野胡葱加工而成的酸菜。每到秋季野胡葱长满山坡，开始抽薹时，土家人把它采挖回家，整理洗净后挂在屋檐下，让胡葱继续抽薹长老，待胡葱风干变黄后，再将其剁细，密封贮放在坛子里，一个月后，即变酸可食，这种胡葱酸干燥硬扎，不仅便于长时间存放，而且食之更香。胡葱酸可以干炒，也可以做汤，是开胃佳肴。

胡葱酸（2018 年）　　周万全　摄

豇豆酸　豇豆酸是用细嫩发青的长荚豇豆制作的酸菜。制作时先把豇豆选择好并清洗干净，将水分晾干后切成短小颗粒状，拌以少许食盐，也可以加一些切碎的红辣椒，盛放在坛子里，几天后即可以加工食用。这种酸菜既酸又脆，是夏天最好的搭配食材，用来配稀饭一起食用，是不错的选择。

豆腐

列夕水豆腐 列夕以水质优良，水豆腐细嫩光滑，口感鲜美而誉满芙蓉镇，乃至永顺县。列夕水豆腐的制作方法是挑选优质黄豆，洗净后在清水中浸泡。浸泡时间视水温而定，冬天水温 5℃，浸泡 24 小时；春季水温 10℃ ~20℃，浸泡 12~18 小时；夏季水温 30℃，浸泡 6~8 小时。然后用石磨磨成豆浆，放在灶锅里，把豆浆煮开后舀在滤浆包袱里过滤。过滤时边摇边挤，把豆浆挤在锅里，豆渣留在包袱里，使浆渣分离。过滤后的豆浆再次用旺火烧开，然后舀到豆腐桶里，采用石膏化浆，以石膏水做凝固剂，豆浆凝固后舀在四方形的豆腐箱子里，用布包好，盖上木板，用大石头压住，把豆腐里的水分挤压干净，最后成为一大块嫩而硬、韧性好的水豆腐，再把它划成小块。水豆腐可油煎、红烧、水煮等。

王村炕豆腐 是用水豆腐加工而成的一种干豆腐，将水豆腐用开水稍微焯一下，捞起滤干后放在炕架上，用微火烘烤，然后反复翻转，直到四面烘干，这样豆腐不会发酵腐烂，又不会烘焦烤煳，也不会外干内空。烘干后的炕豆腐颜色焦黄，豆腐干而不硬，富有弹性韧劲，可切成豆腐丝，油煎、小炒拌以食盐、辣椒、葱、蒜等配料成为一道佳肴。

霉豆腐 是用水豆腐制成的一种豆腐食品。水豆腐做好后用开水煮硬或不煮，划成 3×3 厘米小块，放进木箱或纸盒内，下面铺一层稻草，放一层豆腐，再铺一层稻草，再放一层豆腐，最多不超过五层。箱子装满后把箱子盖实，但不能压实，放在温暖的地方内保温，让豆腐发酵发霉。约 7~10 天后，豆腐发酵成功，再用花椒粉、

霉豆腐（2018 年） 周万全 摄

辣椒粉、食盐拌匀豆腐块，贮存在坛子里，倒进少许白酒，再把坛口密封好。待十天半月后，豆腐被食盐、花椒、辣椒、白酒浸透后，散发出浓浓的香味，再倒入茶油浸渍，霉豆腐制作成功，可随时食用。霉豆腐麻辣芳香，是生津开胃的佐餐佳品。

渣豆酱　是用豆腐渣加工制作的豆制品。制作手法是把豆渣在锅里炒熟后，装在甑里或盆里，放在温度略高的地方让其发酵，然后用手捏成坨，放在炕架上，用微火烘烤，待豆渣坨烘干，并发出阵阵豆浆香味后，渣豆酱即制作成功。渣豆酱拌干辣椒、野胡葱煮成糊状，食之充满香辣味，满屋飘香。

苞谷豆腐　苞谷豆腐是以玉米为原料的豆腐食品。制作的方法是选用优质玉米粉碎、去壳，洗净后用水浸泡，并加适量的食用碱或生石灰，时间视水温而定，然后磨成浆，放进灶锅里，加水将苞谷浆煮熟成糊状，装进盆子里，冷却后划成小块，即成苞谷豆腐。食用时再划成颗粒状，放香油、食盐、酱、醋、辣椒、葱、蒜、姜等调料，即可以做小吃，又可以做菜肴，非常可口。

米豆腐　是用大米制作的豆腐食品。制作方法是选用优质大米，洗净后用清水并加适量的食用碱或生石灰浸泡，时间视水温而定，然后磨成米浆放进锅里，将米浆煮成糊状，装进盆里冷却后，划成小块，即成米豆腐。食用时，再划成颗粒状，人们称为“颗颗儿米豆腐”。另一种制作方法是直接把煮熟的米糊倒进筛子似的漏瓢里，米糊直接掉进冷水桶里冷却，漏下来的米糊两头小，中间大，形似河虾，人们称为“虾子米豆腐”。配以香油、食盐、酱、醋、辣椒、姜、葱、蒜等调料，既可以做小吃，也可以配菜，生津解渴，消暑健脾。芙蓉镇的“刘晓庆米豆腐”因电影《芙蓉镇》而名扬中外，成为拉动古镇经济的特色食品。

苞谷豆腐（2018 年）

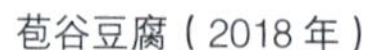

周万全　摄

芙蓉镇米豆腐（2018 年）　　杨崇贵　提供

野菜

地木耳 地木耳，芙蓉镇人叫地米（儿），它含有多种营养成分，其蛋白质含量高于鸡蛋、木耳、银耳，具有清热降火，祛脂降压等功能。地木耳是一种野生菜，一般生长在潮湿阴暗的地方，暗黑色，像泡软的黑木耳，通常在雨后生长，遍地都是。地木耳的清洗和制作方法是用淘米水或面粉反复轻搓轻洗，再用清水洗净。洗净后可炒成酸辣味拌肉丝或与鸡蛋打蛋汤食用，其味甚佳。

鸭脚板 是野生绿色植物，因叶似鸭蹼故称鸭脚板。鸭脚板也是清香可口的绿色食品，用油炒，加食盐、辣椒，是佐餐佳肴。鸭脚板还有降低血糖、血脂等多种功能。

野芹菜 野芹菜也是一种绿色食品，是餐桌上的常见菜肴，炒肉丝、炒豆腐干或凉拌都有其独特的风味。野芹菜的营养价值很高，蛋白质、维生素B、铁等含量均高于一般绿色蔬菜。野芹菜还具有降血压、降血脂、保护心血管的功效。

插篱笆叶 学名叫木槿，是一种多枝灌木，根系强壮，易于栽插成活，常用来在菜

鸭脚板（2018年）
周万全　摄

野芹菜（2016年）
周万全　摄

地路旁或公园里插成篱笆作隔离带，因此就叫插篱笆。其树能开出白中带紫或纯白色的花朵，嫩叶可做菜食之，其味清淡可口。

地米菜 又叫荠菜，生长于田野、路边及庭院，清明节前后采集嫩苗食用，清香可口。地米菜还有清热利尿、凉血止血、平肝明目等功效，芙蓉镇有农历三月三用地米菜煮鸡蛋吃的习俗，据说吃了以后当年可以不长疱疮。

胡葱 胡葱是一种野生植物，形似家庭栽培的香葱。胡葱属多年生宿根草本，鳞茎细长，冬季生叶，夏季枯萎，叶子呈圆筒形。胡葱采挖后，去除须根、鳞片叶，洗净泥沙，鲜胡葱可以作蔬菜食用，胡葱炒鸡蛋、炒辣子、拌渣豆酱都是特色菜肴。干胡葱可以制成胡葱酸，是开胃下饭的佳品。

香椿 也叫春芽或春巅，就是椿树上的嫩芽尖叶，含有丰富的营养。椿芽被称为“树上蔬菜”，每年春季谷雨前后，芙蓉镇人喜欢采摘香椿嫩芽炒肉、炒鸡蛋，或以香油、食盐、辣椒、白醋等调料凉拌椿芽等。香椿叶厚芽嫩，绿叶红边，犹如玛瑙翡翠。香味浓郁，营养丰富，为宴请宾客之佳肴。

折耳根 又叫蕺菜、鱼腥草，当地又称植儿根、侧耳根。叶子有腥臭味，上部叶子呈心形或阔卵形，紫红叶，茎下部在地下生根，夏季茎叶茂盛，根系壮实时采挖。折耳根根系采挖后除去泥沙、须根等杂质，洗净后可作蔬菜食用，加工成凉拌菜，非常可口。制作方法是把洗净的折耳根用刀切断成3厘米长短的小段，用食盐浸泡几分钟后，再用冷水清洗数次，然后拌匀油炸辣椒、香油、白醋等调料，即可食用。折耳根还有清热解毒、健胃消食、利尿通淋之疗效，深受人们喜爱。

折耳根（2016年） 周万全 摄

木姜子 学名叫山胡椒，又叫山苍子，是一种落叶灌木或小乔木，生长在海拔900米以下山坡、林缘、路旁，为阳性树种，喜欢光照，叶片、果实等富含脂肪等。木姜子果实可制作成各种调料和开胃食品，鲜果采摘后洗净，用盐水浸泡，可直接食用，味辛辣，帮助开胃消化。鲜果采摘晒干磨成粉，可与食盐拌匀腌制猪肉，增加香味，并起防腐作用。木姜子还可提炼成山胡椒油，在烹饪鲜鱼时滴上几滴，能去掉鱼的腥味，使鱼肉、鱼汤更加鲜美芳香。木姜子同时具有祛风活络、解毒消肿的功效。

野果

樱桃 喜光植物。果实呈红色、圆形。含糖、蛋白质、维生素等多种元素，味甘酸甜，可益脾胃、滋养肝肾等。

山莓 是一种野生水果，当地人又称三月泡，是蔷科植物。果实含有大量油脂，外表为红色，每年4—6月成熟，可供食用，也可药用，味酸性平，有较强涩精益肾、醒酒止渴之功效。

茅莓 当地又称为笼山泡，生长于山坡杂木林下、向阳山谷及路边。果实为球形，成熟时为红色，味甜，具有散瘀、止痛、杀虫等功效。

老山萢 又叫空心泡，一般生长在田埂路边，5月左右成熟。成熟前是绿色实心，逐渐变黄，成熟后变红，内为空心，味甜可口。

老山萢（2018年） 周万全 提供

胡颓子 有很多别名，芙蓉镇人称它为“羊食萢儿”。胡颓子属常绿自立灌木，有刺，果实呈红色。每年4—6月成熟，味甜可食，根、叶、果实可供药用，具有降血糖、降血脂、抗炎镇痛等作用。

胡颓子（2018年） 周万全 提供

茶泡 是油茶树叶异常生长而成的一种变态生长物。清明前后，油茶树长势良好，容易发生异变，在树冠上，枝头边长出茶泡，大小不一，有的大如苹果，有的比乒乓球还小。茶泡一般是空心的，只有一层半透明的皮，茶泡可以吃，水分不多，味道清脆香甜。

茶片 茶片是生长在油茶树上的一种肉质肥厚的嫩叶，有红色和白色两种，背面带有一层光亮的薄透明膜，成熟时味道脆甜。

南五味子 当地又称血藤泡，生于山坡、林中，落叶木质藤本，果实聚合成串，长约6~17厘米，成熟时呈小浆红色，味甜，每年7—9月可摘食，有收敛固涩、益气生津、补肾宁心之功效。

金樱子 芙蓉镇人叫金樱子为糖刺果或灯笼果，果实呈黄色味甜，外表有毛刺。秋季采摘果实，擦去毛刺，剖开挖去果肉茸毛，可以食用。金樱子还是一种常见的中草药，具有固精缩尿、涩肠止泻等功效。

刺梨 又名茨梨、刺梨子，是滋补健身的营养珍果，是一种稀有的天然野果。果实表面布满肉刺，青中透黄，果实圆形饱满，梨香浓郁，口感酸甜适中。食用时刮掉芒刺，去掉果内种子。用酒浸泡还有消食健脾、收敛止泻等作用。

三叶木通 属藤本植物，果实长圆形，直或稍弯，肉籽多，扁卵形，皮黑褐色，4—5月开花，7—8月结果，因果实八月成熟，因此，别名又叫“八月瓜”。三叶木通果穰甜蜜，可以食用，药用价值极高，茎、果入药有利尿通乳之功效。

野生猕猴桃 野生猕猴桃生长在大山里，无农药、化肥污染，富含丰富的维生素C，以及其他营养成分，可以抗氧化衰老，被誉为“水果之王”。野生猕猴桃呈卵形长圆形，横径约3厘米，棕黄色，每年8—9月成熟，果实细嫩多汁，清香鲜美，酸甜宜人，具有清热生津、健脾止泻等功效。

地枇杷 又名地果、野地瓜等，属常绿木质藤本，果实呈卵形或长椭圆形。地枇杷具有药用价值和园林价值，味苦，微甘。果实每年6—7月成熟，有两个品种，一种果实香甜味美，可以食用；一种没有香味，不能食用。

枳椇 属高大乔木，果状近似球形，成熟时黄褐色或棕褐色，每年8—10月成熟。枳椇木材细致坚硬，为建筑和制作家具的良好用材。果肉肥厚，含糖丰富，可以生吃、酿酒、熬糖。种子能清凉利尿、解毒解酒等。

野葡萄 属木质藤本，生长在灌木丛中或山坡上，每年秋季采收。果状近似球形或肾形，由深绿色变成蓝黑色。野葡萄有利尿、消炎、止血等药用价值。

野柿子 为落叶乔木，生于山地次生林中或灌木丛中，果实呈金黄色，为正常柿子二分之一大。味涩，成熟脱掉涩味后可以食用。未成熟的柿子可用于提取柿漆。

野山楂 是落叶灌木，高达15米，分枝密，通常有细刺，果实近似球形或扁球形，

三叶木通（八月瓜）（2018 年）

周万全　提供

野葡萄（2018 年）

周万全　提供

野百合（2018 年）

周万全　提供

直径 1~2 厘米，呈红色或黄色，果期 11 月成熟。野山楂具有较高的营养价值和药用价值，山楂中含有大量维生素，经常食用山楂能防衰老、美容、防癌和防止动脉硬化。

野百合　又叫百合花，用来观赏，叶片青翠，茎干亭亭玉立，极为漂亮。百合花的球根含有丰富的淀粉质，部分可作为蔬菜食用。百合性微寒，具有润肺止咳、清火、宁心安神的功效。百合鳞茎白色，鳞片多为披针形，呈瓦状排列于鳞茎盘上，结成鳞茎。因此芙蓉镇人把百合又叫作“抱牙齿”。

野味

野味既包括野生动物（兽类、鸟类等），也包括野生植物。芙蓉镇地处武陵山区，野生动植物很多，随着国家对野生动植物的保护力度加大，人们对野生动物的保护意识增强，很多野味在餐桌上消失，常见的只有油炸蜂蛹、熊蝉、椿象等。

油炸蜂蛹　境内山区野蜂颇多，土家人常取其蜂蛹烹食。制作方法是从蜂窝中把蜂蛹取出，用水适当清洗，祛除杂质，然后把食用油倒入锅中，待油烧热后，把蜂蛹放进锅中油炸，开始要烧大火，但不要翻动。待蜂蛹微黄时改用小火油炸，可轻轻搅动，直到蜂蛹水分炸干成型后把蜂蛹捞出，冷却，装瓶密封备用。做菜肴时取适量蜂蛹，加食

蜂蛹（2016 年） 周万全 摄

盐、辣椒、姜末、香葱等调料，小火炒制即成。油炸蜂蛹高蛋白、低脂肪，其味异香酥脆，是品酒下饭的佳肴。

油炸熊蝉 熊蝉，俗称知了、味牙食，体呈黑色。节肢动物，上翅透明能飞，通过腹部鼓膜发音，生活在平地和低海拔乔木上，镇内熊蝉很多。油炸熊蝉就是取熊蝉老熟幼虫（若虫）若干，用食盐浸泡，清除泥土，清水洗净后，放入水桶或水盆中，让其吐出脏水，然后放入锅中煎炸，炸好后添加食盐、花椒、辣椒、生姜，并用适量的水烹饪焖熟，再配葱、蒜、调料，即可食用。

油炸椿象 椿象，又名九香虫，俗称打屁虫、臭大姐等。椿象除有药用价值外，又是一种香脆可口的养生食品。椿象捕捉后放入冷水中，再慢慢加入温水，随着水温升高，椿象的臭味慢慢排除干净，也可以直接把椿象放入热锅中煮，让臭味排除干净，然后用水清洗，放入锅中油炸，炸透后再添加食盐、辣椒、生姜、葱、蒜等调料，即可食用，酥脆喷香。

特色小吃

土家人在长期的生产、生活实践中，运用当地不同的特色食材，采用不同的方法研制出不同风味的特色小吃，主要有烧烤、油炸、蒸煮等类食品。

烧烤类

烧苞谷 是一种味道极佳的小吃，芙蓉镇有句俗话：“煮的熬的，赶不到火里烧的”。每年 7—9 月把刚摘的嫩玉米带叶子一起在火上烧烤，待有七成熟后掰掉叶子，再翻转烧烤，这样用柴火烧烤出来的玉米外焦里嫩，香香脆脆，令人回味无穷，成为很多人的美好记忆。

烧玉米（2018 年） 周万全 摄

烧洋芋 洋芋，即土豆，淀粉多，营养丰富，烧洋芋是芙蓉镇一种独特的吃法，土家山区家家都有火坑，冬天围在火炕周围烤火时，随手取几个土豆，用铁钳把土豆蒙在火坑里有火赤的灰中，过一会儿，土豆香气就会烧出，即土豆烧熟，刨出后，剥掉表皮，吃进嘴里，满口生香。

烧苕 苕，又叫红薯，含有丰富的蛋白质、淀粉、氨基酸、维生素等多种营养，土家山区盛产红薯，土家人爱吃烧红薯。在火炕里或柴火堆里焖几个红薯，待红薯烧熟后用手拍掉泥土火灰，剥掉表皮，即可食用。

油粑粑（2018 年） 周万全 摄

油炸类

油粑粑 芙蓉镇人叫灯盏窝。它是将浸泡过的大米、黄豆磨成浆，把米浆舀在铁质的灯盏窝提子里，放进油锅里油炸，待米浆炸硬后从灯盏窝提子里取出来，在油锅里再反复翻转油炸，直至炸成焦黄色，散发出油炸香味，这就是油粑粑。如果里面放些辣椒、山胡葱、葱、蒜、酸菜，油粑粑更具酸辣香味；如拌些鲜肉丝，油粑粑便透出肉香。外层香脆，里面松软，充满团团热气，轻轻一咬，油香、豆香四溢。

糖馓 糖馓，又名团馓，多于夏季制作。选用优质糯米用木甑蒸熟，然后将蒸熟的糯米，即糯米饭放在篾制的圆圈内，轻压成薄

油炸糖馓（2018 年） 周万全 摄

薄的团馓，用红色食用色素拌糯米饭点缀图案，置于炭火上烘干，或在太阳下晒干。食用时，用茶油在锅里油炸，糖馓即刻膨胀，糯米炸空炸香后，捞起滤油，可以直接食用，又脆又香。也可用开水浸泡，加放蜂蜜或白糖，糖馓既香又甜。糖馓米像棉花糖一样松软，别有滋味，实为待客美食。

炒米　将精选的糯米浸泡过滤、蒸熟，冷却后捏散，再晒干成一粒粒“阴米”，俗称“阴米子”。食用前将阴米倒入锅中拌油沙子或食用盐，一起用火烫炒，米粒逐渐膨胀，待全部炒爆开花后，舀在筛子里筛掉沙子或盐，就成为炒米。炒米可以直接干吃，有香脆口感，也可以用开水泡食，加红糖或白糖，香甜可口。炒米所用沙子非常讲究，一般选用搓洗干净的河沙，用桐油炒亮后才能拌炒炒米。炒米香味浓郁，回味绵长，被称为“土家快餐”，食用方便。

拖面　是用各种蔬菜或野菜做原料，用鸡蛋、面粉拌成糊状，添加花椒粉、葱、蒜等调料，用油炸制而成的食品。制作方法是选用南瓜、茼蒿、芫荽、花椒等叶片洗净后，与面粉调料拌和放在锅里油炸，反复翻转，直到两面金黄，即可捞起滤油，趁热直接食用，酥松香脆。拖面放冷后也可以煮汤吃，味道香辣松软，深受人们喜欢。

蒸煮类

糍粑（2018 年）　　周万全　摄

大米粑粑　用糯米打制的糍粑。土家族有打粑粑的习俗，打的糍粑香糯可口，能长时间储存，随时可以加工食用。大米粑粑的制作方法是将精选的糯米淘洗干净，然后用清水浸泡，再用木甑蒸熟，取出后倒进木粑槽或石粑槽内，由两位壮汉用丁字形粑粑锤轮番捶砸，砸成细泥般的粑粑，放在备好的大方桌上（桌上擦有少许溶有黄蜡的茶油），由两人或三人（男女均可）把热粑粑分成几坨，乘热揪出大小均匀的坨子，用木板或大方桌压薄成形，这便是大米粑。待冷却后转移至其他地方，让其阴干，立春前用冷水浸泡，可放半年之久不会变质。冷水浸泡后的粑粑则要通过油煎或用火烤软才能食用。抹上蜂蜜、白糖或霉豆腐别具风味。

高粱粑粑　是用糯高粱米加糯米打制的糍粑。制作的方法是将精选的糯高粱米和糯米淘洗干净后，用清水浸泡，用木甑蒸熟，取出后倒入粑粑槽内，轮番捶打，打糯后取出放在大方桌上出坨、压平、冷却、阴干，立春前放置于冷水中浸泡储存。食用时用油煎或用火烤熟。可裹糖或裹霉豆腐吃，味道极佳，充满高粱香味。

小米粑粑　是用小米加糯米打制的糍粑。制作方法与高粱粑粑相同，食用方法一样，味道则充满小米的芳香。

苞谷粑粑　是用嫩玉米加工制作的特色食品，清香甘甜，深受人们青睐。其制作方法是先将嫩玉米脱粒清理洗净，然后用水浸泡，接着放置于石磨中磨制成浆，再加糖搅匀，用油桐叶或芭蕉叶包成三角形，放在锅内蒸熟，即可食用。有的苞谷粑粑包上一些绿豆馅，其味更加香甜。

蒿草粑粑　是用糯米加蒿草制作而成的特色食品。每年清明节前后，芙蓉镇家家户户都要采摘蒿草做蒿草粑粑。其制作方法是：将采摘的蒿草洗净切细，放在锅里煮熟，把精选的糯米浸泡后打磨成粉，加水与蒿草一起拌和，蒿草不能太多，以两三成为宜；拌和时要用力反复糅合，直到软硬适度，并揉捏成圆团子；然后把粑粑团搓成条状，捏成一个个小坨，把小坨揉团再捏成窝头状，像包饺子一样包上大蒜腊肉馅、大头酸菜馅，或包上芝麻白糖馅，做成球形状，用粑粑叶（猴栗树叶）包好，用蒸笼蒸熟，即可食用。

荞麦粑粑　既是一种风味小吃，也是一种养生食品。其制作方法是将苦荞粉、面粉、白糖、小苏打倒入盆里搅匀，再掺和适量酵母水一起搅拌发酵。然后把发酵后的苦荞粑粑浆揉成饼状或窝头状，放在锅里蒸熟，即可食用。

葛粑粑　是用葛根粉加工制作的特色食品。葛根含有蛋白质、氨基酸、糖等丰富营

苞谷粑粑（2016 年）
周万全　摄

蒿子粑粑（2018 年）　周万全　摄

打葛粑粑（2016 年）
杨崇贵　提供

养，有止渴止泻、降血糖、降血压等功效。芙蓉镇盛产野葛，人们从山上挖来葛根，将葛根洗净，捶打粉碎，然后过滤沉淀，沉淀好几遍后，晒干成葛粉，再用葛粉制作葛粑粑。其方法是把葛粉碾成细末，用冷水稀释，用力搅拌成浆，倒在锅里搅拌煎煮，成形后翻转双面煎熟成饼，冷却后再切成小块，添加辣椒、食盐、葱、蒜等调料，即可以做小吃，也可作菜肴，味道清香可口，并有韧性。

蕨粑粑 是用蕨根粉制作的特殊食品，蕨根粉营养丰富，对人体有保健作用。芙蓉镇盛产蕨根，人们从山上挖来蕨根，通过捣碎、过滤、沉淀，提炼成粉，再用蕨根粉制成蕨粑粑。其制作方法是先用冷开水稀释蕨根粉，搅拌均匀成糊状，将锅烧热，放少许食用油，粉浆倒入锅内，用小火煎成粑粑状，再加少许食用油，把蕨粑粑翻转，两面煎好，从锅中取出冷却后切成小块，添加食盐、辣椒、葱、蒜即可食用。蕨粑粑味道极佳，比葛粑粑韧性更强。

粽子粑粑 是用辽竹叶即粽叶包制的一种传统糯米食品。每年端午节，芙蓉镇家家户户包粽子，以纪念战国时期楚国诗人屈原。其制作方法是将精选的糯米淘洗干净，加少量绿豆一起浸泡一个晚上，晾干后加少量食用碱，用粽叶将糯米、绿豆或红枣、花生米、腊肉一同包成三角锥形，用粽叶绳捆扎后放进锅里，用大火水煮，一般煮 1~2 小时就能熟透。煮熟后的粽子，剥开粽叶米呈金黄色，用筷子或竹签穿上，裹糖吃，其味香甜，非常可口。

土特产品

茶油 是油茶籽油的俗称，是从油茶籽中提取的纯天然食用植物油，色泽金黄或浅黄，澄清透明，气味清香，味道纯正，是油炸食品、烹饪炒菜最佳食用油。茶油是天然木本食用植物油，是联合国粮农业组织首推的卫生保健植物食用油。芙蓉镇盛产茶油，20 世纪 50 年代，每年茶油出口 500 多吨。至 2018 年，永顺县仍是主要的茶油生产区。

取蜂蜜（2017 年） 杨崇贵 提供

蜂蜜 蜜蜂从开花植物的花中采得的花蜜在蜂巢中酿制成蜜，经过人工加工、过滤而成的蜂蜜可以直接食用。蜂蜜营养丰富，其成分除葡萄糖、果糖之外，还含有多种维生素、矿物质、氨基酸等，并有药用价值，与白芍、甘草等食用，可缓解精神紧张，又有止痛作用；与乌头类药物同煎，可降低其毒性；尤其是润肺止咳，治疗妇科疑难杂症效果更加显著。

甜酒 是用糯米酿制的酒，所以又称糯米甜酒。采用传统工艺酿制，口味香甜醇美，乙醇含量低，因此深受人们喜爱。甜酒营养非常丰富，能补虚、补血、补脾胃，能通肝、肺、肾经，入肺经，补肺之虚寒。甜酒还能养颜。甜酒制作的方法是将上等糯米淘洗干净，用水浸泡 2 小时后上甑，蒸成熟饭，出甑后，待温度下降不烫手时撒拌酒曲和适量凉开水用筷子轻轻抖匀，然后盛入酒坛内加盖密封，让其自然糖化，拌曲米饭发酵后，米饭会涌上水面，发出酒香，酒液下沉，开始澄清，甜酒出坛后即可食用。

麸子酒 是以麦麸为原料，经原料处理后，加酒类催化剂，入桶发酵，通过蒸馏取酒制成。麦麸具有较高的食用价值和药用价值，含有丰富的维生素 B 与蛋白质等，麸子酒度数低、味甜，深受人们喜爱。

灯笼果酒 以灯笼果和米酒浸泡而成的果酒即为灯笼果酒。其制作方法是选用 32 度的米酒，把灯笼果表皮毛刺去掉，挖掉果内茸毛、种子，用水清洗干净后滤干水分放入酒坛内浸泡。灯笼果与酒的比例以 1∶4 为宜，也可以适当添加冰糖，密封一个月后即可饮用，酒味香醇，酸甜适度。

竹筒酒 是用楠竹筒或桂竹筒装的食用酒。灌入方法就是把楠竹锯成一节节竹筒状，在上节处钻一个小孔，然后用压缩器经小孔将 40 度左右的米酒注入筒内，再用其

酉水干鱼（2018 年）
杨崇贵 摄

枞菌（2018 年） 周万全 摄

他材料密封孔口，并不得留下痕迹，饮用时重新开孔倒出。竹筒酒经过一段时间存放后饮用，酒色犹如琥珀，入口绵甜温和，竹味浓香，自然清纯，饮之舒筋活血、清热去闷，深受饮酒者欢迎。

酉水干鱼 即芙蓉镇干鱼，因为芙蓉镇位于酉水河第五航段上，河宽水深，水质优良，盛产各种优质鱼类，而且氨基酸含量丰富，肉质鲜美，烹饪后闻香生津。加工成干鱼后，用油煎炸，添加辣椒、生姜、葱、蒜等调料，其味更香，细嚼慢咽，回味绵长，是品酒佳肴。酉水干鱼也是馈赠珍品。其制作方法是选用红白翘嘴鱼、鳙鱼（麻鲢、雄鱼）等，将其剖开，取出内脏，用食盐腌制几天后，把鱼清洗干净，放在炕架上用微火熏烤烘干即成。

枞菌 一种野生的可以食用的菌类。枞菌生长在湿润的松树林中，每年春、秋两季雨后生长。枞菌营养丰富，含有多种维生素、矿物质、氨基酸等。枞菌味道鲜美，清香滑嫩，枞菌炒肉是土家名菜。枞菌用植物油炸后，制成菌油，烹饪面食更加清香可口。

冻菌 即平菇，亦称凤尾菇，古称“天花”，分为野生和人工培植两种。冻菌丰厚鲜嫩，形如伞盖，如与白菜心同煮，菜心汁多而鲜，冻菌肉软而嫩，清淡爽口。与鲜肉烹饪其味更加鲜嫩。

牛肝菌 是野生可以食用的菇菌类，除少数品种有毒或味苦而不能食用外，大部分品种可以食用。牛肝菌有白、黄、黑三种，其中白牛肝菌味道鲜美，营养丰富，含有多糖、生物碱等，肉肥壮、食味香甜可口，是一种著名食用菌。牛肝菌一般切成小片晒干后收藏，随时可以作蔬菜食用。辨别牛肝菌真伪的方法是在烹饪牛肝菌时加放几颗大蒜，如蒜未变色即可以食用，如蒜变黑则说明是假的，有毒，不可食用。

茶树菇 即柱状田头菇，是一种食药兼用菌。茶树菇菌盖细嫩，柄脆，味纯香，鲜美可口，因生于枯干的油茶树上而得名。茶树菇营养丰富，蛋白质含量高，含有多种维生素、氨基酸，具有清热、平肝、明目、利尿、健脾之功效。

板栗 是芙蓉镇名优土特产品，是被子植物，双子叶植物纲，壳斗科中的成员，每年四五月开花，九月果熟。由于它可供食用，可代粮食，故有“铁杆庄稼”之称。板栗香甜味美，营养价值极高，能长时间贮藏和携带，因而自古以来被视为上等食品。板栗仁含蛋白质 11%、脂肪 7%、糖及淀粉 70%，可鲜食、炒食、煮食和制作各种点心。特别是用板栗炖鸡、炖鸭，清香可口，风味独特，是芙蓉镇的一道名菜。

椪柑 又名芦柑，是芙蓉镇名优特产，种植面积大，产量高。椪柑果顶有数条放射状沟纹，果实呈扁圆形或高扁圆形；有芦果顶部一般无反射状沟纹，果实呈扁圆形。果面橙黄色或橙色，果皮稍厚，易剥；果肉脆嫩多汁，甜浓爽口，每年 11 月中、下旬至 12 月成熟，较耐储藏。有生津止渴、润燥、和胃、利尿、醒酒之功效。

姜糖 为芙蓉镇传统糖制食品，采用当地谷芽糖、苕糖、玉米糖二次熬制而成，佐以生姜和其他香料，然后经过反复拉扯成细条状，剪成颗粒。姜糖其味酥脆爽口，姜味浓郁，芳香甜美。姜糖可治疗风寒感冒，可解鱼蟹之毒，常吃姜糖可减轻关节疼痛。

姜糖制作（2016 年） 杨崇贵 提供

吴天芙蓉镇钢笔画系列（五） 瞿章勋 提供

名人与名镇

芙蓉镇历史上涌现出众多名人，有开创八百年溪州土司制度的土司彭瑊、彭士愁、彭福石宠、彭翼南，有近代人物雷震春、董雨麓、杨云川、彭善思，有现代革命人士黄文渊、黄文源、黄文润黄氏三兄弟，有古华、谢晋等文化名人与芙蓉镇结缘，还有许多革命烈士。他们为国家富强、民族昌盛做出了不可磨灭的贡献，其中有的在当地建功立业，为芙蓉镇的建设发展贡献了智慧和力量，其事迹名垂青史，其精神激励后人。

人物传略

彭瑊（838—910） 字渠珍，又名瑞规。与兄彭玕同登进士。唐中和年间（881—885），历官金紫光禄大夫、武昌节度使、检校司徒。后梁开平四年（910），因吉州之乱，彭瑊与兄投奔楚王马殷麾下，任辰州刺史，时溪州（现永顺、龙山、古丈、保靖等地）之地仍处诸蛮割据的混乱局面，吴著冲活动于溪州中、西北部，又时扰边境。彭瑊以武力等手段赶走吴著冲，并将其困死于龙山洛塔洞，随后相继征服其他土酋。是年，楚王马殷委任彭瑊为溪州刺史，彭瑊开始统治溪州地区。

彭士愁（？—约956） 亦称士然，又名彭彦晞。五代吉州庐陵（今江西吉安）人。后梁开平四年（910），彭士愁袭父彭瑊之职为溪州刺史。“兄弟为强，多积聚，故能诱胁诸蛮皆归之”。后晋时，成为南北两江都誓主。

盟誓立柱（2016年） 蒲忠胜 提供

后晋天福四年（939）八月，彭士愁率领溪（永顺）、锦（麻阳）、奖（芷江）“蛮军”万余人进攻辰、澧二州。九月，楚王马希范遣左静江指挥使刘勍、决胜指挥使廖匡齐率衡山兵5000迎击，彭士愁兵败，退守溪州，楚军尾追不舍，彭士愁据山寨（即芙蓉镇九龙礅）凭险固守，楚军断其粮道、水道，以栈梯攻之。彭士愁率部死守，箭石如雨，击杀廖匡齐。次年，刘勍趁彭士愁所据山寨附近草木干枯之际，施以火攻，彭士愁不支，夺路逃往锦、奖深山，被迫使其次子彭师杲与诸蛮酋长覃行方、罗君富等携锦、奖、溪三州印绶归诚于楚，并与其订盟罢兵，立铜柱记其事。

马希范“乃依前奏，授彭士愁为溪州刺史”，并表示“尔能恭顺，我无科徭，本州赋租，自为供赡；本都兵士，亦不抽差”。从此，彭士愁的领地合法化，其辖地保持相对稳定800余年。

彭福石宠[①]（1114—1194）彭师宝之子。溪州人。南宋绍兴五年（1135）承袭父位。是年，新建福石城（即今老司城），将治所迁至灵溪河畔，因此处地势险要、环境优美、山环水抱，如“万马归朝”，虎踞龙盘。民国时期《永顺县志》记载其“巍巍乎五溪之巨镇，郁郁乎百里之边城”。因其陵谷多变，街衢纵横，人口众多，加上自然山河点缀，人杰地灵，故史书有“城内三千户，城外八百家”的记载。实为万世之基业。彭福石宠在任59年，南宋绍熙五年（1194）卒，殁葬朴亚村，谥号忠朴。

彭翼南（1536—1567）字晋卿，号北江。溪州人。明嘉靖三十三年（1554），袭任父职永顺宣慰使，第二十七任土司。时东南沿海倭患频仍，明王朝下达调征湖广土兵平倭谕旨，彭翼南积极应征。同年冬出征，彭翼南带领土兵3000，其祖父彭明辅恐其有失，带领土兵2000人尾随，远涉三千余里，奔赴东南沿海抗倭前线。次年正月，彭翼南率领土兵与广西瓦氏夫人率领的俍兵协同作战，全歼在集胜墩的百名倭寇。4月，又在江苏常熟三大浦抗倭战役中斩获倭寇280余人。

倭寇因连遭土兵沉重打击，尤其是永顺土兵钩镰枪的威力，不敢与土兵正面交锋，便四面设伏，土兵求胜心切，轻入新场敌阵，永顺土兵将领田甾、田丰，保靖土兵将领彭翅等遭倭寇伏击，捐躯疆场。

5月，倭寇5000余人，大举进犯嘉兴。总督张经指挥保靖土兵在无锡石塘湾击败倭寇。倭窜平望，彭翼南率土兵在中途截击，迫使倭寇退到嘉兴北面的王江泾地区。永、

---

① “宠”，土家语，首领的意思。

保土兵和广西俍兵四面合围，彭翼南、彭荩臣等身先士卒，南北夹击，歼倭寇1900余众。明史誉称“东南第一战功”。

嘉靖三十五年（1556）八月，彭翼南所率永顺土兵与保靖、容美土兵再次应征平倭，歼通倭海盗徐海于沈家庄。在江浙沿海为患三年之久的倭寇至此基本肃清。

战后，明嘉靖王朝敕赐彭翼南三品服，授为昭毅将军。嘉靖四十四年（1565），晋升为右布政使，明隆庆元年（1567），因病卒于老司城。

抗日战争时期，永顺各族人民缅怀彭翼南的抗倭功绩，建“翼南楼”于永顺城西北山坡，其楼联云：“破虏溯当年，浙海东南传伟绩；鼓鼙思壮士，大乡[①]西北有高楼”。

雷震春（1865—1953） 永顺县芙蓉镇三拱桥人。幼年曾读私塾5年，手不释卷，并喜习武，且天生神力。

相传清光绪初年，他在王村张远华丝烟铺当学徒，因私拿24个小铜钱被老板发现，遭辱骂和毒打，于是外逃至安徽宿州，被一位同族长辈收养。一日清晨挑水，在井旁见到三只脚的青蛙，而且青蛙眼睛发着红光。他把这一发现告诉家中老人，老人说：“我活到七八十岁，从没见过此物，这是富贵吉祥之物，你看见它，今后有大官当。”

清光绪六年（1880），雷震春投军入伍直隶总督李鸿章部队，光绪八年（1882）七月平叛朝鲜哗变有功。光绪十二年（1886）考进北洋武备学堂，毕业后调小站练兵。光绪十八年（1892），任天津北洋将弁学堂总办。光绪二十年（1894），调赴朝鲜，任新军教司。光绪二十一年（1895），随袁世凯编练新建陆军，任步兵右翼第三营后队领官，为袁世凯倚重。清宣统元年（1909），任江北提督。

1913年，任河南护军使兼河南护军统领、陆军第七师师长，驻河南郑州地带。1914年，在北京任袁世凯的军政执法处处长，后调福建兼长江上游军事巡阅使等职。1915年，被袁世凯授予将军府震威将军。民国成立五周年庆典前夕，即1916年10月9日，大总统黎元洪举行授勋仪式，雷震春被授予文虎章。1917年7月，雷震春参与张勋复辟，任陆军部尚书。1918年后隐居天津。1924年回王村定居杨家坪雷家四合院，后因雷家四合院失火烧毁，1931年迁居列夕，1953年病故。

董雨麓（1876—？） 原名明洺，又名玉楼，列夕人。青年时期就读于湖北自强学堂，专攻军事体操和中国传统武术。他不仅刀、枪、鞭、棍件件精通，轻功尤为出类拔

① 永顺县古为大乡县。

萃，能在赛跑中抓马尾、狗脚，纵跳能上屋取瓦。清宣统元年（1909），应陕西提学使余坤的聘请，至西安高等学堂担任体操教习。不久加入同盟会，任同盟会陕西总干事。辛亥革命中，组织学生军，同革命军并肩战斗。清军升允率兵攻打咸阳，董雨麓率学生军坚守咸阳西城门，打败升允，为摧毁陕西的清军势力做出了贡献。

民国成立后，董雨麓仍供职陕西高等学校，设计修建风雨操场，又在西安南门外护城河修建竞漕场，练习水上划船，此后又参加一些新学校的筹建工作。后董雨麓任西安私立成德中学校长兼体育教师。时陈渠珍由西藏携妻子回湘，途经西安，其妻不幸病死。他解囊相助，陈渠珍才得以将妻子安葬。1921 年，董雨麓的学生李景耀毕业于北京体育专科学校，在大连花池创办私立体育学校，请董雨麓担任名誉校长。董、李两人还发起成立陕西省体育会。1924 年，董雨麓的父亲董光辅被土匪杀害。他在西安闻讯，星夜兼程，回归故里，为父报仇。时陈渠珍任湘西巡防军统领，因感董雨麓在西安时的资助，派人协助董雨麓缉捕凶手。不出数月，主犯均缉获。父仇既报，董雨麓仍然返回陕西任教。

杨云川（1879—1941） 祖籍湖南邵阳宝庆人氏。自幼习武，使得一对铜锏，身材魁梧，眉清目秀。清光绪二十二年（1896）因朝纲不振，社会动乱，年仅 16 岁的杨云川与父亲、母亲、兄长四人逃难来到王村，看到码头上船舶云集，街道上人来人往，商铺鳞次栉比，一派兴旺景象，四人认为这是他们所向往的栖息之处，于是先找一小店安下身来，凭借自身的皮匠技艺谋生度日。因人生地不熟，受到当地强人欺凌敲诈，杨云川小试身手，强人就不由自主地跪地求饶，于是杨云川的名声大振，生意日益兴隆，不久，便在半边街购地建房，正式定居王村。杨云川年纪不大，但武功练得炉火纯青，传说他身轻如燕，会飞檐走壁，因此，便有当地大户人家请他护院，保一方平安。杨云川也不负众望，深夜擒获飞贼。杨家老屋失火后，他双手各提一桶水飞身上墙扑救杨家老屋大火被传为神话，杨家老屋壁板上还留有火烧痕迹。他还只身独闯列夕，生擒纵火犯归案等，因此，人们把杨云川视为古镇上的保护神，倍受人尊崇。杨云川不仅武功高强，医术也非常高超，内科、外科、小儿科、烫伤、封刀接骨样样精通。他一生行侠仗义，惩强除恶，济贫扶弱，救死扶伤，1941 年在王村病逝，但他的故事却一直在古镇传扬。

彭占先（1900—1938） 字善绪，乳名七保，土家族，龙车村人。1933 年，彭占先被推举为外白沙乡乡长。他体恤民间疾苦，颇受群众拥戴。1934 年 11 月，他投奔红军，担任游击队队长。1935 年 3 月，他奉命率队转移到永顺县城，编入红六军团十七师五十一团，转战于湘鄂川黔边革命根据地，先后历经板栗园、陈家河、桃子溪等战役战斗。他机智灵活，作战英勇，具有出色的领导能力，受到红军指战员的赞赏，上级任命他担任五十一团副团长，批准他为中共党员。1935 年 11 月，他随红军突围长征，历尽艰险，到达陕北。1938 年，他编入新建的新四军，开赴江西抗战前线抗击日本侵略者。5 月，他作为新四军的代表成员参加国共双方在江西武宁县召开的抗日联盟大会，会上他慷慨激昂地发表抗日演说。会后，他率部与日本侵略者进行多次交锋，打了几次胜仗。6 月，日本侵略者大举进攻江西，围攻新四军。彭占先所部与敌浴血奋战，挫败敌人多次进攻，在战斗中不幸壮烈牺牲。

吕伯坚（1906—1939） 土家族，龙溪村人。家庭殷实，幼年丧失父母，继承祖父遗产。6 至 19 岁，在永顺列夕、小井读私塾，成绩颇优。1933 年，小溪村人将前来偷窃的保靖盗贼打死，打官司中，永顺县保安司令向子云将吕伯坚扣作人质，趁机敲诈勒索，吕家道由此中落。吕获释后愤而出走，投入国民党七十三军十五师四十五旅汪之斌部下当兵。抗日战争初期，汪之斌出任十五师师长，吕伯坚任该师四十五旅八十九团一营二连上尉连长，随军参加“8・13”淞沪战役。1939 年年初，吕伯坚所在部队奉命驻守江西省武宁县金鸡山。3 月 21 日，日本侵略者向金鸡山疯狂进攻。吕伯坚率部奋勇杀敌，血流如注，救治无效，当夜壮烈牺牲，时年 32 岁。1991 年 10 月，湖南省人民政府追认吕伯坚为革命烈士。

彭善思（1909—1986） 女，王村人。家境贫寒，她排行老六，自幼在家守牛、砍柴、扯猪草。她聪明好学，跟着当地秀才学习《三字经》《女儿经》等书籍诗句，央求族人送她到永顺福音堂学校学习了一些文化知识。后因逃婚出走，先陪松柏富家胡小姐在桃源四中读书，后考入长沙南华高中，因失去生活依靠，她又申请永顺县政府公费资助，报考湖南国术馆学习武术，系统学习刀、枪、剑、棍、各种拳术、散打、摔跤等技艺。她虚心求教，训练刻苦，集名家之长于一身，技艺达到“拳似流星脚似箭，腰如游蛇掌如刀”的境地。1935 年，代表湖南武术队参加在湖北武昌举行的中华运动会的拳术和器械表演，荣获“优秀武术运动员”称号，赴上海参加第 6 届全运会，获纯阳剑和中国式摔跤两项亚军。1936 年，彭善思入南京国术馆，南京国术馆又送她到国立体专学习。1937 年夏，第 7 届全运会选拔赛，彭善思击败对手一举夺得中国散打冠军，以后多次夺冠，被誉为“巾帼英雄”“武林高手”“女中豪杰”。中华人民共和国成立后，彭善思先后在成都铁路子弟学校、内江统计学校从事体育教学，多次担任武术运动会的执行裁判、总裁判长等职务。1980 年，四川省授予她二级武术裁判称号，湖南省、湘西土家族苗族自治州都把彭善思列入武术名人录。1986 年 6 月 6 日，在四川内江病逝。

黄文渊（1915—2007） 化名李宏，汉族，王村河畔街人。在王村完成私塾、小学教育后，就读于湖南武冈蓝田师范学校，1942 年毕业于湖南大学。受进步思想影响，参加了中共地下党，从事地下革命工作。1946 年在湖南省第八师范学校（即后来的永顺民师）任教，传播进步思想，遭到敌特搜捕，他与二弟黄文源一起逃到王村，在当地民众的帮助下驾船潜往沅陵，避过敌特抓捕。1950 年，任中南局党委秘书长，后任职于国家安全部国际关系研究所，1982 年 1 月离休，2007 年 4 月在北京病逝。

黄文源（1918—1990） 化名黄克靖，汉族，王村河畔街人，系黄文渊二弟。中学毕业后就读于国立北京美术学院，抗日战争时期学校迁往重庆，受进步思想影响，参加中共地下党，从事地下革命工作。后与黄文渊一起在湖南省立第八师范学校任教，继续从事地下工作，传播进步思想，遭到敌特搜捕，后与长兄黄文渊一起从王村乘船潜往沅陵。避过敌特抓捕。中华人民共和国成立后，任《天津日报》美术部主任、高级编辑，1990 年病故于天津。

黄文润（1922—2014） 汉族，王村河畔街人，系黄文渊三弟。1943 年离开家乡到花垣茶洞师范读书，因参加进步学生闹学潮而被校方开除。1947 年考入贵阳师范学院史地系学习，1950 年毕业后分配到中央马列学院任教，1964 年调入中央音乐学院，从事教务工作，教授。1987 年 1 月离休，2014 年 11 月，在北京逝世。

人物表录

芙蓉镇烈士名录

表 16

姓名	牺牲时单位及职务	牺牲时间	牺牲地点
赵大友	红二军团班长	1935	保靖县
宋泰明	红二军团战士	1935	龙山县
廖永遂	红二军团战士	1935	保靖县
李洪根	红二军团战士	1935	龙山县
向楚兴	红二军团战士	1935	龙山县
廖仍举	红二军团战士	1935	颗砂乡
彭南方	红二军团战士	1935	西歧乡小井
王泽三	红二军团战士	1935	保靖县
彭武顺	红二军团战士	1935	沅陵县
彭忠进	红二军团班长	1935	龙山县
彭林林	红二军团战士	1935	龙山县
沈元庆	红二军团战士	1935	龙山县
田宋招	红二军团班长	1935	龙山县
田玉卿	红二军团战士	1935	龙山县
杨延仁	红二军团战士	1935	保靖县
宋大德	红二军团战士	1935	保靖县
王泽洪	红二军团战士	1935	保靖县
向照汉	红二军团战士	1935	保靖县
彭泽安	红二军团战士	1935	保靖县
董先科	红六军团四十九团战士	1935	龙山洗车
宋太明	红六军团四十九团战士	1935	保靖县
李四佬	红六军团四十九团战士	1935	保靖县昂洞
王武清	列夕乡游击队队员	1935	泽拉上
彭武成	盐井乡苏维埃政府军事委员	1935	西米

续表 16

姓名	牺牲时单位及职务	牺牲时间	牺牲地点
彭武相	盐井乡苏维埃政府土地委员	1935	西米
黄裁缝	永保县盐井乡游击队队员	1935	安塘口
吕照文	泽家游击队队员	1935	保靖县
瞿家顺	盐井区游击队队员	1935	保靖县
田天其	盐井乡游击队队员	1935	保靖县
彭继高	盐井区游击队队员	1935	保靖县
张秀英（女）	永顺县苏维埃政府妇女委员	1935	永顺县城
彭占先	新四军副团长	1938	江西
彭照发	红二军团战士	1936	在长征途中
欧廷新	红二军团战士	1936	在长征途中
彭善治	红二军团战士	1936	在长征途中
孟宪斌	红二军团战士	1936	在长征途中
李文全	红二军团连长	1936	在长征途中
王美武	红六军团五十四团战士	1935	在长征途中
彭明烈	红六军团四十九团战士	1935	在长征途中
王胜武	八路军暂编第二团排长	1942	山西省平阳
吕　辉	志愿军第四十七军战士	1952	朝鲜
吕世文	四十七军一四一师战士	1952	朝鲜
王东春	四十七军一四一师战士	1952	朝鲜
吕伯坚	国民党陆军十五师上尉连长	1939	江西
石德荣	红六军团战士	1934	永顺县城
王开杰	红二方面军战士	1936	在长征途中
胡玉阶	红二方面军战士	1935	在长征途中
黄启全	四十七军一四一师战士	1952	朝鲜
周　志	二十六军二二九团班长	1951	朝鲜
杨崇棋	永顺县大队战士	1951	永顺对山
杜天银	四十七军一四一师战士	1951	朝鲜
黄启生	四十七军一四一师战士	1952	朝鲜
杜廷友	四十七军一四一师卫生员	1953	朝鲜
向隆进	四十七军一四一师战士	1951	朝鲜
向隆海	四十七军一四一师战士	1953	朝鲜
向爱民	〇六二五部队排长	1974	广西那坡县
王真芹	红二军团战士	1934	羊峰
陈心玉	红二军团排长	1934	大庸县

续表 16

姓名	牺牲时单位及职务	牺牲时间	牺牲地点
李继安	红二军团班长	1935	王家坡
刘世旺	红二军团排长	1935	大庸县
李长福	红二方面军战士	1936	在长征途中
刘运桂	红二方面军战士	1936	在长征途中
马三老	红二方面军战士	1936	在长征途中
王承行	永顺县大队战士	1950	劳子庄
向仕品	三十八军一一三师排长	1952	朝鲜
米宗演	永顺县民警中队战士	1958	润雅乡

名人与芙蓉镇

《芙蓉镇》作者——古华　古华是著名作家，1942 年出生于湖南嘉禾县一个小山村，曾任湖南省作协副主席。他从小生活在山区小镇周边，他对小镇的四时风光、民俗风情有一种天然的亲切感，为他后来的文学创作奠定了深厚的基础。1981 年，他创作的著名作品《芙蓉镇》小说发表后，在社会上立即引起强烈反响，并于 1982 年获首届茅盾文学奖。小说改编成电影剧本，这部影片由著名导演谢晋执导。1986 年 3 月 9 日，影片《芙蓉镇》摄制组到王村开拍。5 月中旬，古华到拍摄现场观看，并在猛洞河宾馆召开有中外记者参加的新闻发布会。古华全面介绍他的创作经历，以及《芙蓉镇》小说的创作背景、内容情节和人物故事。古华对王村古镇的民俗风情、自然景观以及服务条件给予高度评价，充分肯定王村是非常理想的电影外景拍摄地。

《芙蓉镇》导演——谢晋　谢晋是国家一级导演，中国第三代导演代表之一，曾担任中国文联执行副主席、全国政协常委。古华的《芙蓉镇》小说发表并改编成同名电影剧本后，谢晋导演就想把《芙蓉镇》搬上大荧幕。他在精心挑选刘晓庆、姜文、郑在石、张光北等著名演员后，又精心选择外景拍摄地。历时数月，行程万里，足迹踏遍湖南、湖北、广东、广西、四川等地 100 多个古镇，都没有选中一个理想的外景地。直到 1985 年 10 月，当他进入王村古镇，就被这里美丽的山水风光、奇特的街道建筑和曲折变化的空间所吸引，便当即决定王村古镇为电影《芙蓉镇》的外景拍摄地。经过几次座谈协商，最后签订正式拍摄合作协议。王村镇为支持电影拍摄，拆掉乡政府办公楼，修建外景荷花池，动员当地居民为《芙蓉镇》当好群众演员。县航运公司提供优质优惠的宾馆、餐饮等后勤服务。在四个多月的拍摄过程中，导演谢晋全身心地投入，通过精心制作，终于把《芙蓉镇》拍成精品，1987 年上映后风靡世界，在国际国内获得一系列大奖。这部电影把王村推向了全国，推向了世界。

谢晋导演对于王村人民给他的支持始终牢记心里，对王村古镇的发展也始终牵挂在心。时隔 16 年后，即 2002 年 5 月 2 日，谢晋导演率《芙蓉镇》剧组演员姜文、郑在石、徐松子、祝士彬、刘利年等重返芙蓉镇（即王村镇），看望当地人民群众。下午，在芙蓉镇荷花广场，由湖南经视频道《人间真情》节目主持人主持一场“芙蓉镇里说《芙蓉镇》”节目。

为了抓住这千载难逢的发展机遇，充分利用《芙蓉镇》品牌效应，2007 年，王村镇更名为芙蓉镇，在芙蓉镇设立芙蓉镇电影海报馆，并请谢晋题写“芙蓉镇”城门楼匾牌。

芙蓉镇名誉镇长——刘晓庆 刘晓庆，国家一级演员，在谢晋执导的《芙蓉镇》影片中饰演女主角胡玉音，在芙蓉镇卖米豆腐。凭借她的精湛演技，把美丽善良、勤劳俭朴、心灵手巧、热情直爽、与人为善，靠公平交易致富，但又历经磨难的胡玉音表现得淋漓尽致，被称为“米豆腐西施”。电影《芙蓉镇》成功拍摄并放映后获得一系列大奖，刘晓庆也因此获得第七届电影金鸡奖最佳女主角奖。芙蓉镇境内以刘晓庆冠名的“刘晓庆米豆腐店”“刘晓庆正宗米豆腐店”“113 刘晓庆米豆腐店”“131 刘晓庆米豆腐店”等在镇内相继诞生。到芙蓉镇旅游的国内外宾客都慕名而来，争相品尝刘晓庆米豆腐的滋味，很多经营米豆腐的店主摊点都因此发家致富。一碗米豆腐成为芙蓉镇特色食品，并拉动古镇的一方经济，凸现出刘晓庆的明星效应，这在中国电影史上也不多见。时隔 22 年后，即 2009 年 9 月 28 日，刘晓庆重返芙蓉镇，参加永顺县举办的土家族毛古斯文化节，当她看到古镇上有好多家以她名字命名的米豆腐店，生意红红火火，带来不菲的经济效益，颇感欣慰。当乡亲们给她端来热气腾腾的米豆腐，镇领导给她赠送“芙蓉镇荣誉市民”证书后，刘晓庆仿佛回到当年拍摄时，大声说道：“我刘晓庆的名字就送给芙蓉镇了。”

2018 年 7 月 23 日，芙蓉镇旅游景区举办土家族摸泥节，再次邀请刘晓庆重返芙蓉镇。刘晓庆为助推芙蓉镇旅游，为古镇人民再做贡献，欣然应邀，时隔 32 年后第二次重返芙蓉镇，为民俗旅游活动站台助力，为许多米豆腐店当模特，做广告，引来新的明星效应，形成新一轮“游芙蓉镇，品米豆腐”热潮。鉴于刘晓庆对芙蓉镇的特殊贡献，湘西土家族苗族自治州人民政府州长龙晓华亲自给刘晓庆颁发“芙蓉镇名誉镇长”聘书。刘晓庆激动不已，再次重申：“我是芙蓉镇的名誉镇长，刘晓庆名字放心使用，一分钱都不会收。”这是刘晓庆为芙蓉镇馈赠的又一笔无形资产。

《芙蓉镇》男主角——姜文 姜文，中国著名的电影演员，集编剧、导演等职于一身，1963 年 1 月 5 日出生于河北省唐山市，1984 年毕业于中央戏剧学院，1986 年就在《芙蓉镇》剧中扮演男一号秦书田，把一名受到不公正待遇的中年知识分子演绎得真诚感人。1987 年《芙蓉镇》上映后获得国际国内一系列大奖，姜文也凭借在剧中的精彩表演获大众电影百花奖最佳男演员奖。姜文在王村拍摄期间的生活片断给人们留下深刻印象。姜文和刘晓庆表演的扫街、批斗会场成为芙蓉镇旅游的核心景点，每天观光游览者络绎不绝。2002 年 5 月 2 日，姜文随同谢晋等重返“芙蓉镇”，当看到王村 16 年来巨大的变化，特别是人们都把王村直接叫成“芙蓉镇”，他们感慨万千。姜文特意来到原拍摄电影时的“113 号”米豆腐店品尝了一碗米豆腐，即兴题写了“王村变成了芙蓉镇，米豆腐还是那个样”。

刘年笔下的芙蓉镇 刘年，原名刘代福。湖南永顺人，诗人。著有诗集《为何生命苍凉如水》《行吟者》，散文有《独坐菩萨岩》《王村》《月亮湾》等，曾获人民文学年度诗歌奖、华文青年诗人奖、红高粱诗歌奖等奖项。曾参与《神秘湘西文化寻根》策划，写有《王村古渡，那一船的烟雨》《中国唯一一个挂在瀑布上的千年古镇》等文章。

刘年在《王村渡》中写道：“成天坐在水边，像一个古渡对着另一个古渡，像一个病人对着另一个病人，我有病入膏肓的痴狂，我有命不久矣的恐慌。服药一样，吃故乡的油宵粑粑，绝症让我如此矫情，看到每一个落口，都想感恩。”

“王村，一座王者之村，是历史的沉淀与选择。电影《芙蓉镇》让王者盛开，一个地名因为一场电影而得名，它给我们留下的不是一部电影的传奇，而是一个时代的沉思。如果这部电影还能让后人警钟长鸣，王村改为芙蓉镇也就值了。”

荷花飘香（2016 年） 蒲忠胜 提供

大事纪略

芙蓉镇，原名王村，千年古镇，历史文化名镇，在数千年的历史长河中，出现了许许多多的大事要事，使人难以忘怀，由于资料的缺失，也因篇幅所限，现择其有较大影响的部分史实，予以记载。

西汉高祖五年（前 202）王村设置酉阳县治所

西汉高祖五年（前 202）设置酉阳县，县治所设在王村。据《湖南通志》记载："酉阳故城在永顺南，设置县。"王村是永顺南大门，"永顺南"既王村也。《读史方舆纪要》云："酉阳古城在辰州西北二百里，酉水之阳，故名。"辰州既沅陵，王村在沅陵西北方九十多千米处，因此，"辰州西北二百里"就是王村，当时酉阳县境包括现今湖南的永顺、花垣、保靖、龙山、古丈和重庆的酉阳、秀山、黔江、彭水，以及贵州的沿河、思南、德江、务川等地，远非今日的重庆酉阳可比。

1935 年红二、红六军团高粱坪、王村之战

1935 年 3 月 14 日，贺龙、萧克率领红二、红六军团精锐部队与国民党第六十二师陶广部队、湘军第十六师的章亮基部队激战于高粱坪、王村等地，史称高粱坪、王村之战。红六军团与国民党军在五里牌展开激战，红军打垮敌湘军十六师两个团和一个保安团。

1953 年王村水电站建成发电

1952 年 3 月，永顺县公私合营的永明电厂将 16 千瓦发电机迁至王村，设立永明电厂王村分厂，亦称王村电厂。分厂厂长余汉中利用白水潭水碾坝和王村瀑布的自然落差，自行设计制成一个直径 2.5 米的水鼓带动发电机，1953 年春建成运行发电，王村居民首次用电灯照明。据《湖南省水利志》记载:“永顺县王村水电站是省内第一座水电站。”

王村公路通车

1958 年 10 月 1 日，石堤西至王村公路建成通车，沿途经过羊峰、西米、高坪、雨龙等乡村，全长 42 千米。石（堤）王（村）公路的建成，结束古镇长期单纯依靠水上运输的历史，实现北上永顺县城、东至大庸（今张家界）的公路运输线路的连通。

1963 年开行王村至永顺县城客运班车。1991 年，全长 5.94 千米的王村至古丈箭潭口公路修通。至此，王村南至古丈和吉首可乘汽车直达，王村交通条件全面改善。

1960 年王村发掘西汉古墓葬

1960 年，湖南省、湘西土家族苗族自治州和永顺县的文物考古队，在王村商合街的公馆坪与河畔街的接合部，以及黄土包至凉水井一带，发掘出一批西汉土坑竖穴墓和东汉砖石墓，出土文物有陶罐、鼎、青铜器（铜剑、四方壶、镜、带钩）、汉五铢等。用实物证明王村是西汉酉阳县治所在地。1962 年，湘西土家族苗族自治州人民政府把王村公馆坪西汉古墓群列为州级文物保护单位。

1985 年王村实施猛洞河旅游开发

1978 年，酉水凤滩电站下闸蓄水，猛洞河流域形成了平静的湖面。永顺县航运公司在航运业务有所萎缩的情况下，提出开发猛洞河旅游的设想。1985 年 1 月 5 日，一艘载有县航运公司负责人等 6 人的机动船驶入猛洞河小龙洞段，开始实施小龙洞景点旅游开发。2 月，旅游船设计小组成立。4 月，旅游宾馆开始征地拆迁，图纸设计同步进行。5 月 9 日，时任湘西土家族苗族自治州委书记杨正午带领州直相关部门负责人考察猛洞河风景区，并召开现场办公会，决定拨款 30 万元，同时协调贷款 15 万元支持永顺县航运公司修洞、造船、建宾馆，开发猛洞河旅游小龙洞、大龙洞景点；是月，景区道路修通，并通电。7 月 10 日，旅游宾馆建设破土动工。10 月初，钢质旅游船开始建造。

1986年3月8日，宾馆竣工落成，9日开业，接待首批客人——《芙蓉镇》电影摄制组一行80余人。4月24日，湖南省第一艘钢质旅游船投入营运。1986年接待中外游客1万余人次。猛洞河风景区被湖南省人民政府列为全省六大风景名胜区（岳麓山、南岳、洞庭湖、韶山、武淩源、猛洞河）之一，王村古镇盛名远播。

1986年电影《芙蓉镇》在王村拍摄

1981年，著名作家古华创作的小说《芙蓉镇》公开发表，1982年获首届茅盾文学奖，并改编成同名电影。这部影片由著名导演谢晋执导。谢晋想把《芙蓉镇》拍成划时代的巨片。他在挑选刘晓庆、姜文等著名演员后，又选择外景拍摄地。他辗转湖北、湖南、广东、广西、四川等省区100多个古镇，历时数月，行程万里，都没有选中一个理想的外景地。1985年10月，谢晋一行来到王村古镇，当他看到这里的美丽山水风光、奇特的街道建筑和曲折变化的空间，镇内又有一栋即将竣工的旅游宾馆，完全能够满足摄制组的接待条件，他便当即决定在王村古镇为电影《芙蓉镇》的外景拍摄地。经过协商，与湘西土家族苗族自治州人民政府和永顺县人民政府签订合作协议。王村镇人民政府全力支持，修建荷花池等外景地，动员当地居民为《芙蓉镇》当好群众演员。1986年3月9日，摄制组进驻王村镇，开始拍摄，7月29日摄制完成。1987年上映，当年影片在第七届金鸡奖上获得最佳故事片奖。电影《芙蓉镇》在王村的成功拍摄，使王村古镇知名度明显提升。

芙蓉镇（王村）建立影视拍摄景地

王村古镇悠久的历史，奇特的景观，以及功能齐全的接待条件，成为影视工作者的青睐之地。自 1986 年著名导演谢晋成功拍摄电影《芙蓉镇》后，古镇风靡世界，著名导演、影星纷至沓来，拍摄电影、电视剧、音乐电视和各种专栏节目、新闻纪录片等影视作品。古镇不仅因一部电影由王村更名为芙蓉镇，同时也成为电影、电视剧的外景拍摄地。2015 年 5 月 1 日，中国电视制片委员会授牌芙蓉镇“全国指定影视剧拍摄景地”，这极大地推动了芙蓉镇影视文化和旅游经济的发展。

影视拍摄景地（2018 年） 杨崇贵 提供

1981 年，著名作家古华的小说《芙蓉镇》在人民出版社出版，给刚刚改革开放的中国带来春雷般的震荡。著名导演谢晋以王村古镇为外景地拍摄《芙蓉镇》。电影《芙蓉镇》1987 年上映后获得国内外一系列大奖，王村古镇知名度蜚声中外，旅游观光者络绎不绝，米豆腐成为特色食品，拉动了古镇经济。2007 年王村因此而更名为芙蓉镇，拍摄电影的外景地成为芙蓉镇的著名旅游景点。电影《芙蓉镇》拍摄成功后，国产经典影片《湘西剿匪记》，喜剧《穷途》《心花路放》，爱情剧《青花瓷》等电影都把芙蓉镇作为重要外景地，取得极佳的拍摄效果。

继电影《芙蓉镇》摄制组离开王村 7 天后，即 1986 年 8 月 5 日，以宋昭执导，水运宪编剧，陈家陡、申军谊主演的《乌龙山剿匪记》电视剧摄制组在王村进行为期 3 个多月的摄制，也获得巨大成功。该剧 1987 年热播不断，一度达到万人空巷的境地，王村古镇的知名度提升。尔后，《血色湘西》《拯救女兵司徒慧》《借问英雄何处》《菊花醉》《招摇》等电视连续剧陆续在芙蓉镇拍摄，其中不乏著名导演和明星演员，如《菊花醉》就是由导演张纪中担任制片人，香港导演胡明凯执导拍摄；《借问英雄何处》是由影星唐国强、孙海英领衔主演，郭凯敏等联合主演；张光北在《血色湘西》、杜旭东在《拯救女兵司徒慧》等剧中都扮演了重要角色。

在电影、电视剧拍摄不断的情况下，歌唱家也接踵而来，纷纷在芙蓉镇拍摄音乐电视。其中湘西籍中国歌唱家、国家一级演员宋祖英三次到芙蓉镇，拍摄《小背篓》《古丈茶歌》《家乡有条猛洞河》三首音乐电视。2015 年 5 月，湘籍歌唱家、国家一级演员陈思思到芙蓉镇拍摄《武陵茶叶儿香》音乐电视。2018 年 1 月 13 日，国家一级演员、歌唱家贾双辉到芙蓉镇拍摄《请到湘西玩耍来》的音乐电视，把芙蓉镇唱出湘西，唱遍全国，唱遍全世界。

中央电视台各栏目组和地方卫视都被芙蓉镇的悠久历史、奇特美景、民俗风情所吸引，从不同角度拍摄不同题材的专题纪录片和新闻报道。中央电视台中文国际频道拍摄的《北纬 30 度 · 中国行》栏目《远方的家》百集系列特别节目介绍了芙蓉镇与猛洞河；《走遍中国》栏目百集系列片《中国古镇》第 58 集《芙蓉——变形速记》及《一方收藏 · 土家寨主》节目，也对芙蓉古镇进行了介绍；《中国电影地图之芙蓉镇》与《记住乡愁（第四季）——芙蓉镇：吃得苦霸得蛮》等节目相继在此拍摄；中央电视台综合频道 2013 年直播节目《过年啦》在芙蓉镇取景；中央电视台七频道《乡土》栏目在芙蓉镇拍摄了《挂在瀑布上的千年古镇》《土家有个牛头宴》，《探索发现 · 揭秘土司王城》

《传承》等节目将芙蓉镇介绍给广大观众；台湾三立电视台《爱玩客》走进芙蓉；台湾无线卫星电视台在芙蓉拍摄了《唯一继承者》；天津卫视、东南卫视播出的元纯传媒所制作的《星厨集结号》中也有芙蓉的身影；其他还有湖南卫视拍摄的《七十二层奇楼》与江西卫视拍摄的《玫瑰之约》等节目。

2007 年王村镇更名为芙蓉镇

1986 年，由著名导演谢晋执导，著名演员刘晓庆、姜文担任主演的电影《芙蓉镇》在王村成功拍摄。1987 年上映后风靡世界，在国际国内获得一系列大奖。这部电影把边远山区的边区小镇推向全国，推向了世界。慕名前来寻访“芙蓉镇”的游人络绎不绝，以“芙蓉镇”为中心的猛洞河生态漂流被誉为“天下第一漂”，成为全国著名旅游品牌。至 2007 年，王村镇旅游业一直保持迅猛发展势头，为充分发挥《芙蓉镇》品牌效应，是年，经湖南省人民政府批准，王村镇更名为芙蓉镇。

2008 年芙蓉镇获评中国历史文化名镇

2008 年 10 月 14 日，中华人民共和国住房和城乡建设部、国家文物局根据《中国历史文化名镇（村）评选办法》，经专家评审并按《中国历史文化名镇（村）评价指标体系》审核，湖南省永顺县芙蓉镇入选第四批中国历史文化名镇。

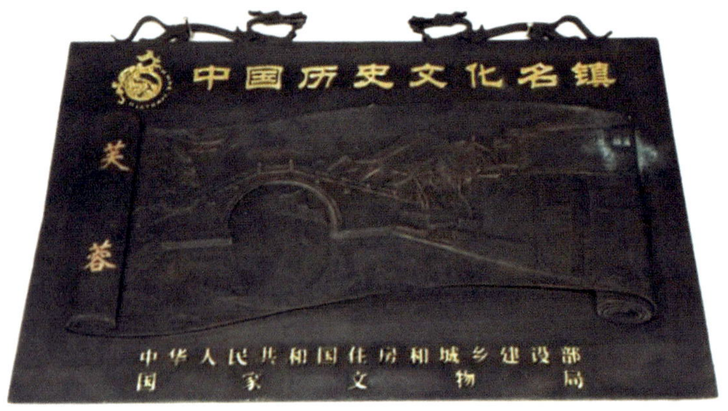

2008 年 10 月 14 日，芙蓉镇获“中国历史文化名镇”称号　　张入化　提供

主要参考文献

刘金山著:《猛洞河》，湖南美术出版社，1987 年。

《湘西土家族苗族自治州交通志》编委会编:《湘西土家族苗族自治州交通志》，湖南出版社，1993 年。

熊跃辉、梁勤俭主编:《潇湘潮——中央新闻单位驻湘记者代表作·通讯卷》，湖南出版社，1993 年。

永顺县地方志编纂委员会编:《永顺县志》，湖南出版社，1995 年。

萧卓夫编著:《溪州名胜拾萃》，民族出版社，1997 年。

马本立主编:《湘西文化大辞典》，岳麓书社，2000 年。

湘西土家族苗族自治州交通志编纂委员会编:《湘西土家族苗族自治州交通志（1981—2005）》，湖南人民出版社，2008 年。

向盛福著:《土司王朝》，内蒙古人民出版社，2009 年。

宋贻华、黄庭谦、汪祖宝编著:《千里酉水》，中国文史出版社，2012 年。

卢瑞生、彭善有著:《永顺县非物质文化遗产集萃》，岳麓书社，2015 年。

罗士松著:《永顺县土家族丧葬习俗》，岳麓书社，2015 年。

向盛福、凤凰慧子、彭文泓著:《老司城民间故事集锦》，岳麓书社，2015 年。

永顺县地方志编纂委员会编:《永顺县志（1989—2010）》，方志出版社，2017 年。

编纂始末

2018 年 2 月，根据湘西土家族苗族自治州人民政府《湘西自治州（中国名镇名村志）文化工程实施方案》（州政办函〔2017〕103 号文件）的通知精神和湘西州第六次地方志暨湘西州“中国名镇名村志”文化工程启动会议要求，永顺县启动编纂《中国名镇志丛书 · 芙蓉镇志》（以下简称《芙蓉镇志》）工作，成立由县委常委、常务副县长彭涛为主任的编纂委员会，明确县史志办和芙蓉镇人民政府共同承担编纂工作。编纂委员会下设编辑部，由县委党史研究室（县地方志办公室）主任蒲忠胜任主编，编辑有杨崇贵、周万全、张入化、张永红、彭治顺、杨文胜等。芙蓉镇人民政府成立相应工作机构，明确副镇长张入化具体负责志稿编纂的组织协调工作。

是年 3 月，编辑部组织编写人员通过参考多部中国名镇志，在芙蓉镇召开有镇、村（社区）文化教育工作者、旅游开发公司、个体经营户等各界人士参加的座谈会，完成篇目设置初稿，并送湘西土家族苗族自治州地方志办公室（以下简称州地方志办公室）。4 月，州地方志办公室在芙蓉镇召开篇目评审座谈会，提出具体修改意见。5 月，经过认真修改形成篇目送审稿，报州地方志办公室并呈湖南省地方志编纂委员会。8 月，湖南省地方志编纂委员会审定下达，形成镇志正式篇目，随即组织编辑人员按篇目进行资料收集。12 月，完成文字资料及其图片收集任务的 50%。

2019 年 1 月 9 日，州地方志办公室主任谢绍猛等一行到县督导名镇志编纂进度，明确提出《芙蓉镇志》必须加快编写速度，3 月底完成初稿。此后,《芙蓉镇志》便进入边收集资料图片边撰写初稿阶段。3 月底完成初稿报送州地方志办公室初审，4 月进行修改，5 月形成送审稿，报送省地方志编纂委员会并送中国地方志指导小组办公室（以下简称中指办）。其间，中国名镇志学术专业委员会委员王晖审读了送审稿，并提出许多宝贵意见。7 月 2 日，中国地方志指导小组办公室的专家审稿意见下发到湘西州委党史研究室（州地方志编纂室），并转永顺县党史研究室（县地方志编纂室）。7 月 5 日，州委党史研究室（州地方志编纂室）在芙蓉镇召开《中国名镇志丛书 · 芙蓉镇志》编纂工作推进会，提出按专家修改意见进行修改完善，明确各自分工和完成时间。8 月 3 日，修改稿报送省地方志编纂委员会并中指办，中指办转方志出版社予以出版审查。9 月下旬，根据出版社意见，对志稿进行最后的修改。

《芙蓉镇志》的上限起于汉代，下限止于 2018 年年底。在记述上，按照中国名镇志编纂规范要求，比较全面地记述了基本镇情。同时，重点突出芙蓉镇的地域特征和民族特色，使读者通过阅读全书既能知晓芙蓉镇全貌，又能看到浓浓“乡愁”。为服务镇域经济社会发展提供有益的历史借鉴。

《芙蓉镇志》在编纂过程中，面临资料图片缺失，编纂人员不足，要求高、时间紧、任务重等诸多困难，编纂人员以高度的使命感、责任感和紧迫感，顶烈日酷暑，遍访古镇老人、民间艺人、教师、农民、商贩等历史知情者和资料拥有者，收集资料图片，考证人物事件，深度挖掘古镇历史记忆；编辑部人员按责任分工，不分节假日，加班加点，撰写志稿，几经修改完善，终成志书。《芙蓉镇志》编纂成志过程中，得到中国地方志指导小组、省地方志编纂委员会、州地方志办公室等诸多专家精心指导和永顺县人民政府高度重视，县住建局、县民政局、县林业局、县档案局、县水利局、县文化旅游局、县统计局大开方便之门，古镇群众和社会各界鼎力相助，特别是 91 岁的程贻训老人在弥留之际把珍藏多年的手稿赠送给编辑部，诗词书法爱好者唐政治、秦自云提供高品质的诗歌、绘画作品，芙蓉镇文化旅游公司和民俗客栈协会免费提供数百张图片资料，土司别院掌柜瞿章勋毫无保留地把珍藏的榨油、挖葛、打糍粑和王村古镇一系列老照片提供出来。在此，一并表示诚挚的谢意！

《芙蓉镇志》由于编纂人员水平有限，上限历史久远，加上资料不足，讹误和不足在所难免，敬请广大读者批评指正。

编　者

2019 年 10 月